보육교사를 위한

보육프로그램
영상자료

보육교사를 위한

보육프로그램 영상자료

보건복지가족부

KICCE 육아정책개발센터

목 차

Contents

Ⅰ. 총론

Ⅱ. 보육교사를 위한 보육프로그램 영상자료

목 차

Contents

표목차

그림목차

I.

총론

I. 총 론

1. 연구 목적 및 내용

가. 연구 목적

보육시설에서 양질의 보육을 제공하기 위해서는 우수한 인적 환경과 물적 환경, 전문적인 보육과정과 보육프로그램을 확보하는 것이 필수적이다. 이에 여성가족부는 표준보육과정을 개발 · 보급하는 한편, 보육시설 평가인증제도를 확산시키고, 보육교사 및 시설장의 국가자격제도를 도입하는 등 꾸준한 노력을 계속하고 있다.

특히 인적 환경인 보육교사는 매일의 일과 운영에서 가장 중요한 역할을 한다는 점에서 보육의 질적 수준을 좌우하는 요인이 된다. 따라서 보육교사는 자신들이 가르치는 영유아들이 미래의 주인공이며, 오늘날의 보육환경이나 우리가 접하는 지식, 정보, 기술들이 급속하게 변화하고 있음을 명심하고 교사 자신이 변화에 신속히 대처하여 교사로서의 역할을 수행할 수 있도록 자신을 끊임없이 성장, 발전시키기 위해 노력해야 한다. 이를 위해서 교사는 스스로 영유아 보육에 관계되는 여러 가지의 자료들을 적극적으로 수집하고 참고할 줄 알아야 하며, 교사들 사이의 연구모임이나 보수교육 등에 적극적으로 참여하는 태도를 가지고 있어야 한다. 이 때 필요한 것은 교사들의 의지와 노력이 헛되지 않도록 보육시설과 정부에서 적절하고 충분한 지원을 해주는 것이다(김수천, 1991).

영유아 보육과 교육이 강조되기 시작한 1990년대 이후 영유아 보육 및 교육에 관계되는 지식이나 정보를 전달해주는 도서의 출판은 과거에 비해 많은 성장을 보여주었다. 많은 이들이 영유아 보육 및 교육을 위한 전문서적들을 출판하고 있으며, 보육교사들이 활용할 수 있는 다수의 프로그램들이 제공되고 있다. 그러나 그 내용에 대하여는 전문적으로 검증받지 못하고 있는 실정이다. 한편, 여성가족부는 최근에 표준보육과정에 대한 이해를 돕기 위해 표준보육과정 및 홍보, 교육용 영상자료와 표준보육과정에 근거한 연령별 보육프로그램을 개발하여 보급하였으나 어린이집에서 재교육 프로그램을 실시하거나 보육교사들이 자기 발전을 위하여 스스로 재교육할 때 실제적 도움이 되는 자료집이나 안내서 개발도 지속적으로 요구되고 있다. 특히 보육 역사상 처음으로 표준보육과정이 마련되고 표준보육과정에 근거한 연령별 보육프로그램을 개발, 보급하고 있는 시점에서 표준보육과정의 보급과 연령별 보육프로그램의 이해를 돕기 위한 사업이 지속적으로 추진되어야 한다.

전국 29,000여개소의 보육시설에 있는 15만 종사자들이 연령별 보육프로그램의 내용을 쉽게 숙지하고 활용하기 용이하도록 하기 위해서는 이를 보급하고 교육하는 과정을 마련할 필요가 있다. 최근에는 시대적 흐름과 학습자의 특성을 반영하여 교사교육에서도 영상매체를 활용하려는 경향이 높아지고 있다. 보육교사에게 표준보육과정에 근거한 보육프로그램이 무엇인지 바르게 전달하기 위해서는 교사들의 실제 수업 방식이나 상호작용을 시각적, 청각적으로 생생하게 경험하게 하는 것이 보다 효과적일 것이다. 따라서 보육교사에게 표준보육과정에 대한 이해와 활용을 지원하기 위해서는 표준보육과정의 구체적인 해설서 보급과 함께 보육교사가 스스로 재교육할 수 있는 보육내용을 담은 다양한 교육용 영상자료개발 및 보급이 절실하다.

이상의 논의에 따라 본 연구는 보육서비스의 질적 수준 향상을 위한 노력의 일환으로 이루어진 표준보육과정과 이를 근거로 개발된 연령별 보육프로그램 개발 및 보급의 후속과제로, 연령별 영유아에 대한 이해와 지식을 바탕으로 보육교사의 역할을 전문적으로 수행하기 위한 연령별 및 소규모 시설의 하루일과 운영방법과 영유아를 위한 보육교사의 역할에 대한 내용을 상세히 담은 보육교사를 위한 교육용 영상자료를 개발하였다. 표준보육과정에 맞는 보육프로그램 운영실례와 보육종사자 전문성 향상을 위해 필요한 교육내용을 영상화하여 제공하는 것은 궁극적으로 보육서비스 질 개선에 기여할 것이다.

나. 연구 내용

1) 보육시설의 하루일과 운영사례를 연령별로 구분한 영상자료 개발(3종)

- 0-1세, 2세, 3-5세로 연령별 하루일과를 구분(3종), 연령별로 표준보육과정에 맞게 운영하는 보육프로그램을 영상화
- 특히 2세와 달리 0-1세, 3-5세반의 경우 가능한 각 연령별로 차이가 나는 내용이 포함되도록 함

2) 소규모 보육시설의 하루일과 운영사례를 구체화한 영상자료 개발(1종)

- 연령별 구분 적용이 어려운 소규모 보육시설에서의 표준보육과정 운영사례 및 보육프로그램 영상화

3) 표준보육과정 운영과 관련하여 영유아에 대한 이해 및 이에 따른 보육교사의 역할을 구체화한 영상자료 개발(1종)

- 연령별(0-5세) 발달특징 및 발달영역별 영유아 특성을 알기 쉽게 표현
- 영유아와 교사의 바람직한 상호작용 방법, 보육교사가 갖춰야 할 전문

적 지식 및 윤리, 하루일과 및 연간 보육활동 수행 시 보육교사의 역할 등을 구체화

- 각 연령 특성상 자주 나타나는 문제 행동을 다루는 교사의 역할 명시, 동영상이나 사진으로 표현하기 어려운 경우 삽화나 만화로 표현

2. 연구 방법 및 절차

가. 연구 방법

본 연구는 영상자료 제작에 필요한 현장 자료 수집, 보육전문가 협의회, 관련 전문가 자문회의, 연구자 회의, 현장 시연 등을 통하여 개발하였다.

1) 선행연구를 기초로 교육영상자료 개발방향과 개발 틀을 마련하고 보육관련 교수와 현장 전문가로 구성된 자문회의에서 검토

- 이 과정에서 보육현장의 요구를 충분히 수렴하도록 다양한 배경의 자문위원을 선정하는 데 주력하였다.

2) 교육영상자료 개발 틀을 토대로 교육영상자료에 담을 내용계획안을 마련하고 자문회의 검토를 통해 계획안을 수정, 보완

- 계획안은 영상자료로 촬영할 수 있도록 상세한 내용과 절차를 담은 시나리오를 작성하고, 선정된 장면을 동영상, 사진, CG작업에 대한 작업 내용이 자세히 명시된 촬영 콘티를 마련하였다.

3) 교육영상자료 촬영 일정을 계획하여 각 팀별 협력 어린이집에서 촬영 후 편집

- 5종의 영상자료 제작을 위하여 각 연구팀별로 협력 어린이집을 선정하였다. 가능한 설립유형과 시설규모를 다양하게 선정하되 보육시설 연합회나 보육정보센터의 추천을 받은 보육시설 또는 우수한 성적으로 평가

인증을 통과한 보육시설 등을 포함하였다. 단, 교육영상자료를 활용할 전국의 보육시설의 현황을 고려하여 보육시설의 물리적 환경 수준을 조절하도록 하였다.

4) 촬영한 동영상과 CG작업, 자막과 내레이션 대본이 완성된 교육영상자료 초안 내용으로 팀별 전문가 시연회를 개최하여 피드백

- 각 연구팀별 협력 보육시설 관련자는 물론이고 이를 활용할 현장전문가들의 검토과정을 거쳤다.

5) 전문가의 의견을 바탕으로 수정 보완한 교육영상자료에 성우 녹음과 배경음악 등 마지막 녹음과 작업을 마친 후, 연구팀과 함께 전문가 시연회를 개최하여 검토 후 최종 완성

- 이 과정에서는 전체 교육영상자료간의 중복 장면이나 수위 조절에 중점을 두고 검토를 받았다.

6) 완성된 내용을 토대로 보고서 작성

나. 교육영상자료 개발 연구 절차

본 연구는 다음과 같이 보육교사를 위한 보육프로그램 교육영상자료 개발 틀을 확정하고 연구자 및 보육전문가 협의회, 자문회의를 통해 교육영상자료 시나리오를 확정하였다. 교육영상자료는 관련 교수 및 보육교사 및 시설장, 담당공무원의 자문을 받아 수정 보완하여 완성하였다.

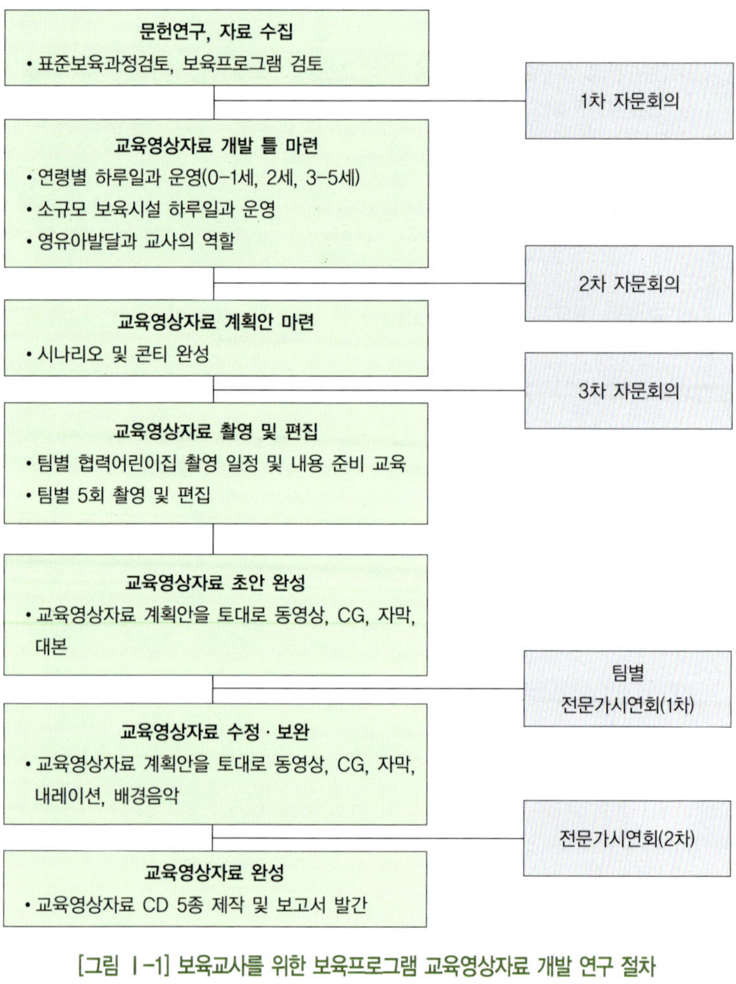

[그림 Ⅰ-1] 보육교사를 위한 보육프로그램 교육영상자료 개발 연구 절차

3. 연구 배경

가. 보육교사의 전문성

보육교사는 영유아의 성장과 발달을 위해 교육하고 보호하는 역할 수행에 직접적인 영향을 미칠 수 있다는 점에서 매우 중요하다. 그러나 우리나라 영유아교사의 전문성에 관한 연구와 논의는 특히 보육수요의 급속한 팽창에 비해서 보육서비스의 질적 수준은 균형 있게 발전하지 못하였다는 인식이 확산되면서 증가되어왔다(김옥련, 2001). 특히 보육교사를 전문성 있는 전문직 집단으로 보기 어렵다는 견해가 많은 반면 영유아를 대상으로 하는 교사를 전문가로 주장하는 입장에서는 가르치는 일이란 책임과 관련되고 지식이 요구되기 때문이라는 점을 강조한다(이성진 외, 1990; 이은화 외, 1995; Broudy, 1984; Chirstensen & Moravcik, 1983; Eiskovitz & Beker, 1983; Rubin, 1978). 따라서 영유아교사가 전문직으로서 보다 더 인정받기 위하여 고유한 전문성을 발달시키는 것이 중요하다고 할 수 있다.

한편 일련의 양성 및 자격 과정을 거친 전문직의 다음 단계로 획득한 전문성을 유지하고 향상시키는 재교육 과정은 직업에 대해 보람과 전문적 지식을 가지고 꾸준한 자기개발을 위해 노력하는 전문가의 특성 중 하나이다. 재교육을 통해 영유아를 담당하는 교사는 스스로의 전문성을 향상시킬 수 있을 뿐 아니라(Spodeck & Davis, 1987), 교육과 보육 실제에 적용할 수 있는 지식, 정보, 기술들을 시기적절하게 배움으로써 확보한 전문성을 유지시킬 수 있다. 따라서 보육교사가 보수교육 및 다양한 연수에 적극적으로 참여하고, 워크숍 등을 통해 새로운 기술을 익히며 정보를 교환하는 등 지속적인 재교육에 참여할 때 교사의 전문성이 신장될 뿐만 아니라 교육 및 보육의 질도 향상된다고 할 수 있다.

따라서 본 연구에서는 교사의 전문성을 발달시키는데 다양하게 활용할 수 있는 자료를 개발하고자 한다.

나. 보육프로그램 및 영상자료 개발

한편 보육교사를 위한 자료 제공 차원에서는 교육용 자료 매체의 변화가 요구되고 있다. 즉 인간의 경험 중 시각을 통한 것이 83%, 청각을 통한 것이 13%이며, 그 나머지만이 기타 감각을 통해 얻어지기 때문에(임선미, 2006에서 재인용; 조정기, 1984) 정보를 제공하거나 수용할 때 시청각적 요소가 매우 중요하다. 이러한 점에서 영상매체는 시각적 요소와 청각적 요소가 결합된 자료로 단순히 듣기만 하는 자료나 읽기만 하는 자료보다 학습자의 정보수용이 용이하다. 매체는 말과 글, 사진과 그림, 음악, 라디오, 텔레비전, 신문, 인터넷 등 인간과 인간 사이의 소통을 매개하는 모든 것을 의미한다. 이 중 영상 매체는 텔레비전, 비디오, 컴퓨터, DVD 등을 통해 전달되는 영상을 일컫는다. 영상은 머릿속에서 그려내는 것의 모습이나 광경, 이미지를 광선의 굴절 또는 반사에 의하여 물체의 상이 비추어진 것을 말한다. 영상 매체는 매체 중에서도 가장 감각적이고 시각적인 언어 인식력을 요구한다.

시대적 흐름과 학습자들의 환경을 고려하여 최근에는 영상 매체를 다양한 교육에 수용하려는 연구들이 이루어지고 있다. 이러한 연구에는 영상 매체를 시, 소설, 교수-학습에 활용하는 방안에 대한 연구(윤명숙, 2005; 이선미, 2007), 영어, 과학 교수를 위한 영상 매체를 개발하여 그 효과를 검증한 연구(임선미, 2006; 최은정, 2006), 청소년 내담자 역할훈련을 위한 영상 프로그램을 개발하고 그 효과를 검증한 연구(홍혜영, 2005) 등이 있다. 이러한 연구들은 영상 매체가 학습자들로 하여금 생생한 언어를 경험하게 할 뿐 아니라 흥미를 유발시킴으로써 학습효과가 높음을 보고하고 있다. 이러한 시대적 흐름을 반영하여 교사교육에서도 영상매체를 활용하려는 경향이 높아지고 있다. 특히 보육교사에게 표준보육과정에 맞는 보육과정이 무엇인지를 전달하기 위해서는 책에 몇 가지 시각적 자료를 싣는 것보다는 교사들의 실제 수업 방식이나 상호작용 등을 시각적, 청각적으로 생생하게 경험하게 하는 것이 무엇보다 필요하다.

따라서 본 연구에서는 교사들의 전문성 신장에 활용할 수 있는 자료를 제작하되 시각적, 청각적으로 생생하게 경험할 수 있는 영상자료 형태로 제작하고자 한다.

다. 보육시설의 연령별 하루일과 운영

보육시설의 연령별 하루일과의 운영 시 고려해야 할 점을 선행연구를 토대로 살펴보면 다음과 같다(삼성복지재단, 2003). 영아반의 경우 영아가 하루 동안 놀이하고 양육 받으며 시간을 어떻게 보낼 것인가를 말해 주는 하루일과는 정해진 시간을 보다 적절하게 활동할 수 있는 기본 틀을 제시해 준다. 하루일과가 잘 계획되어 있을 경우 영아는 심리적인 안정감을 갖게 되며 보다 다양하고 질 높은 경험을 하게 된다. 영아반의 일과는 어느 정도 예측할 수 있는 시간표에 의하여 운영하되 개개인의 욕구를 고려하고 특별한 상황에 따라 융통성 있게 조절하도록 한다. 영아반의 일과를 계획할 때는 하루일과를 통해 따뜻한 보호와 교육적인 경험이 동시에 이루어지도록 풍부한 환경을 구성해주어 교사, 또래 영아, 놀잇감과의 다양한 상호작용이 일어나도록 계획한다.

유아를 위한 하루의 일과는 주간보육계획안을 기초로 하여 유아의 흥미와 일과 중 일어나는 상황을 중심으로 진행한다. 하루일과를 통해 따뜻한 보호와 교육적 경험이 동시에 이루어져야하며 풍부한 환경을 구성해 주어 교사와 유아, 유아와 유아, 유아와 교구 간의 다양한 상호작용이 일어나도록 계획해야 한다. 하루의 활동은 정적인 활동과 동적인 활동, 개인 활동과 대 · 소집단 활동, 실내놀이와 실외놀이의 균형을 고려해야 한다. 유아의 연령에 따른 성숙도와 발달단계를 고려하여 각 집단에 맞는 활동을 제공해야 한다. 즉, 연령이 어린 반일수록 개별적인 학습활동을 중심으로 하여 간단한 소집단 활동을 시도하고, 4-5세반의 경우 놀이가 심화되어 진행중일 때는 일과에 융통성을 두어 자유선택활동 시간을 연장하거나 오후 자유놀이와 연계하여 놀이가 확장될 수 있도록 배려해 준다. 특히 5세반의 유아는 주의집중 시간이 길어져 대집단활동에 참여할 수 있으므로 자유선택활동 시간뿐만 아니라 집단 활동 시간의 비율도 3-4세반 보다는 늘려갈 수 있다. 그러므로 5세반의 경우는 구조화된 프로그램의 시간을 늘려 계획안을 작성한다.

본 연구에서는 영아를 세분화하여 0-1세와 2세반으로 나누어 하루일과의 운영사례를 살펴보고, 유아의 경우에는 3-5세반의 운영사례를 함께 다루어보고자 한다.

라. 소규모 보육시설의 하루일과 운영

보육시설의 규모가 클 경우 연령별로 보육실을 구성하여 운영하지만 정원규모가 작은 보육시설에서는 연령혼합으로 보육실을 운영하게 된다(이완정, 2006). 연령혼합집단(mixed-age grouping)이란 생물학적 연령범위가 1년 이상인 영유아로 구성된 집단을 의미한다. 연령 혼합집단의 이론적 토대는 유아의 성장은 아이마다 다르며, 따라서 생물학적 연령이 동일한 영유아들이라도 각자 발달적으로 다른 특성과 모습을 가지게 된다는 신념이 있으므로 '지속적인 발달과정(continuous progress)'을 중시한다 (The Regional Laboratory, 1994)

따라서 연령혼합집단은 교사가 개별 아동의 발달적 특성을 충분히 고려하여 활동을 계획하고, 개별 활동이나 소집단 활동을 중심으로 유아들이 자발적으로 활동에 참여하여 흥미에 따라 활동을 심화시키는 등 발달적으로 적합하게 운영될 때 단일 연령집단보다 영유아에게 도움이 될 수 있다. 그러나 교사중심적인 대집단 활동 중심으로 운영할 때는 연령이 높은 영유아 중심으로 운영되거나 또래와 비교하여 취약한 특성이 있는 유아가 간과되기 쉽다(Katz, 1995, 1996; McClellan, 1993; McClellan & Kinsty, 1999; Rothenburg, 1995). 이를 위해 연령혼합집단의 교사와 영유아가 진행하는 활동은 지속적으로 모니터링되고 평가되어야 한다.

소규모 보육시설 시설장들과의 심층면접을 실시한 결과, 대다수 소규모 보육시설에서 진행되는 영아보육이나 연령혼합 보육과정에 대해 훈련받은 교사가 거의 없기 때문에 소규모 보육시설에 맞는 보육프로그램이 전문화되기 어렵다고 인식하고 있었다. 시설장들은 소규모 보육시설에 적합한 보육프로그램, 차별화된 교사교육 프로그램을 통한 보육교사 훈련이 필요하다고 생각하고 있었다. 또한 교사와 시설장들은 연령혼합 교실에 적용할 활동계획을 정할 때 어려움이 많다고 토로하였다. 이는 보육교사 교육과정에서도 연령혼합 보육에 대해 많이 다루지 않고, 발간된 보육활동 자료집도 연령혼합에 대한 내용이 거의 없기 때문인 것으로 보인다. 교사들은 연령별 배려를 하는 동시에 같은 연령안에서 개별 영아를 배려해 주어야 하는 것이 힘들다고 응답하였다. 또한 소규모 보육시설의 경우 입소하려는 유아의 연령대가 연도별로 달라지는 경우가 많기 때문에 매년 그 해의 연령혼합반의 구성 특성에 따라 보육프로그램의 내용과 수준을 조정해 주어야 한다.

우리나라 보육시설 현황 중 정원 20명 이하의 소규모 보육시설이 40% 이상을 차지하고 있음에도 불구하고 소규모 보육시설의 특성을 고려한 지원이 없고, 연령 혼합 보육의 특성을 긍정적으로 고려한 보육과정이 매우 부족하다는 점이 나타났다. 소규모 보육시설은 접근의 편리성, 영유아와 가족의 다양한 요구를 긴밀하게 맞추어 줄 수 있는 탄력성 때문에 보육의 형태에서 필수불가결한 측면이라 할 수 있다. 이를 위해 지역사회를 기반으로 한 보육시설 간 연계지원이 절실히 요구된다. 또한 실질적이고 구체적인 종사자 재교육을 지속적으로 받을 수 있는 시스템을 구축하여 보육교사가 영유아의 발달단계와 개별적 특성을 연령혼합 보육의 장점을 살릴 수 있도록 지원해 줄 필요가 있다.

소규모 보육시설의 특성으로 인해 표준보육과정이 공포되었음에도 불구하고 소규모 보육시설에서 이를 적용하기에는 어려움이 있을 것으로 판단하여 본 연구에서는 소규모 보육시설에서 표준보육과정을 적용하여 운영하는 사례를 중심으로 소규모 보육시설의 교사를 위한 교육영상자료를 개발하여 보급하고자 한다.

마. 영유아를 위한 보육교사의 역할

표준보육과정에서 추구하는 인간상은 자율적인 사람, 창의적인 사람, 다양성을 인정하는 사람, 민주적인 사람, 우리 문화를 사랑하는 사람이다. 보육교사는 영유아와 함께하는 매일의 일과 속에서의 상호작용을 통해 영유아가 표준보육과정에서 추구하는 인간상을 형성해 나갈 수 있도록 영유아를 지원해야 한다.

표준보육과정에서 추구하고 있는 인간상을 형성하도록 지원하고 영유아의 다양한 발달을 돕는 보육교사의 역할 수행은 교사와 영유아의 따뜻한 관계 형성이 밑받침되어야 한다. 영유아가 교사와의 관계에서 형성하는 안정애착과 신뢰감은 영유아의 심리적 지지대 역할을 할 뿐 아니라 영유아가 타인과 관계를 형성해나가는 과정에서 지속적으로 영향을 미친다. 교사와 영유아가 따뜻한 관계를 맺기 위해서 보육교사는 영유아를 있는 그대로 인정하고 수용해주며, 영유아와 안정 애착과 신뢰감을 형성하고, 영유아의 인격을 존중해야 한다.

보육교사는 영유아의 자율성과 창의성을 북돋워주며, 영유아가 다양성을 인정하고 다른 사람을 존중할 수 있도록 해야 한다. 보육교사는 또한 영유아가 부적응 행동을 보일 때 영유아의 부적응 행동을 이해하고 부적응 행동이 개선될 수 있도록 지원해야 한다. 부적응 행동의 원인은 영유아의 개인적 특성, 가정의 양육환경, 어린이집 환경, 사회 · 문화적 환경 등 다양하므로 교사는 부모 및 전문가와 협력하여 부적응 행동의 원인을 정확하게 파악해야하며, 원인에 따라 적절하게 지도하는 것이 필요하다.

영유아와 따뜻한 관계를 맺고 영유아의 역량을 북돋우기 위해 교사는 동료교사, 부모, 지역사회와 함께 협력하는 것이 필요하다. 보육교사는 영유아의 발달을 지원하는 역할을 할 뿐 아니라 이러한 과정을 통해 교사도 함께 성장해갈 수 있다. 교사는 영유아를 일방적으로 가르친다고 생각하기 보다는 영유아와 함께 생활하면서 영유아와의 상호작용을 통해서 교사 자신도 성장해 갈 수 있어야 한다.

이상의 내용을 토대로 본 연구에서는 영유아와의 따뜻한 만남에서부터 시작하여 영유아와 함께 성장하기 위한 보육교사의 역할에 대한 교육영상자료를 개발하고자 한다. 교육영상자료를 통해 영유아를 위한 다양한 교사의 역할 제시를 함으로써 영유아를 지도하는 데 지침이 되는 내용 뿐 아니라, 꿈을 가지고 성장하는 교사의 상을 제시함으로써 교사의 전문성 향상을 위한 지원을 하고자 한다.

4. 개발방향 및 특징

가. 개발 목적

보육교사를 위한 보육프로그램 교육영상자료 개발의 목적은 다음과 같다.

첫째, 본 영상자료는 2007년 1월 고시된 표준보육과정과 2007년 6월 개발된 연령별 보육프로그램을 바탕으로 영유아의 연령 및 발달 수준에 맞는 하루일과 구성, 보육교사 역할, 보육환경 구성방법 등을 구체적으로 영상화하여 보육교사들이 기본적인 보육내용 및 교사의 역할을 쉽고 정확하게 이해하도록 돕는 데 목적이 있다.

둘째, CD (compact disk)나 인터넷(internet) 동영상 등의 형태로 보육교사 양성 교육과정 및 보육종사자 재교육 등에서 교육용 교재로 활용할 수 있도록 한다.

나. 개발 방향

1) 본 영상자료는 보육시설에서 영유아를 위해 제공해야 할 바람직하고 적합한 태도와 가치, 지식 및 기술을 효과적으로 전달하기 위하여 관련 동영상 콘텐츠(contents), CG(computer graphic), 사진, 자막, 내레이션(narration) 등으로 구성하였다.

2) 본 영상자료의 내용은 시청각으로 가장 잘 표현되면서 보육시설에서 보편적으로 적용 가능한 것으로 선정하였고, 보육교사들이 명확하게 이해할 수 있도록 다양한 화면으로 구성하였다.

3) 본 영상자료는 기획의도를 효과적으로 전달하고 영상물의 완성도를 높이기 위하여 총 5종으로 제작되었다. 즉 연령별(0-1세, 2세, 3-5세)로

보육교사의 하루일과 운영을 제시하고, 소규모 보육시설의 하루일과 운영 및 영유아를 위한 보육교사의 역할을 제시하였다.

4) 총 5종의 영상자료가 연계성을 가지면서도 각각의 메인타이틀(main title)에 따른 특징을 나타내어 보육교사들의 구체적인 적용이 용이하도록 하였다.

다. 개발 방법

1) 본 영상자료 제작을 위하여 보육교사들이 보다 효과적으로 내용을 이해할 수 있도록 시나리오(scenario)를 구성하였다.

2) 영상자료 시나리오 구성안을 가지고 촬영팀과 만나서 본 영상자료의 전체적인 제작 방향(제작 의도 및 방법, 소요시간 등)에 대해 논의하였다.

3) 표준보육과정의 보육내용에 비추어 모범이 될 만하거나 이에 대한 이해도가 높은 중앙청사어린이집, 쌍문삼성어린이집, 서초푸르니어린이집 등을 보육전문가들로부터 추천받아 보육시설 운영 전반에 관련된 장면들을 촬영하기로 하였다. 각 어린이집에는 촬영 협조 공문을 미리 발송하고 사전 동의를 받았으며, 촬영 전에 시나리오 및 콘티(continuity)를 보내 준비해야 할 사항을 알려주었다.

4) 각 어린이집에서 콘티 순서에 맞추어 촬영이 진행되었다. 촬영은 해당 어린이집의 하루 일과 및 주간계획안에서 제시한 활동에 따랐다. 가능한 한 어린이집의 하루일과에 방해를 주지 않으면서 영유아가 자연스럽게 활동 할 수 있도록 충분히 기다려주고 적절한 장면이 나올 수 있도록 배려하였다. 전체 촬영은 2007년 9월부터 11월에 걸쳐 진행되었다.

5) 촬영된 화면을 검토하고 시나리오에 보다 충실한 영상을 담기 위하여 재촬영이 이루어졌다. 이때 해당 어린이집의 시설장 및 교사들과 협의하여 시나리오에 가장 적합한 장면이 연출될 수 있도록 환경구성 및 활동 등을 연출하였다. 촬영이 어려운 영상에 대해서는 사진자료를 받아 대체하였다.

6) 화면과 CG, 자막, 내레이션 등에 대한 공동연구진 회의를 열어 영상자료가 적절하게 표현되었는지 검토하였다. 이후 보육전문가 자문회의와 초임교사 등 현장 교사 대상 시연회를 통해 보육현장에서 영상자료의 내용을 이해하는 데 어려움이 없는지를 알아보았다.

7) 최종적으로 공동연구진이 내레이션 부분에 대한 성우의 녹음이 이루어진 영상자료를 감상하며 영상자료의 화면구성, CG, 자막, 내레이션 등에 대한 점검을 하였다.

표준프로그램의 내용 및 운영 등을 가장 잘 반영할 수 있도록 시나리오 작성

↓

촬영팀과 본 영상자료의 전체적인 제작 방향(제작 의도 및 방법, 소요시간 등)에 대해 논의

↓

보육전문가에게 추천 받은 어린이집에 시나리오와 콘티를 보내어 촬영 준비

↓

콘티 순서에 맞추어 어린이집의 하루일과에 영향을 주지 않는 범위에서 촬영

↓

재촬영 및 사진자료를 받아 영상자료의 소스 보완

↓

자체 점검을 거친 후 보육전문가의 자문회의를 거쳐 영상자료의 내용이 적절한지 검토

↓

자문회의 결과를 반영, 수정 후 성우 더빙 및 최종 점검

[그림 Ⅰ-2] 보육교사를 위한 보육프로그램 교육영상자료 개발 과정

라. 영상자료별 주요 특징

'0-1세 보육교사를 위한 보육프로그램 교육 영상자료'는 0-1세 영아들의 대부분이 처음으로 주 양육자와 헤어져 낯설고 생소한 어린이집 환경을 경험한다는 점에 중점을 두어 영아들이 불안을 극복하고 새로운 환경에 잘 적응할 수 있도록 적응프로그램의 과정을 담았다. 또한 영아기는 일상적인 양육의 질이 매우 중요한 시기이다. 이에 교사가 영아의 개인차를 존중하고, 영아들의 타고난 기질을 파악하여 상호작용하며, 교사와 영아가 안정된 애착을 형성해가는 과정을 담고자 하였다.

'2세 보육교사를 위한 보육프로그램 교육 영상자료'는 2세 영아들의 놀이 활동을 본격적으로 다루었다. 2세에는 말솜씨가 급격히 늘어가고, 놀이의 상상력이 더욱 풍부해지며, 새로운 사회적 기술도 나타나게 되므로 영아의 경험과 발달에 적합한 보육환경 구성에 대하여 담고자 하였다. 또한 보육계획에 관한 부분을 보완하여 영아가 안정감을 가지고 생활하기 위해서는 연간, 월간, 주간, 일일 보육계획이 연계성을 가지고 수립되어야 하며, 규칙적인 하루일과가 제공되어야 한다는 점을 다루었다.

'3-5세 보육교사를 위한 보육프로그램 교육 영상자료'는 3-5세 유아의 연령별 발달 수준의 차이와 개인차를 고려하여 흥미영역별로 교사가 효율적으로 상호작용하는 방법과 놀이활동을 전개하는 과정을 담고자 하였다. 특히 연령별 특징에 따른 효율적인 놀이 지원 및 활성화를 위한 바람직한 교사의 모습을 담고자 하였다.

'소규모 보육시설의 하루일과와 교사역할 교육 영상자료'는 소규모 보육시설의 기본 유형을 만 2세를 기준으로 0-1세반과 2세 이상의 반으로 구분하여, 영유아와 교사가 함께 긴밀하게 접촉하며 하루를 보내는 과정을 담고자 하였다. 또한 보육시설의 공간 구성 방법 제안과 교사 간 효율적인 업무 공유와 분담을 통해 보육과정이 원활하게 이루어질 수 있도록 하였다.

'영유아를 위한 보육교사의 역할 교육영상자료'는 영유아가 표준보육과정에서 추구하는 인간상을 형성하도록 지원하며, 하루일과 전체를 통해 실천되는 교사의 역할을 보여주는 한편, 보육교사가 영유아와의 따뜻한 관계를 형성하고, 영유아와 함께 성장해가는 모습을 통해 보람과 꿈을 키워가는 과정을 담고자 하였다. 또한 영유아의 부적응행동을 지도하는 예를 들어 유아의 행동에 대한 원인과 원인에 따른 교사의 지도 방향에 대해 살펴보았다.

본 영상자료들은 현실을 반영하되 좀 더 수준 높은 보육시설의 모습을 담아 보육현장의 질을 높이고자 하는 목적으로 제작되었다. 때문에 현장에서는 영상자료를 하나의 모델로 하여 현장의 상황과 영유아의 발달에 적절하게 재구성하는 융통성을 발휘하여야 한다.

5. 기대효과 및 활용방안

보육 서비스의 수준을 향상시키고 영유아의 건전한 성장과 발달을 지원하고자 여성가족부는 표준보육과정을 마련하고, 연령별 보육프로그램을 개발하여 보급하고 있다. 본 연구를 통해 제공하게 될 보육교사를 위한 보육프로그램 교육영상자료는 표준보육과정에 근거한 연령별 보육프로그램의 실제를 담은 연령별 보육프로그램의 내용을 담고 있다. 본 영상자료를 통하여 보육교사들은 보육프로그램을 운영함에 있어 영유아의 연령 및 발달 수준에 맞는 기본적인 보육내용 및 교사의 역할을 보다 쉽고 빠르게 이해하며, 보육교사의 전문성을 향상시킬 수 있을 것으로 기대한다.

보육교사를 위한 보육프로그램 교육영상자료는 다음과 같이 활용될 수 있다.

첫째, 보육교사가 영유아의 연령 및 발달 수준에 맞는 하루일과 구성, 보육교사 역할, 보육환경 구성방법 등 기본적인 보육내용 및 교사의 역할을 쉽고 정확하게 이해하도록 돕는다.

둘째, 보육교사 보수교육과정, 보육교사 양성교육과정에서 교재로 활용될 수 있다.

셋째, 전국의 보육시설에 보급하여 보육시설의 일정 수준 확보를 부모 및 일반인에게 홍보할 수 있다.

아무쪼록 '보육교사를 위한 보육프로그램 교육영상자료' 가 보육교사의 성장을 지원하며, 나아가 영유아의 건전한 성장과 발달을 지원하는 기초자료로 활용될 수 있기를 기대한다.

Ⅱ.

보육교사를 위한 보육프로그램 영상자료

1. 0-1세반

하루일과 운영 교육영상

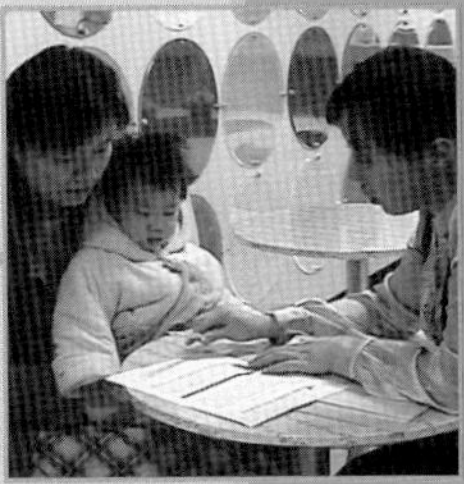

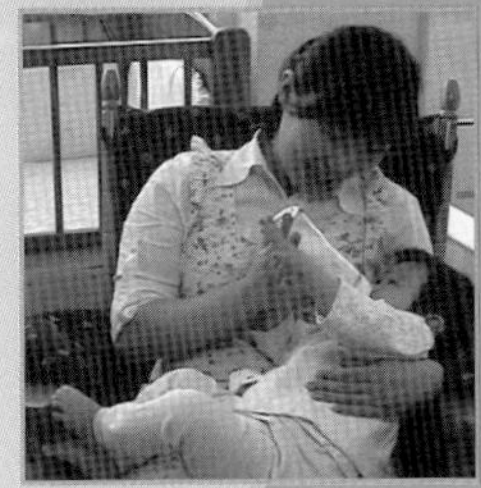

책임연구원 : 김은영(육아정책개발센터 부연구위원)

공동연구원 : 서원경(중앙청사어린이집 시설장)

이수현(한전빛사랑어린이집 교사)

가. 0-1세반 교육영상자료의 구성

1) 영상자료의 구성항목 및 주요내용

〈표 II-1〉 0-1세반 교육영상자료의 구성항목 및 주요내용

<table>
<tr><th colspan="2">항 목</th><th>내 용</th></tr>
<tr><td colspan="2">영상자료의 배경과 의의</td><td>· 영상자료의 배경
· 표준보육과정의 이해
· 영상자료의 수준</td></tr>
<tr><td colspan="2">적응 프로그램</td><td>· 적응 프로그램의 의미
· 기질 파악
· 개별 영아의 일과 탐색
· 부모 상담</td></tr>
<tr><td rowspan="2">등원 및
맞이하기</td><td>등원 전 준비</td><td>· 교사의 준비 상황
- 교실환기
- 건조된 놀잇감 정리
- 수유를 위한 물 끓이기
- 온습도 조절</td></tr>
<tr><td>등원 및
맞이하기</td><td>· 부모와의 정보 교환
· 영아의 상태 점검
· 등원일지 기록
· 분리불안을 가진 영아 수용
· 개인 준비물 정리</td></tr>
<tr><td rowspan="5">일상생활</td><td>수유준비와 수유</td><td>· 위생적인 수유 준비
· 월령에 따른 수유 횟수
· 수유 시의 스킨십과 상호작용</td></tr>
<tr><td>이유식 준비와
이유식 제공</td><td>· 월령에 따른 이유식 재료와 양
· 이유식 먹이는 방법
· 영아의 시도 격려</td></tr>
<tr><td>점심 및 간식</td><td>· 다양한 방법으로 조리한 음식 제공
· 점심 및 간식 시의 적절한 도움과 격려</td></tr>
<tr><td>이 닦기</td><td>· 월령별 칫솔의 종류와 이 닦기 방법</td></tr>
<tr><td>낮잠 및 휴식</td><td>· 수면과 휴식의 필요성
· 개별 수면 습관 수용
· 낮잠 자고 일어나기
· 월령별 낮잠 횟수 및 1회 시간
· 낮잠 중 교사의 기타 업무 수행</td></tr>
</table>

항목		내용
일상생활	기저귀 갈기	· 기저귀 갈 때의 준비 · 1:1 상호작용의 시간 · 기저귀 뒤처리 방법
	배변 훈련	· 배변훈련의 시기 · 배변훈련을 위한 환경 · 놀잇감을 통한 상호작용 · 배변에 대한 의사표현 격려 · 비언어적 표현에 대한 민감한 반응 · 스스로 할 수 있도록 기다려주기
	씻기	· 씻을 때의 준비물 · 적절한 도움 제공과 상호작용 · 영유아가 손 씻는 시간 · 교사가 손 씻어야 하는 시간 · 귀가 전 세수 및 머리 빗기
	옷 갈아입기	· 옷 갈아입을 때의 준비물 · 옷 갈아입는 시기 · 바람직한 교사의 상호작용
	아픈 영아 돌보기	· 질병에 대한 처치
놀이 활동	실내 놀이 활동	· 연령별 놀이 영역 구성 · 놀이 영역별 놀잇감 · 놀이 영역별 영아의 놀이 모습 · 바람직한 교사의 상호작용
	실외 놀이 활동	· 실외놀이시의 준비물 · 실외에서의 활동 모습 - 외기욕하는 모습 - 자연 탐색 모습 - 물놀이와 모래놀이 모습 - 다양한 영역의 활동을 경험하는 모습 - 산책 나가는 모습
귀가 및 가정과의 연계	귀가	· 개별 준비물 챙겨 귀가하기 · 부모와 하루 일과 활동 공유(가정연계)
	마무리	· 교실 정리 및 안전 점검 · 다음날 일과를 위한 준비

2) 영상자료의 특징

가) 적응프로그램

본 영상자료에서 다른 연령과 차별화하여 주요하게 다루고자 한 부분 중 하나는 적응프로그램이다. 0-1세 영아는 대부분 어린이집이 첫 경험일 것이다. 장소도 낯설고 이러한 환경에서 영아는 낯선 사람을 만나게 된다. 주 양육자인 부모와 헤어져 낯설고 생소한 환경에 놓아지는 것은 개인에 따라 정도의 차이는 있으나 영아들에게 불안감을 느끼게 하는 어려운 경험이다. 따라서 영아들이 불안을 극복하고 새로운 환경인 어린이집에 잘 적응할 수 있도록 도와주어야 한다.

어린이집에서의 적응 과정은 영아가 환경과 일과에 적응하는 것뿐만 아니라 애착의 대상이 부모에서 교사로 확대되는 과정이므로 충분한 시간을 가지고 점진적으로 실시해야 한다. 특히 영아 개개인의 기질과 상황에 따라 융통성 있게 실시하는 것이 무엇보다 중요하다.

학부모의 상황에 따라서는 이러한 적응 기간을 갖기 어려운 경우가 많을 것이다. 그러나 적응기간을 거쳐 어린이집 일과에 잘 적응할 수 있도록 해 주는 과정은 학부모와 교사가 협력하여 반드시 해야 할 중요한 일이다. 이 과정을 잘 거치는 것은 영아들이 어린이집에 잘 적응하고 자신의 잠재력을 최대한 발휘하는 데 밑거름이 될 것이다.

부모와 교사는 상호 긴밀한 협조를 통해 인내심을 가지고 영아의 개별적 특성에 맞추어 어린이집 초기 적응을 도와주어야 한다. 적응기간을 통하여 영아는 '어린이집' 이라는 새로운 환경에 익숙해지고 어린이집을 안전하고 편안한 장소로 여기게 될 것이다. 이러한 과정에서 영아는 교사에 대한 신뢰감을 형성하고 부모와 헤어져 생활하는 것을 자연스럽게 받아들여 안정적으로 어린이집에서 생활할 수 있게 된다. 이러한 맥락에서 본 영상자료에는 적응프로그램의 과정을 담았다.

나) 일상적인 양육의 중요성

영아기는 일상적인 양육의 질이 매우 중요한 시기이다. 하루 일과를 통한 충분한 영양과 휴식, 편안한 배설, 정서적인 지지는 영유아 발달에 기초가 되는 아주 중요한 요소이다. 따라서 본 영상자료는 0-1세 영아들의 일상생활과 놀이를 균형 있게 담으면서도 다른 연령에 비해 일상적인 양육을 좀 더 비중 있게 다루었다.

일상적인 양육에서는 영아의 개인차를 존중하여 수유량과 횟수, 시간을 조절하는 모습, 낮잠 자는 모습과 시간의 차이, 발달단계에 맞는 배변처리와 훈련 등의 모습을 담으려고 하였다. 또한 이러한 일상적인 양육을 통해 교사와 영아의 애착을 형성하고 영아의 발달을 도울 수 있는 활동을 제시함으로써 일상적인 양육이 양육만으로 그치는 것이 아니라 영아의 발달을 도모할 수 있는 교육으로 연결될 수 있다는 것을 보여주고자 하였다.

다) 개별 일과 계획

영아 개개인마다 발달이 다를 뿐 아니라, 생리적인 리듬도 다르기 때문에 하루일과를 일률적으로 계획하고 진행할 수 없다. 따라서 영아 개개인의 특성을 존중하여 개별 일과를 계획할 필요가 있다. 따라서 교사는 입소 첫 한주동안 개별 영아의 하루일과를 파악하여 개별 일과를 계획해야 한다. 하루 일과 중 영아의 개별 신체 리듬 존중하며 수유 및 이유, 낮잠, 놀이 시간, 기저귀 갈이 시간이 배치되어야 하므로 영아 개인별로 개별 신체 리듬에 따라 하나의 일과를 조직해야 한다. 이러한 가정에 기초하여 본 영상자료는 적응 프로그램을 통해 영아 개인차를 존중한 개별 일과를 계획하고 하루일과를 통해 개인차를 존중하는 운영방식을 보여주고자 하였다.

라) 개별 영아의 기질 차이 수용

교사는 영아를 보육하게 되면서 그들이 모두 다르다는 것을 곧 알게 된다. 활동적인 영아가 있는가 하면 소극적이고 혼자 있는 것을 좋아하는 영아도 있으며, 늘 주의를 기울여야 하는 영아가 있는가 하면 혼자 놓아두어도 잘 노는 영아도 있다. 따라서 교사는 본인과 영아들이 타고난 기질이 무엇인지를 알아내고 거기에 맞추어 상호작용할 필요가 있다. 이러한 가정에 기초하여 본 영상자료는 다양한 상황에서 기질이 다른 영아들의 모습을 담고자 하였다.

마) 교사와의 애착 형성

애착은 특별한 두 개인 사이의 애정적이고 상호 호혜적인 관계이다. 안정된 애착은 주 양육자가 애정적이고 주의를 기울이며 영아의 신호에 반응적일 때 생긴다. 안정된 애착은 영아로 하여금 새로운 것을 시도하고 낯선 것에 대해 보다 긍정적인 태도를 갖게 함으로써 영아의 이후 발달에 지속적으로 영향을 미친다. 따라서 교사는 영아와 안정된 애착 형성을 위해 노력해야 한다. 이러한 가정에 기초하여 본 영상자료는 적응 프로그램과 하루일과를 통해 교사가 영아와 애착을 형성하려는 노력과 그 과정을 담고자 하였다.

바) 주요 일과 제시

하루일과는 영아 개인에 따라 달라질 것이기 때문에 본 영상자료는 0-1세의 하루 일과 중 반드시 하게 되는 일상생활과 놀이 활동의 주요 일과를 중심으로 구성하였다. 일과 내용 중 영아의 하루 일과에 따른 교사의 역할과 교사의 기타 업무에 따른 역할을 삽입하였다. 예컨대 영아의 낮잠 및 휴식 시간에 보육일지 작성, 영아 관찰보고서 작성, 보육실 안전점검, 프로그램 계획 등 교사의 업무 처리 역할을 삽입하였다. 또한 일과를 시간대

별로 배열하면 월령별로 하루일과가 모두 달라 동일한 일과를 여러 번 반복해야 되므로 주요 일과를 제시하되 주요 일과별로 월령의 차이에 따른 모습을 담고자 하였다.

사) 표준보육과정과 보육프로그램에 기초

표준보육과정은 2006년에 여성가족부령으로 공포되고, 2007년에는 표준보육과정의 구체적인 내용과 교사지침이 고시되었다. 표준보육과정은 영유아의 연령 및 발달수준에 적합한 보육서비스를 제공하여 보육시설 영유아의 보육 목적과 목표를 달성하기 위한 국가수준의 보육과정이며, 보육시설에서 운영해야 할 보편적 보육내용을 제시한 것이다. 이어서 2007년에 여성가족부는 표준보육과정에 근거한 연령별 보육 프로그램의 실제를 담은 연령별 보육프로그램을 발간하였다. 이러한 맥락에서 본 영상자료는 표준보육과정과 연령별 보육프로그램에 기초하여 하루 일과 중 0-1세 보육교사에게 필요한 내용으로 구성하였다.

3) 영상자료 활용 시 유의사항

가) 영상자료의 수준

본 영상자료는 현실을 반영하되 좀 더 수준 높은 보육시설의 모습을 담아 현장의 질을 높이고자 하는 목적으로 제작되었다. 따라서 현장에서는 영상자료에 담긴 모든 것을 그대로 따른다기보다는 영상자료에 담긴 내용을 하나의 모델로 하여 현장의 상황에 맞게 적절하게 반영하여야 한다.

나) 하루일과의 재구성

본 영상자료는 하루일과의 시간대 별 순서로 제시한 것이 아닌 주요

일과를 일상생활과 놀이 활동으로 나누어 내용별로 제시하였다. 따라서 본 영상에 나타난 내용을 하루일과의 구성 원리를 토대로 재구성하여야 한다.

다) 적응프로그램 기간의 융통성

본 영상자료에서 적응프로그램 기간은 현실을 반영하여 5일로 제시하였다. 그러나 영아의 기질, 이전 양육경험, 양육자와의 애착 정도에 따라 각각 다른 일정이 필요하므로 영아 각 개인에 맞게 재조절하여야 한다.

라) 개인차 고려

본 영상자료에서 0-1세의 발달적 차이에 따른 주요일과의 내용이 제시되어 있다. 그러나 동일 연령 내에서도 월령 차, 개인차가 크므로 이를 고려하여 민감하게 대처해야 한다.

나. 0-1세반 교육영상자료의 구체적 내용

1) 영상자료의 배경과 의미

비디오	오디오	표준보육과정 및 보육프로그램과의 관련성
보육시설의 0-1세 학급에서 놀이하고 있는 영아들의 모습 사진	• 출산 직후 바로 직장에 복귀하는 부모가 증가하면서 0-1세아를 위한 보육시설도 증가하고 있습니다.	표준보육과정의 성격 - 표준보육과정은 만6세 미만의 영유아가 갖추어야 할 태도, 가치, 지식, 기술을 포함하고 있다.
표준보육과정 - 6개 영역 - 만 2세 미만은 3수준으로 구성 0-1세 보육프로그램	• 이에 0-1세 보육교사를 위한 보육프로그램 교육영상자료는 2007년 1월 고지된 표준보육과정과 2007년 6월 출간된 연령별 보육 프로그램을 바탕으로 0-1세 발달 수준에 적합한 적응프로그램, 하루일과와 교사 역할을 구체적으로 영상화하여 전달하고자 합니다. • 본 영상자료는 현장의 현실에서 너무 동떨어지지 않되 바람직한 현장의 사례를 담고자 하였습니다. • 0-1세 보육프로그램은 연간, 월간, 주간, 일일보육계획안을 수립하여 계획-실행-평가 과정이 체계적으로 이루어져야 합니다.	

2) 적응프로그램

비디오	오디오	표준보육과정 및 보육프로그램과의 관련성
영아가 부모와 떨어지며 불안해 하는 모습 / 우는 모습	• 영아가 보육시설에 등원한다는 것은 애착 대상자와 익숙한 환경에서 분리되어 갑자기 낯선 환경에서 양육자와 하루 종일 떨어져 지내는 것이므로 영아에게 힘든 일입니다. 갑자기 양육자와 분리되어 낯선 환경에 처하게	사회관계〉사회적 관계 · 영아는 낯가림을 할 수 있고, 낯선 어른보다 친숙한 어른과 활발하게 상호작용한다는 것을 이해한다.

비디오	오디오	표준보육과정 및 보육프로그램과의 관련성
	되면 영아는 정서적으로 불안감을 느끼고 울거나 몸부림치는 것 등으로 이러한 감정을 표현하게 됩니다. ♧ 영아 말풍선 '모르는 사람이에요. 무서워요' 교사 우는 영아를 안으며 "엄마랑 헤어져서 속상하구나!"	
교사가 적응 프로그램에 대해 설명하는 모습	• 불안감은 어린이집 환경과 교사에게 익숙해지면 줄어드나 그 과정 중 영아의 사회정서에 심각한 문제를 유발할 수 있습니다. 그러므로 양육자와의 분리와 보육 환경에 대한 적응이 가능한 편안하게 이루어져야 합니다. • 적응은 영아의 기질, 낯가림 정도, 부모와의 애착 정도에 따라 다르므로 영아의 적응 상태와 부모님의 여건에 따라 적응프로그램 스케줄을 융통성 있게 조절합니다. 교사가 적응 프로그램 동의서를 부모에게 보여 주며 "영아가 갑자기 엄마와 헤어져 낯선 어린이집과 교사와 지내는 일은 무척 힘든 일입니다. 영아가 엄마와의 분리에 큰 충격을 받지 않고 어린이집과 교사에게 익숙해 질 수 있도록 적응 프로그램이 필요합니다."	표준보육과정 - 교사는 적응 프로그램 동안 영아의 개별 하루 일과 리듬을 이해하고 개별 리듬에 따라 하루 일과를 정하여 영아가 편안하고 즐겁게 하루를 지낼 수 있도록 돕습니다.
애착정도와 기질에 따른 다양한 영아의 반응 - 안정 vs. 불안정 - 순한 vs. 까다로운 vs. 더딘	• 적응 프로그램을 진행하는 동안 부모와의 충분한 상담과 부모-영아 상호작용, 영아의 행동을 관찰하여 적응과정을 돕습니다. 적응 프로그램은 최소 5일 이상 걸리고 영아의 적응도에 따라 그 이상의 시간이 소요되기도 합니다.	

비디오	오디오	표준보육과정 및 보육프로그램과의 관련성
	• 이전 양육자와 안정된 애착을 형성한 영아는 성인에 대한 신뢰감이 있어 교사에게도 쉽게 애착을 갖게 되나, 이전 양육자와 불안정한 애착을 형성한 영아는 성인에 대한 불신감이 있어 교사에게 쉽게 애착을 갖지 못합니다. • 순한 기질의 영아는 수유, 이유, 배변, 잠자기 등의 시간이 규칙적이나 까다로운 기질의 영아는 수유, 이유, 배변, 잠자기 등의 시간이 불규칙적이고 자극에 대한 강도가 크고 민감합니다. ♧ 영아 말풍선 '나는 자는 시간이 매일 달라요' ☺ 낮잠 시간에 작은 소리에도 금방 깨는 까다로운 기질의 영아를 안으며, "소리가 나서 잠이 깼구나! 선생님이 안아 줄게. 토닥토닥" • 더딘 기질의 영아는 활동량이 적으며 자극에 대한 강도가 작고 둔감합니다.	
영아가 부모와 함께 어린이집을 방문하는 모습	• 보호자는 영아와 함께 등원 전에 어린이집을 방문해 봅니다. 교사는 보호자에게 적응 프로그램에 대해 충분히 설명하여 보호자가 적응 프로그램을 실시하는 이유와 일정을 이해하도록 돕습니다. 또한 교사는 보호자와 영아가 어린이집 환경을 둘러볼 수 있도록 배려하며 하루일과, 준비물 등에 대해 설명합니다.	
영아가 부모와 함께 보육실에서 놀이하는 모습	• 첫날, 보호자와 함께 오전 자유선택활동을 합니다. 영아는 자신의 안전기반인 보호자와 함께 있으므로 낯	

비디오	오디오	표준보육과정 및 보육프로그램과의 관련성
	선 환경에서도 곧 안정감을 찾고 놀이합니다. 교사는 영아와 보호자의 놀이를 관찰하며 영아와 보호자의 애착 상태, 영아의 기질, 영아의 생활 리듬을 파악하고 영아가 보육실과 교사에게 익숙해지도록 신체접촉, 언어적 상호작용을 시도합니다.	
영아가 교사와 함께 보육실에서 놀이하는 모습	• 둘째날, 첫날 활동이 무리 없이 진행되었다면, 보호자와 떨어져 오전 자유선택활동을 합니다. 교사는 불안해하는 영아의 기분을 수용하고 영아가 선호하는 놀잇감을 제시하여 놀이에 흥미를 갖도록 유도하며 보호자의 역할이었던 영아의 안전기반으로서의 역할을 담당합니다. 이 때 보호자는 원내 또는 원과 가까운 곳에 머물면서 영아가 힘들어 할 때 바로 되돌아 올 수 있어야 합니다. 월령이 낮은 영아는 놀이 중간에 낮잠을 자 보기도 합니다. "OO야, 선생님과 OO가 놀이하고 있으면 엄마가 오실거야. 여기 공이 떼굴떼굴 굴러가네. 공을 잡아서 굴려 볼까?" ♧ 영아 말풍선 '누구지? 우리 엄마처럼 나를 도와주네.'	
교사가 영아의 이유식 먹는 것을 도와주는 모습	• 셋째날, 오전 자유선택활동과 더불어 이유식을 먹어봅니다. 월령이 높은 영아는 간식과 점심을 먹어 봅니다. ♧ 영아 말풍선 '엄마가 주는 것은 아니지만 먹어볼까?' "OO야, 맛있는 죽이다. 냠냠 맛있게 먹어볼까?"	
영아가 낮잠을 자고 일어	• 넷째날, 낮잠을 자고 오후 일과에 적	

비디오	오디오	표준보육과정 및 보육프로그램과의 관련성
나 놀이하는 모습	응을 합니다. 교사는 영아의 일과 리듬을 고려하여 놀이 활동, 낮잠, 이유식, 오후 활동을 제시합니다. ♧ 영아 말풍선 '내 침대가 아니에요. 자기 싫어요.'	
교사가 영아의 일과표를 작성하는 모습/적응프로그램 연장 동의서를 들고 부모와 함께 상의하는 모습	• 다섯째날, 적응 프로그램을 마무리합니다. • 교사는 적응기간 동안 관찰한 내용을 바탕으로 적응 프로그램을 종료할 것인지 연장할 것인지를 결정하며, 영아의 개별 일과를 파악하고 개별 일과를 결정합니다. • 12개월 이전 영아는 개별 리듬에 의해 일과가 결정되어야 하므로 개별 하루일과를 존중하며 12개월 이후 영아는 초기에는 개별 리듬에 의한 일과를 존중해 주나 후기에 이르면 점점 또래와 함께 일과를 진행할 수 있도록 돕습니다.	

주: ♧는 영아의 생각 및 반응을 나타낸 것이고, ☺은 교사의 행동 및 상호작용을 나타낸 것임.

3) 등원 및 맞이하기

가) 등원 전 준비

비디오	오디오	표준보육과정 및 보육프로그램과의 관련성
환기하는 모습	• 교사들은 영아들이 등원하기 전에 영아가 편안히 하루일과를 시작할 수 있도록 여러 가지 준비를 합니다. • 아침마다 환기를 해서 공기를 정화합니다.	
냉난방시설 및 가습기 가동하는 모습	• 온도 조절을 위해 냉난방 시설을 점검하고 가동하며, 습도조절을 위해	기본생활〉건강한 생활 · 영아기는 면역력이 약하고

비디오	오디오	표준보육과정 및 보육프로그램과의 관련성
	가습기를 작동시킵니다.	생리적인 변화가 심하다는 것을 알고 질병에 걸리지 않도록 환경을 조성해야 한다.
건조대의 놀잇감을 영역에 배치하는 모습	• 전날 씻어 건조대에 올려놓은 놀잇감을 각 영역에 정리합니다.	
수유물을 끓이는 모습	• 수유를 위해 물을 끓여 적당한 온도로 식혀 놓습니다.	
게시판에 유인물을 부착하는 모습	• 부모에게 전달할 내용을 게시판에 부착하고 전날 특별한 요구를 가졌던 영아를 어떻게 맞이할 것인가에 대해 고려합니다.	
영아의 모습을 떠올리며 어떻게 해야겠다고 생각하는 모습과 관찰기록을 보며 확인하는 모습		

나) 등원 및 맞이하기

비디오	오디오	표준보육과정 및 보육프로그램과의 관련성
영아가 부모와 보육실을 노크하는 모습 교사가 영아를 안아주며 반갑게 맞이하는 모습	• 등원은 영아가 부모에게서 교사로 전이하는 시간이므로 등원하는 영아를 안아주며 반갑게 맞이하여 편안한 일과 시작이 되도록 합니다. "OO가 왔구나! OO야 안녕"	사회관계〉사회적 관계〉양육자와 애착 현성하기 - 양육자와 안정적인 애착을 형성한다(공통수준). 사회관계〉자기존중 · 영아에게 신체적 접촉과 언어적 표현으로 자주 애정을 표현한다.
영아가 인사하는 모습	• 월령이 높은 영아는 아는 사람에게 미소를 짓거나 간단한 인사를 하도록 합니다. "OO야, 안녕? 선생님과 인사해 볼까? 선생님 안녕하세요?"	기본생활〉바른 생활〉예절바르게 생활하기 - 만나고 헤어질 때 인사한다(2,3수준).
부모와 여러 가지 이야기를 나누는 모습 - 부모가 약과 투약의뢰서를 건네는 모습, 일일보고서를 작성하는 모습	• 영아를 데리고 온 보호자와 전날 건강상태, 수유여부, 배변상태, 투약여부 등에 대해 간단한 정보를 교환합니다. 이 때, 보호자는 일일보고서, 투약의뢰서를 작성합니다.	

비디오	오디오	표준보육과정 및 보육프로그램과의 관련성
	☺ 교사는 부모가 작성한 일일보고서를 보며 부모에게 "OO가 아직 아침 수유를 안했네요? 지금 바로 수유하면 될까요?", "어젯밤 잠을 충분히 자지 못했나 봐요. 특별한 이유가 있나요?"	
영아가 부모와 헤어지는 모습	• 영아가 부모와 헤어질 때 인사할 수 있는 시간을 주며 영아가 자신의 감정을 충분히 표현하도록 하고 교사는 그 감정을 수용해 줍니다. ♧ 엄마와 분리되면서 울거나, 시무룩한 영아 말풍선 '엄마와 함께 있고 싶어요.' ☺ 영아를 쉬는 영역으로 안고가 "OO가 엄마와 함께 있고 싶었구나! OO가 놀이하고 낮잠 자고 나면 엄마가 오실거야."	표준보육과정 – 교사는 영아가 부모와 헤어질 때 인사할 수 있는 시간을 배려함. 영아가 부모와 헤어질 때 영아의 감정을 충분히 수용하고 그 감정을 언어로 표현 해 줌
부모와 놀이하는 모습	• 영아가 부모와 헤어지기 힘들어 하는 경우에는 부모와 잠깐 놀이할 수 있는 시간을 주어 영아의 요구를 수용합니다. ☺ 엄마에게 "OO가 오늘 엄마와 헤어지는 것이 많이 힘든가 봐요. 시간 되시면 잠깐 OO와 놀이하시고 OO이 기분을 수용해 주시고 OO가 조금 안정되면 출근하셔도 될까요?"	
교사가 영아를 수용하고 달래는 모습	• 영아가 부모와 헤어진 뒤 계속 우는 등 부정적인 정서를 보일 경우에는 따뜻하게 안아서 달래주며 가족사진을 보여주거나 애착물건으로 달래줄 수 있습니다. ☺ "OO가 엄마와 헤어지는 것이 많이 힘들구나! 선생님이 안아줄게." ☺ "OO 엄마가 여기 있네. 엄마가	사회관계〉정서인식과 조절〉자신과 다른 사람의 여러 가지 정서를 인식하고 표현하기 – 자신과 다른 사람이 여러 정서를 가질 수 있음을 인식한다(1, 2수준). – 다른 사람과 상황을 고려하여 자신의 정서를 긍정적인 방법으로 표현한다(공통수준).

비디오	오디오	표준보육과정 및 보육프로그램과의 관련성
	OO야, 잘 놀고 있어 하시네." ♧ 영아 말풍선 '선생님이 안아주니 기분이 나아졌어요.'	사회관계〉정서인식과 조절〉자신의 정서를 조절하고 활용하기 - 자신의 정서를 긍정적으로 조절한다(공통수준).
교사가 영아에게 관심을 끌만한 놀잇감을 제시하는 모습	• 무리 없이 부모와 헤어지는 영아는 흥미 있어 하는 놀잇감을 제시하여 영아가 기분 좋게 부모님과 분리될 수 있도록 돕습니다. 교사는 평소에 영아가 선호하는 놀잇감을 보여주며 "OO야, 엄마하고 안녕하고 OO가 좋아하는 공놀이하자."	
영아의 가방을 열어 우유병, 기저귀와 여벌옷 등을 냉장고와 개인 사물함에 정리하는 모습	• 영아가 가지고 온 물건을 교사가 정리합니다. 이 때 모든 물건에 이름이 쓰여 있는지 확인하고 다른 영아와 물건이 섞이지 않도록 조심합니다.	
월령이 높은 영아가 자신의 기저귀를 사물함에 정리하는 모습	• 월령이 높은 영아의 경우 가지고 온 물건을 스스로 정리해 보도록 합니다.	

주: ♧는 영아의 생각 및 반응을 나타낸 것이고, 은 교사의 행동 및 상호작용을 나타낸 것임.

4) 일상생활

가) 수유준비와 수유

비디오	오디오	표준보육과정 및 보육프로그램과의 관련성
0세아의 배고프다는 울음에 재빨리 반응하는 교사의 모습	• 배고프고 졸음이 오는 등의 영아의 기본적인 욕구에 신속하게 반응하는 것은 영아의 신뢰감을 형성하는데 기초가 되므로 영아의 개별 수유 리듬을 파악하여 민감하게 반응합니다. "OO가 배가 고프구나! 선생님이 빨리 우유 가져 올게."	사회관계〉정서인식과 조절 · 영아의 기본적인 욕구에 지속적이고 신속하게 반응함으로써, 영아가 자신을 돌보는 교사를 믿고 세상이 안전한 곳임을 알게 한다.
손을 씻는 모습 분유를 타는 모습 월령별 적당량 표	• 수유준비를 할 때에는 교사의 손에 의한 오염을 방지하기 위해 손을 깨끗이 씻습니다.	

비디오	오디오	표준보육과정 및 보육프로그램과의 관련성
	• 영아의 월령에 맞추어 적당량의 분유를 끓여서 식힌 물에 타서 잘 흔듭니다.	
모유나 생우유를 중탕하는 모습	• 부모가 모유나 생우유를 준비해 오는 경우 따뜻한 물에 데워서 준비합니다.	
수유 횟수 표	• 수유와 이유는 월령별로 혹은 개인차에 따라 제공합니다.	* 보육프로그램〉수유 및 이유 참고
	- 대부분 생후 4개월 영아는 1일 5~6회, 4~6개월 영아는 4~5회 수유합니다. 6~12개월 영아는 이유식과 병행하며 2~4회 수유합니다.	* 보육프로그램〉영양관리 및 식생활 지도
안락의자에 영아를 안고 앉아 눈을 마주치며 수유하는 모습	• 젖병으로 수유하는 영아는 젖 먹이 듯이 편안하게 안고 얼굴을 마주보며 수유하며 월령이 높은 영아는 영아용 컵, 빨대 컵 등으로 먹을 수 있도록 돕습니다.	기본생활〉건강한 생활〉즐겁게 먹기 - 편안하게 안겨서 우유(모유)를 먹는다(1수준). 사회관계〉자기존중〉자신의 소중함을 알기 - 자신에 대해 긍정적으로 생각하고, 자신의 소중함을 안다(공통수준).
수유를 하면서 상호작용하는 모습	• 수유를 하면서 아이와 눈을 맞추고 노래를 불러주거나 말을 시킵니다. 영아가 옹알이를 하면 반응해 줍니다. "OO가 우유를 꿀꺽꿀꺽 먹고 있네. 옹알이도 하는구나! 우우므(옹알이 소리 모방하기)"	사회관계〉정서인식과 조절〉자신의 정서를 느끼고 표현하기 - 여러 가지 표정에 반응한다. - 여러 가지 음성과 소리를 듣고 반응한다(1수준). - 자신의 감정과 욕구를 다른 사람이 알도록 표현한다(2, 3수준). - 자신에게 여러 가지 정서가 있음을 안다(3수준). 사회관계〉사회적 관계〉다른 사람에게 관심 가지기 - 양육자의 목소리를 인식한다(1수준). - 친숙한 사람에게 애정을 표현한다(2, 3수준). 의사소통〉듣기〉소리 구분하여 듣기 - 익숙한 목소리를 듣고 반응한다(2, 3수준).

주: 은 교사의 행동 및 상호작용을 나타낸 것임.

나) 이유식 준비와 이유식 제공

비디오	오디오	표준보육과정 및 보육프로그램과의 관련성
월령에 맞는 이유식 스케줄 표 쌀미음의양과 횟수 표시	• 이유식은 부모님과 상의하여 5개월 이후부터 시작하며 월령과 개인차를 고려하여 차차 양과 횟수를 늘려갑니다.	* 보육프로그램〉이유식의 기본 진행방법표
월령에 맞는 재료 표	• 처음에는 쌀미음으로 시작하여 점차 야채, 고기, 과일즙을 첨가합니다. 12개월 이전에 견과류는 알레르기를 유발시킬 수 있으므로 제외합니다. 과일즙은 쌀미음과 병행할 수 있습니다.	기본생활〉건강한 생활〉즐겁게 먹기 - 단단한 음식에 적응한다(2수준).
이유식 테이블을 닦는 모습 영아에게 이유식을 제공하는 모습	• 이유식 테이블은 소독액으로 닦아 청결을 유지하며 영아를 교사의 무릎에 앉히거나 의자에 앉히고 숟가락으로 떠서 먹입니다. ☞ "OO야, 맛있는 이유식 먹자. 의자에 앉아 볼까? OO의 숟가락도 여기 있다. 아 해 보자. 꿀꺽 잘 먹네."	기본생활〉건강한 생활〉즐겁게 먹기 - 단단한 음식에 적응한다(2수준).
영아가 이유식을 만지고 탐색하는 모습	• 0세아가 이유식을 먹을 때, 이유식을 만지고 탐색하고 싶어 하면 이유식을 조금 덜어 만질 수 있도록 허용합니다. ♧ 영아 말풍선 '어떤 느낌인지 만져보고 싶어요.' ☞ "OO가 이유식을 만지고 싶구나! 선생님이 식탁에 이유식을 조금 떨어뜨려줄게. 이유식을 만져볼까? 느낌이 어떠니?"	신체운동〉감각과 신체 인식〉감각기관으로 탐색하기 - 감각기관으로 주변 환경을 탐색한다(공통수준).
조금 큰 영아가 숟가락을 사용해 이유식을 먹는 모습 옆에서 격려하는 모습	• 조금 큰 영아는 스스로 숟가락을 사용해 보도록 하며 많이 흘리더라도 교사의 도움 수준을 조절하며 스스로 해 볼 수 있도록 합니다. ☞ "OO야, 숟가락을 스스로 쥐고 먹어볼까? 숟가락으로 이유식을 떠보자. 아이, 맛있어."	기본생활〉건강한 생활〉즐겁게 먹기 - 도구를 사용하여 정해진 자리에서 먹는다(3수준).

주: ♧는 영아의 생각 및 반응을 나타낸 것이고, ☞은 교사의 행동 및 상호작용을 나타낸 것임.

다) 점심 및 간식

비디오	오디오	표준보육과정 및 보육프로그램과의 관련성
영아의 점심 식판 1세 영아가 숟가락을 들고 스스로 먹고 있는 모습	• 12개월이 지난 영아는 밥을 주식으로 하게 되므로 소화가 잘 될 수 있는 진밥부터 시작합니다. 영아가 스스로 먹을 수 있도록 격려하되 교사가 적절하게 도움을 줍니다.	기본생활〉건강한 생활〉즐겁게 먹기 - 도구를 사용하여 정해진 자리에서 먹는다(3수준).
교사가 음식을 골고루 시도하도록 격려하는 모습	• 영아는 색, 냄새 등에 따라 특정 음식을 거부할 수 있음을 이해하고 같은 재료라도 다양한 방법으로 조리한 음식을 제공하여 영아들이 골고루 먹을 수 있도록 지도합니다. "OO가 닭고기를 먹었구나!. 이번에는 콩나물도 먹어볼까? 콩나물을 집어 입에 쏙 넣어보자. 맛이 어떠니?" ♧ 영아 말풍선 '먹기 싫은데... 한 번 먹어보니 맛있네.'	기본생활〉건강한 생활〉즐겁게 먹기 - 제공된 음식을 골고루 먹는다(3수준).
영아의 간식의 예	• 영아들은 한꺼번에 많이 먹기가 어려우므로 식사 중간에 반드시 적당한 간식을 제공해야 하며 12개월이 지나면 생우유를 간식으로 줄 수 있습니다.	
영아가 자연식의 간식을 먹는 모습	• 영아들의 간식은 가능하면 자연식으로 하는 것이 좋습니다.	

주: ♧는 영아의 생각 및 반응을 나타낸 것이고, 은 교사의 행동 및 상호작용을 나타낸 것임.

라) 이 닦기

비디오	오디오	표준보육과정 및 보육프로그램과의 관련성
여러 가지 영아용 칫솔과 치약	• 영아들도 수유나 이유, 점심이나 간식 후 양치를 할 필요가 있습니다.	
가제 손수건으로 잇몸 닦는 모습	• 어린 영아는 교사의 손가락에 삶아서 식힌 가제 손수건을 감아 살살 잇몸을 닦아주며 이가 나기 시작하면 실리콘 칫솔을 이용해 이를 닦고	

비디오	오디오	표준보육과정 및 보육프로그램과의 관련성
실리콘 칫솔로 이와 잇몸 닦는 모습	잇몸을 마사지해 줍니다. 👆 "이유식을 다 먹었지. 이제 이를 깨끗이 닦자. 선생님이 도와줄게. 아~"	
영아가 칫솔을 들고 이 닦는 모습 / 교사가 영아의 칫솔로 이를 꼼꼼히 닦는 모습	• 1세 영아는 영아용 치약을 사용해 스스로 이를 닦을 수 있는 기회를 주지만 마지막에는 교사가 구석구석 닦아주어야 합니다. 👆 "OO가 스스로 닦아 볼 수 있겠니? 윗니, 아랫니 모두 닦아보자. 치카치카." "잘 닦는구나! 마지막은 선생님이 도와줄게."	기본생활〉건강한 생활〉몸을 깨끗이 하기 - 도움을 받아 이를 닦는다(2, 3수준).

주: 👆은 교사의 행동 및 상호작용을 나타낸 것임.

마) 낮잠 및 휴식

비디오	오디오	표준보육과정 및 보육프로그램과의 관련성
낮잠 자는 영아의 모습	• 규칙적인 수면과 휴식을 제공하는 것은 영아의 건강을 위해 꼭 필요합니다. 낮잠을 잘 때는 개별 요, 이불, 베개, 자장가가 들어 있는 테이프, 카세트 등을 준비합니다.	
월령이 낮은 영아가 개별적으로 잠자는 모습과 월령이 높은 영아가 동시에 잠자는 모습	• 월령이 낮은 영아는 개인 리듬에 따라 수면과 휴식을 취할 수 있도록 하며, 월령이 높은 영아는 일정한 시간에 수면을 취할 수 있도록 도와줍니다. • 수면을 하지 않더라도 영아의 상태에 따라 적절한 휴식을 취할 수 있도록 하는 것도 중요합니다.	기본생활〉건강한 생활〉알맞게 잠자기와 휴식하기 - 수면을 충분히 취한다(공통수준). - 편안하게 쉰다(공통수준).
영아가 잠이 들고 깨어날 때 영아의 몸을 마사지해 주는 모습	• 잠이 들 때와 깰 때는 조용한 음악을 틀어 편안한 분위기를 만들고, 영아의 몸을 마사지해 줍니다. 👆 (머리를 쓸어주거나 등을 쓰다듬어 주며) "우리 OO, 참 예쁘구나. 코	사회관계〉사회적 관계〉다른 사람에게 관심 가지기 - 양육자의 목소리를 인식한다(1수준). - 친숙한 사람에게 애정을 표현한다(2, 3수준).

비디오	오디오	표준보육과정 및 보육프로그램과의 관련성
	자자." "OO가 벌써 일어났네. 눈을 뜨고 선생님을 보고 있구나. 이제 기지개 켜고 일어날까? 쭉쭉 커져라. 쭉~. 벌떡 일어나자."	의사소통〉듣기〉소리 구분하여 듣기 - 익숙한 목소리를 듣고 반응한다(2, 3수준).
교사가 일찍 깬 영아를 데리고 조용히 책을 읽어주는 모습	• 낮잠 시 일찍 일어난 영아는 교사와 조용한 놀이를 할 수 있도록 배려합니다. "일어났구나! 친구들은 아직 자고 있네. 친구들이 잠이 깨지 않도록 선생님하고 조용히 책을 볼까?"	
월령에 따른 낮잠 횟수와 시간 표	• 월령이 낮을수록 하루 중 낮잠이 차지하는 비중이 높습니다. - 6~12개월 이전 영아는 1일 2~3회 낮잠을 자며 1회에 1시간 30분에서 2시간 정도 낮잠을 잡니다. - 12개월 이후 영아는 1일 1회 2시간에서 2시간 30분 정도 낮잠 시간을 제공합니다.	
교사가 영아를 관찰하며 일지를 쓰는 모습	• 교사는 낮잠 중 영아가 편안하게 낮잠을 자는지 계속 관찰하며 일일보육계획안 및 관찰일지 작성, 보육프로그램 연구 등을 진행합니다.	

주: 은 교사의 행동 및 상호작용을 나타낸 것임.

바) 기저귀 갈기

비디오	오디오	표준보육과정 및 보육프로그램과의 관련성
교사가 기저귀 갈이 준비물을 챙기는 모습	• 영아 담당 교사는 기저귀 갈기 등의 일상생활을 교육적으로 활용할 수 있어야 합니다. • 기저귀를 갈 때는 손소독기, 소독액, 기저귀, 물티슈, 비닐봉지 등이 필요합니다.	

비디오	오디오	표준보육과정 및 보육프로그램과의 관련성
교사가 손 소독을 하고 위생장갑을 끼는 모습	• 기저귀 갈기 전에 기저귀 갈이대를 소독액으로 닦은 후 손을 소독합니다.	
교사가 기저귀를 갈며 상호작용하는 모습	• 기저귀 갈이 시간은 교사와 영아의 일대일 상호작용의 좋은 기회 이므로 간단한 마사지를 해 주며 영아와 대화를 시도합니다. "OO가 쉬를 많이 했구나. 기저귀를 쑥 빼니 아이 시원하다. 새 기저귀를 해줄게. 뽀송뽀송해서 기분이 좋지?" "OO가 응가를 했네. 선생님이 깨끗이 닦아줄게, 시원하지? 와~ 깨끗해졌다. 새 기저귀 하자, 뽀송뽀송해서 기분이 좋지?" "선생님과 쭉쭉이 놀이 해 볼까? 쭈까쭈까 쭉쭉. 우와~ 많이 컸다." 영아 말풍선 '다른 친구들 없이 선생님과 함께 있으니 기분이 좋아요'	사회관계〉사회적 관계〉다른 사람에게 관심 가지기 - 양육자의 목소리를 인식한다(1수준). - 친숙한 사람에게 애정을 표현한다(2, 3수준). 의사소통〉듣기〉소리 구분하여 듣기 - 익숙한 목소리를 듣고 반응한다(2, 3수준). 의사소통〉말하기〉발성과 발음으로 소리내기 - 여러 가지 소리를 내고 옹알이를 한다(1수준). - 여러 가지 말소리를 낸다(2, 3수준).
기저귀를 비닐봉지에 넣어 뒤처리하는 모습 손 씻는 모습	• 사용한 기저귀는 공기를 통한 전염을 막기 위해 비닐봉지에 넣어 뒤처리를 하며 기저귀 갈기가 끝나면 반드시 교사, 영아 모두 손을 씻습니다. 손을 씻은 교사는 다시 손 소독을 합니다.	

주: 영아 기호는 영아의 생각 및 반응을 나타낸 것이고, 교사 기호는 교사의 행동 및 상호작용을 나타낸 것임.

사) 배변훈련

비디오	오디오	표준보육과정 및 보육프로그램과의 관련성
변기에 앉아 있는 영아의 모습	• 배변훈련은 너무 일찍 시작하지 않는 게 좋습니다. • 영아의 발달에 따라 다르지만 18~24개월을 전후해서 시작하는 게 적당합니다.	

비디오	오디오	표준보육과정 및 보육프로그램과의 관련성
화장실을 아늑한 공간으로 꾸며 놓은 모습	• 배변훈련의 경험은 영아의 성격형성에 영향을 미치기 때문에 즐겁게 할 수 있도록 수용적인 교사의 태도와 흥미로운 환경 구성이 필요합니다.	
배변 훈련 관련 동화나 놀잇감을 가지고 상호작용하는 모습	• 처음에는 배변 및 변기와 연관된 다양한 놀이로 시작하여 배변과 변기에 친숙함을 느끼도록 합니다. 변기에 흥미를 갖도록 꾸며주거나 변기에 인형 앉히는 놀이를 할 수 있습니다. "토끼 인형이 응가를 하고 싶대. 변기에 앉혀볼까?"	
영아가 배변을 한 후 의사표현한 것에 대해 격려하는 모습	• 영아가 이미 배변을 한 후에 배변의사를 표현하더라도 배변의사를 표현한 것에 대해 격려해 줍니다. ♧ 영아 말풍선 '응가라고 말할 수 있어요. 잘했죠?' 교사는 "응가를 했구나! 와, OO가 응가를 했다고 선생님에게 알려주었네. 바로 기저귀를 갈 수 있겠다."	기본생활〉건강한 생활〉규칙적인 배설습관 갖기 – 배설의 의사를 표현한다(2수준).
영아의 비언어적, 언어적 배변의사에 반응하는 교사의 모습	• 영아가 언어적으로 배변의사를 표현하지 않더라도 교사는 영아의 비언어적 표현에 민감하게 반응해야 합니다. ♧ 영아 말풍선 '쉬를 하고 싶어요. 얼른 알아차려주세요.' "OO야, 쉬하고 싶니? 변기에 앉아볼까?"	기본생활〉건강한 생활 · 영아가 자신의 욕구를 자신만의 방식으로 표현할 때 즉시 반응하고 해결한다. 사회관계〉정서인식과 조절 · 영아의 언어적, 비언어적 신호를 해석하여 민감하고 일관성 있게 대한다.
옷을 스스로 벗으려는 영아를 격려하면서 기다려주는 모습	• 빨리 되지 않더라도 인내심을 가지고 기다려 주며 교사의 의도대로 되지 않았다고 하여 영아에게 스트레스를 주면 안 됩니다.	
변기 옆의 응가를 웃으면서 치우고 영아를 격려하	"그래, 바지를 내리고 있구나! 바지가 쑥쑥 내려가네. 팬티도 내려	

비디오	오디오	표준보육과정 및 보육프로그램과의 관련성
는 모습영아와 손 씻는 모습	볼까?" "응가를 했구나. 다음에는 변기에 응가를 해보자!"	
영아와 손 씻는 모습	• 배변 후에는 영아가 엉덩이를 손으로 만지지 않도록 하고 꼭 손을 씻도록 합니다. "손을 씻자. 쉬하고 응가한 후에 손에 쉬와 응가가 묻을 수 있으니까 꼭 손을 씻자!"	

주: ✿는 영아의 생각 및 반응을 나타낸 것이고, ☺은 교사의 행동 및 상호작용을 나타낸 것임.

아) 씻기

비디오	오디오	표준보육과정 및 보육프로그램과의 관련성
세면대의 모습 활동을 하면서 더러워진 영아의 모습	• 영아들에게 있어 청결은 매우 중요하므로 일과 중 수시로 아이들을 씻겨야 합니다. • 손 씻기를 할 때는 개별 수건 또는 페이퍼타월, 핸드 드라이어, 물비누 등이 필요합니다.	
영아와 적절한 도움을 주고 상호작용하며 씻는 모습	• 세수 및 손 씻기를 진행할 때 영아의 발달을 고려하여 개별 영아에게 적절한 도움을 주고, 언어적 상호작용을 통해 기분 좋음을 인식하도록 합니다. (교사가 계속 도움을 주며) "소매를 걷어보자. 쭉! 쭉! 손을 씻어볼까? 꾹 눌러 물비누를 짜보자" "비누로 싹싹 닦아보자. OO가 물로 헹궈볼까?" • 특히 음식을 먹기 전, 실외놀이 후에는 꼭 손을 씻겨야 하며, 손가락을 빠는 영아들의 손은 더 자주 씻깁니다.	기본생활〉건강한 생활〉몸을 깨끗이 하기 - 도움을 받아 손을 씻는다(1, 2수준). - 스스로 손 씻기를 시도한다(3수준).

비디오	오디오	표준보육과정 및 보육프로그램과의 관련성
	☺ "OO가 밖에서 열심히 놀아 손이 더러워졌네. 손을 깨끗이 씻자. 뽀득 뽀득."	
교사가 손 씻는 모습	• 교사도 위생을 위해 유유병과 이유식기를 만질 때, 수유 시, 영아의 씻기와 이 닦기 지도 시, 청소 및 세척 후, 기저귀 갈이 후, 코 닦기 후에는 반드시 손을 씻어야 합니다.	
영아를 씻기고 머리를 빗어주는 모습	• 귀가 전에는 영아들을 세수시키고 손을 씻깁니다. 머리도 단정하게 다시 빗어주어 귀가준비를 합니다. ☺ "조금 있으면 아빠가 오실거야. 예쁜 옷 입고 머리도 예쁘게 빗자. (귀가준비를 한 후) 거울 보자, 짠. 우와, 예쁘다."	

주: ☺ 은 교사의 행동 및 상호작용을 나타낸 것임.

자) 옷 갈아입기

비디오	오디오	표준보육과정 및 보육프로그램과의 관련성
영아의 여벌옷이 있는 개인장의 모습	• 영아들은 땀을 많이 흘리므로 옷을 자주 갈아입혀야 합니다. 옷을 갈아입을 때는 새 옷, 영아 이름이 적혀진 비닐봉지가 필요합니다.	
실외놀이에서 옷이 더러워진 모습	• 수유나 식사 시, 실외 놀이에서 옷을 더럽혔거나, 배변 실수를 했을 경우에도 옷을 갈아입힙니다.	
옷을 갈아입히면서 영아들과 상호작용하는 모습	• 옷을 갈아입히면서 신체명칭에 대한 이야기를 하고 영아와 신체접촉을 나눕니다. ☺ "팔을 빼 볼까? 한 팔씩 빼보자. 쏙! 쏙! 자, 머리를 빼보자. 팔을 들고 머리를 빼보자. 만세!"	

주: ☺은 교사의 행동 및 상호작용을 나타낸 것임.

차) 아픈 영아 돌보기

비디오	오디오	표준보육과정 및 보육프로그램과의 관련성
투약하는 모습 열 체크하는 모습 드레싱 상태 확인	• 부모가 작성한 일일보고서의 내용을 파악하고 아픈 영아가 있는 경우 투약 여부, 열 체크, 상처 상태 확인을 정기적으로 합니다.	보육프로그램〉질병관리
얼음찜질 모습 상처를 흐르는 물로 씻는 모습 몸을 미지근한 물로 닦는 모습	• 등원 이후 갑자기 아픈 영아가 발생한 경우 질병에 따라 적절한 조치를 취합니다. 부딪친 상처는 얼음찜질 후 연고를 바르며 까지거나 찔린 상처는 흐르는 물에 씻은 후 소독하고 연고를 바릅니다. 열이 나는 경우에는 열을 체크하고 다른 영아와 격리하여 휴식하도록 하며 미지근한 물로 몸을 닦기거나 부모의 동의를 받아 해열제를 투약합니다. • 적절한 조치를 받은 영아는 교사의 보호 하에 양호실 또는 조용한 공간에서 쉬도록 합니다. • 전염성 질환이 발견된 경우 보육실 이외의 공간으로 격리한 후 귀가할 수 있도록 합니다.	

5) 놀이 활동

가) 실내 놀이 활동

비디오	오디오	표준보육과정 및 보육프로그램과의 관련성
0세 놀이 영역의 전체 모습	• 0세를 위한 놀이 영역은 신체 및 움직임을 위한 영역, 의사소통 및 사회관계를 위한 영역, 탐색 및 표현을 위한 영역 등으로 구성할 수 있습니다.	* 보육프로그램〉환경구성 참고
1세 놀이 영역의 전체 모습	• 1세를 위한 놀이 영역은 신체 및 움직임을 위한 영역, 감각·탐색을 위	

비디오	오디오	표준보육과정 및 보육프로그램과의 관련성
	한 영역, 창의적 표현을 위한 영역, 역할 · 쌓기 영역, 언어 영역 등으로 구성할 수 있습니다.	
신체 및 움직임을 위한 영역 모습	• 신체 및 움직임을 위한 영역에서는 진행되는 신체발달을 활용해 도전해 볼 수 있는 놀이를 제공합니다.	신체운동〉신체활동 참여〉몸 움직임 즐기기 - 몸을 활발히 움직인다(1, 2수준). - 다양한 몸의 움직임을 시도한다(3수준). 신체운동〉신체활동 참여〉기구를 이용하여 신체활동 시도하기 - 밀고 끌기 등 기구를 이용하여 신체활동을 시도한다(2수준). - 간단한 기구를 이용하여 신체활동을 시도한다(3수준). · 영아가 자유롭게 몸을 움직일 수 있도록 개방된 공간을 제공하고, 안전을 위하여 반드시 교사가 지켜보도록 한다. · 영아가 다양한 움직임을 시도해보도록 격려한다.
낮은 미끄럼틀 타는 모습 승용자동차 타는 모습	• 대근육 발달을 위해서 스폰지 블록 오르내리기, 미끄럼틀 타기, 끌차 끌기, 승용 놀잇감 타기 등의 활동을 제공합니다. ☞ "미끄럼틀에 올라갔구나! 쓱하고 내려와 볼까? 우와~ 잘 내려왔다. 또 올라가 볼래?"	
영아가 작은 우레탄 블록을 쌓고 구멍에 끼우기를 하는 모습	• 또한 고리 끼우기, 구멍에 넣기, 쏟고 담기 등 소근육을 사용하며 눈과 손의 협응력을 기를 수 있는 활동을 제공합니다. ☞ "고리를 끼워보자. 영차, 영차. 고리	신체운동〉신체조절과 기본운동〉소근육 조절하기 - 물체를 집는다(1수준). - 양손으로 물체를 잡거나 놓는다. 엄지와 검지로 물체를 잡는다(2수준).

비디오	오디오	표준보육과정 및 보육프로그램과의 관련성
	가 막대에 쏘옥~ 들어갔네."	신체운동〉신체조절과 기본운동〉협응력 기르기 - 보이는 물체에 손을 뻗는 등 눈과 손의 협응을 시도한다(1수준). - 물체 쌓기 등 눈과 손의 협응을 시도한다(2수준). - 물체를 끼우기 등 눈과 손의 협응을 시도한다(3수준).
의사소통 및 사회관계를 위한 영역 모습	• 의사소통 및 사회관계를 위한 영역에서는 말하기, 듣기의 활동을 중점으로 이후 유아기 및 학령기의 읽기와 쓰기 활동을 위한 기초 활동을 제시합니다.	의사소통〉듣기〉운율이 있는 말 듣기 - 운율이 있는 짧은 말소리 듣기를 즐긴다(공통수준). 의사소통〉말하기〉친숙한 사물의 이름 말하기 - 친숙한 사물을 가리켜 말하려 한다(1, 2수준). - 친숙한 사물의 이름을 말한다(3수준). · 인형이나 그림, 사진, 그림책 같은 여러 가지 자료를 갖추어 언어적 상호작용을 많이 할 수 있는 환경을 마련해준다.
교사가 영아의 소리를 따라하고 영아의 말하기를 격려하는 모습	• 영아가 내는 소리를 따라하거나 반응해 주고 짧은 문장을 사용해 영아의 행동을 표현해 주고 운율이 있는 동시나 동요를 불러줍니다. ☞ 옹알이 따라하기 "부~ 아오아오~" • 실제 사물이나 책에서 친숙한 사물의 이름을 말하려 할 때 격려해 줍니다. ☞ 책을 보며 "공이 있네. 공. OO가 공이라고 말했구나. 우와~ 잘한다."	

비디오	오디오	표준보육과정 및 보육프로그램과의 관련성
교사가 영아에게 책을 읽어주는 모습	• 다양한 재질(종이, 천, 비닐 등)의 책을 읽어 주고 영아가 그림을 인지하는 것에 대해 격려해 줍니다. "OO가 사과를 가리켰네. 그래. 아까 간식으로 사과를 먹었지? 냠냠 아이~ 맛있다."	의사소통〉읽기〉읽어주는 짧은 글에 흥미 가지기 - 리듬감 있게 읽어주는 말소리를 즐겨 듣는다(공통수준). 의사소통〉읽기〉그림책에 흥미 가지기 - 그림책 속에 있는 친숙한 그림이나 사진을 본다(1, 2수준). - 이야기를 들을 때 그림을 알아본다(3수준). · 그림책을 읽어줄 때 그림에 묘사된 구체적인 상황에 대해 물어보고 이야기를 하며 그림을 함께 보도록 한다.
영아가 긁적거리는 모습 / 교사가 격려하는 모습	• 무독성 크레용과 종이를 제공해서 영아가 마음껏 긁적일 수 있도록 하며 영아가 뭔가를 긁적거려 표현했을 때 격려를 해 줍니다.	의사소통〉쓰기〉긁적이기를 시도하기 - 팔 전체를 사용하여 마음대로 긁적인다(2, 3수준). · 손의 소근육을 사용하고, 손과 팔을 의도적으로 움직이는 즐거움과 선을 그을 때 나타나는 흔적을 즐기는 정도의 긁적이기 활동을 하도록 한다. 신체운동〉신체조절과 기본운동〉소근육 조절하기 - 간단한 쓰기 도구를 잡고 긁적인다(3수준).
전신거울에서 다양한 표정을 짓는 영아 / 영아와 상호작용하는 교사	• 전신 안전거울을 통해 자신의 얼굴과 몸을 보고 움직여볼 수 있도록 하며 영아의 표정과 신체 부분, 움직임 등을 말로 표현해 줍니다. "거울 속에 OO가 있네. OO의 눈이 보이네. 눈이 웃고 있구나. OO의 입이 쑥- 나왔네. 선생님하고 뽀뽀할까?"	사회관계〉자기존중〉자신을 분리된 존재로서 인식하기 - 거울 속의 자신을 보고 웃거나 알아본다(공통수준). - 자신의 모습과 다른 사람의 모습을 구별한다. 자신의 몸을 스스로 움직일 수 있음을 안다(2, 3수준).

비디오	오디오	표준보육과정 및 보육프로그램과의 관련성
탐색 및 표현을 위한 영역 모습	• 탐색 및 표현을 위한 영역에서는 시각, 청각, 촉각, 후각, 미각 등의 감각과 관련된 활동을 다양하게 제시합니다. "입에 넣고 빨아 보았구나! (충분히 빨아본 후) 손으로도 만져볼까? 보들보들하구나."	신체운동〉감각과 신체 인식〉감각기관으로 탐색하기 - 감각 기관으로 주변 환경을 탐색한다(공통수준). 자연탐구〉탐구적 태도〉탐색 반복하기 - 주변의 사물을 보고 만지고 빨기를 반복한다(1수준). - 관심 있는 사물을 반복하여 탐색한다(2, 3수준). 자연탐구〉과학적 탐구〉주변의 사물 지각하기 - 보고 만지고 듣고 맛보는 등의 감각적 행위를 통하여 사물을 지각한다(2, 3수준).
누르면 소리나거나 굴러가는 놀잇감 모습	• 누르면 소리가 나거나 불빛이 나오고 굴러가는 놀잇감으로 다양하게 상호작용합니다.	
촉감공 놀이	• 다양한 촉감의 공도 제시합니다. ♧ 영아 말풍선 '이게 뭘까? 입에 넣어보자'	
까꿍놀이를 하는 모습	• 까꿍놀이, 숨기기 놀이, 짝짜꿍 놀이 등을 통해 사물의 있고 없음, 많고 적음을 인지하도록 돕습니다. 교사가 수건 등으로 자신의 얼굴을 가렸다 보이며 "OO야, 까꿍! (다시 수건으로 얼굴을 가리며) 선생님 어디 계시지? 까꿍, 여기 있네!" ♧ 영아 말풍선 '선생님 얼굴이 다시 나타날거야'	자연탐구〉수학적 탐구〉수량 지각하기 - 있고 없는 상황을 지각한다(1수준). - '있다'와 '없다'를 구분한다(2수준). - '한 개'와 '여러 개'를 구별한다(3수준). 자연탐구〉수학적 탐구〉주변공간 탐색하기 - 물체가 없어지는 상황에 관심을 보이며 찾는다. 여러 가지 물체의 모양을 지각한

비디오	오디오	표준보육과정 및 보육프로그램과의 관련성
		다(2,3수준). 자연탐구>수학적 탐구>비교하기 – 사물의 여러 가지 속성을 탐색한다(공통수준). – 크기 관련 어휘를 사용한다(3수준). · 까꿍놀이, 숨기기 놀이, 짝짝꿍, 잼잼, 도리도리 등의 놀이를 제공하여 다양한 수학적 경험을 격려한다.
1조각 퍼즐 놀이	• 월령이 높은 영아는 꼭지가 달린 한 조각 퍼즐 놀이와 구멍에 넣기 활동을 합니다.	
조용하게 놀잇감을 탐색하는 영아, 행동 강도가 높게 탐색하는 영아의 대비되는 모습	• 영아의 기질과 성향에 따라 조용하고 미세한 탐색을 주로 하는 영아도 있고, 반경이 크고 행동 강도가 높은 탐색을 즐기는 영아도 있습니다. 개별 영아의 탐색 범위 및 행동 강도를 수용합니다. ♧ 영아 말풍선 '가만히 앉아서 놀이하는 것이 좋아' 또 다른 영아 '온 몸을 마음껏 움직이는 것이 좋아'	자연탐구>탐구적 태도 · 영아의 기질과 성향에 따라 조용하고 미세한 탐색을 주로 하는 영아도 있고, 반경이 크고 행동 강도가 높은 탐색을 즐기는 영아도 있다는 점을 고려한다.
영아가 음악에 맞추어 춤을 추는 모습 / 악기를 두드리는 모습 / 종이를 찢는 모습	• 생활 속에서 음악을 접할 수 있도록 다양한 장르의 음악을 하루 일과 중 수시로 들려줍니다. • 영아는 교사의 목소리로 불러주는 노래를 매우 좋아하며 부분 부분을 따라 부르기도 합니다. • 노래에 맞추어 몸을 흔들거나 악기를 두드려보는 활동도 좋은 경험이 됩니다. ☺ "나비야, 나비야 이리 날아오너라." (교사의 노래) 노래를 듣고 몸을 흔드는 영아에게 "노래를 들으니까	예술경험>예술적 표현>리듬 있는 소리로 반응하기 – 좋아하는 소리에 반응한다(1수준). – 리듬과 음높이에 맞추어 소리를 낸다. 주변의 사물이나 리듬악기로 단순한 소리를 만든다(2,3수준). – 노래의 한 마디를 따라 부른다(3수준). · 의성어, 의태어, 반복되는 부분이 많은 노래의 일부분이나 리듬 있는 운율을 교사의

비디오	오디오	표준보육과정 및 보육프로그램과의 관련성
	몸을 흔들흔들하네. 선생님이 더 불러볼까? 나비야, 나비야" • 긁적이기, 종이 찢기 등 단순한 미술 활동을 통해 영아가 자신의 감정과 느낌을 표현하도록 합니다. ☺ "OO가 뭘 그렸지? 비가 주룩주룩 오는거야? 선생님도 같이 해 볼까? 주룩주룩, 주룩주룩."	음성으로 자주 들려준다. · 짝짜꿍이나 까꿍 놀이처럼 영아와 간단한 손 놀이를 하고 리듬에 맞춰 몸을 움직여 주거나 영아의 놀이 시도에 대해 격려한다. · 영아의 자기가작화 행동을 격려하고 반응한다. · 소근육을 사용하는 종이에 긁적이기, 얇은 종이 찢기, 스티커 붙이기, 손바닥으로 문지르기 등의 단순한 미술 활동을 많이 하게 한다. 예술경험〉예술감상〉소리나 노래 즐겨듣기 – 일상생활에서 리듬 있는 소리와 노래를 관심 있게 듣는다(공통수준). · 동물의 소리에 관심이 많은 영아에게 동물의 소리가 녹음된 테이프를 들려주고, 동물의 소리를 흉내 내는 것에 반응한다.
역할 · 쌓기 영역 모습	• 1세반에 구성되는 역할 · 쌓기 영역은 영아가 일상생활에서 관찰한 것을 놀이를 통해 재현합니다.	
영아가 전화기를 들고 놀이하는 모습	• 일상생활에서 사용하는 소품과 유사한 놀잇감을 준비해 영아의 놀이를 격려합니다. ☺ 교사가 전화 거는 모습을 보여주며, "여보세요. 네, OO가 보고 싶다구요? OO는 여기 있으니 빨리 오세요." ☺ 언어가 가능한 영아가 있다면, 영아가 전화기를 들고 "여보세요"라고 했을 때 교사도 전화기를 들고 "여보세요. OO니? 엄마야, 엄마 회사에서 빨리 갈게."	사회관계〉사회적 관계〉다른 사람에게 관심 가지기 – 다른 사람을 관찰하고 모방한다(2, 3수준). 의사소통〉말하기〉말소리와 몸짓으로 의사표현하기 – 말로 의사표현을 한다(3수준).

비디오	오디오	표준보육과정 및 보육프로그램과의 관련성
영아가 블록을 가지고 무엇인가를 만드는 모습	• 1세 영아는 블록을 단순히 쌓을 뿐 아니라, 단순한 구성물을 만들 수도 있습니다. • 영아가 무엇인가를 만들고 표현할 때 격려해 주어 자신감을 높여 줍니다. "이게 뭘까? 아, 집이구나. OO가 집을 아주 높게 만들었네."	자연탐구〉탐구적 태도〉탐색 반복하기 – 관심 있는 사물을 반복하여 탐색한다(2, 3수준). 자연탐구〉수학적 탐구〉주변공간 탐색하기 – 여러 가지 물체의 모양을 지각한다(2, 3수준).
월령이 낮은 영아를 상대로 놀잇감에 대한 흥미를 유도하며 영아와 함께 놀이하는 모습 영아의 호기심을 자극하고 영아가 관심을 보이면 조력하고 지원하는 모습	• 월령이 낮은 영아는 교사가 주도적으로 놀이를 시작하고 이끌며, 월령이 높은 영아에게는 영아들이 먼저 관심을 보여 놀이를 시작할 때 지원의 역할을 합니다. "OO야, 이게 뭘까? 빨간 단추를 누르니 노래가 나오네"	예술경험〉심미적 탐색 · 주변 환경물(모빌)이나 소리 나는 놀잇감에 영아의 시선이 맞추어졌을 때 소리를 듣거나 사물을 보려는 영아의 시도를 적극적으로 권장한다.
영아의 호기심을 자극하고 영아가 관심을 보이면 조력하고 지원하는 모습	• 영아를 위한 놀잇감은 동일한 놀잇감을 2~3개 준비합니다. 이 시기의 영아는 아직 양보하고 서로 나누는 것을 모르기 때문에 놀잇감을 가지고 다투게 됩니다. 놀이에서의 갈등을 줄이기 위해 동일한 놀잇감을 여러 개 준비하는 게 좋습니다.	
영아가 놀잇감을 용도대로 가지고 노는 모습	• 월령이 높은 영아는 놀잇감은 용도에 맞게 사용하도록 합니다. "OO야, 놀잇감을 그렇게 던지면 친구가 아프대. 선생님하고 이렇게 위로 쌓아볼까?"	기본생활〉안전한 생활〉놀잇감을 안전하게 사용하기 – 놀잇감을 용도에 맞게 사용한다(3수준).
자리표시가 된 교구장의 모습 놀잇감 정리하기	• 영아가 놀잇감의 자리를 알도록 놀잇감의 모습과 동일한 사진 등으로 놀잇감 자리를 표시하고 놀이 후 정리하도록 합니다. "토끼 인형의 자리는 어디지? 여기 있다. OO가 토끼 인형 제 자리에 놓아줄래? 인형이 자기 자리에 앉	기본생활〉바른생활〉질서 지키며 생활하기 – 놀잇감이 있는 자리를 안다(2수준). – 도와주면 놀잇감을 정리한다(3수준). · 교구장 등에 사진이나 그림

비디오	오디오	표준보육과정 및 보육프로그램과의 관련성
	아서 기분이 좋대."	을 붙여 두어 영아들이 사용한 놀잇감을 스스로 정리할 수 있도록 한다.

주: ♧는 영아의 생각 및 반응을 나타낸 것이고, ☺은 교사의 행동 및 상호작용을 나타낸 것임.

나) 실외 놀이 활동

비디오	오디오	표준보육과정 및 보육프로그램과의 관련성
실외 놀이터의 모습	• 실외 놀이는 하루 종일 보육시설에서 생활하는 영아들에게 꼭 필요한 활동입니다. 0-1세의 영아도 하루에 1회 이상 실외놀이를 할 수 있도록 합니다. 실외놀이를 나갈 때는 이름표, 휴지, 물티슈, 비상약, 다인용 유모차를 준비합니다.	
영아들이 유모차 혹은 평상에서 외기욕 하는 모습	• 어린 영아는 잠깐씩 실외에서 햇볕을 쬘 수 있게 해 줍니다. ☺ "햇볕이 내려쬐는구나! 와, 따뜻하네. 바람도 살랑살랑 부네." ♧ 영아 말풍선 '아~ 기분 좋다.' • 월령이 증가하면 점차 실외 놀이의 시간도 늘려갑니다.	
영아들이 자연을 탐색하는 모습, 물놀이와 모래놀이를 하는 모습	• 실외 활동을 하며 주변의 자연을 오감각을 활용하여 여러 번 탐색해 볼 수 있는 기회를 제공합니다. • 따뜻한 햇볕, 비오는 소리, 움직이는 곤충, 떨어지는 나뭇잎, 열매를 보고 느낄 수 있도록 합니다. ☺ "후드득, 후드득, 무슨 소리지? 와~ 비가 오는구나." ☺ "맴맴맴~ 매미소리가 들리네, 매미야, 안녕~"	자연탐구〉탐구적 태도〉주변의 사물과 자연현상에 관심 가지기 – 주변의 여러 가지 사물과 자연현상에 관심을 가진다(공통수준). 자연탐구〉과학적 탐구〉주변 생명체에 관심 가지기 – 주변(환경)의 움직이는 생명체를 지각한다(공통수준). 자연탐구〉과학적 탐구〉자연현상 지각하기 – 주변의 자연현상(바람, 해,

비디오	오디오	표준보육과정 및 보육프로그램과의 관련성
	"나뭇잎을 주웠구나! 나뭇잎을 만져 보자. 냄새도 맡아볼까?" • 물놀이와 모래놀이를 통해 사물을 감각적으로 탐색하고 즐거움을 느낄 수 있도록 합니다. "공을 이 물에 던져볼까? 풍덩. 어? 공이 둥둥 떠다니네."	비, 눈 등)을 보고 만지고 느낀다(공통수준). · 영아들도 움직이는 곤충이나 떨어지는 나뭇잎, 열매 등에 관심을 보이는 경우가 많다. 이 때 세밀히 관찰할 수 있는 기회를 제공하여 생명체와 자연에 대한 관심을 갖도록 한다. · 산책할 수 있는 기회를 충분히 줌으로서 자연의 변화를 느끼고 즐길 수 있게 한다. · 비 소리, 바람소리 등 자연의 소리를 직접 경험하게 하거나 녹음하여 들려준다. 예술경험〉예술감상〉주변의 아름다움 경험하기 – 자연이나 주변 환경, 사물의 아름다움을 일상생활에서 경험한다(공통수준). · 자연이나 친근한 사물의 아름다움에 영아가 반응하도록 반복적으로 경험하게 한다.
영아들이 실외놀이터에서 책을 보고, 승용 놀잇감을 타고, 리본 막대로 놀이하는 모습	• 실외놀이도 실내놀이처럼 연계성 있는 다양한 영역의 활동을 경험해 볼 수 있도록 합니다. 특히 실내에서 활동하기 부담스러운 영역별 활동을 진행하면 좋습니다.	보육프로그램〉실외놀이와 나들이 – 다양한 활동 제공
유모차를 타고 산책 나가는 모습	• 어린이집 실외놀이터 이외의 주변 환경과 자연을 탐색할 수 있도록 나들이도 나가 봅니다. "OO야, 밖에 나오니까 참 좋다. 바람도 살랑살랑 불고 예쁜 꽃들도 반갑다고 인사하네."	

비디오	오디오	표준보육과정 및 보육프로그램과의 관련성
실내 대근육 놀이	• 날씨가 좋지 않은 날은 실내에 마련된 실외놀이터 대체 공간을 이용합니다.	

주: 는 영아의 생각 및 반응을 나타낸 것이고, 은 교사의 행동 및 상호작용을 나타낸 것임.

6) 귀가 및 가정과의 연계

가) 귀가

비디오	오디오	표준보육과정 및 보육프로그램과의 관련성
가방을 챙기는 모습 영아를 안아주고 배웅하는 모습	• 개인 준비물을 잘 챙겨 돌아갈 수 있도록 빠진 것이 없나 점검하며 영아들을 따뜻하게 배웅합니다. "OO야, 잘 가! 내일 또 만나자. 사랑해."	사회관계〉사회적 관계〉양육자와 애착 형성하기 – 양육자와 안정적인 애착을 형성한다(공통수준). 사회관계〉사회적 관계〉다른 사람에게 관심 가지기 – 다른 사람과 시선을 맞춘다. 양육자의 목소리를 인식한다(1수준). – 친숙한 사람에게 애정을 표현한다(2, 3수준).
부모와 이야기하는 모습	• 영아가 하루를 어떻게 지냈는지, 영아의 상태와 그에 대해 어떤 조치를 취했는지에 대해 부모에게 알려줍니다. 담임교사가 퇴근하고 통합 상황에서 하원하는 경우, 통합지도교사는 전달 일일보고서를 바탕으로 영아의 하루 상황에 대해 부모에게 전달합니다. "어머님, 일일보고서에도 기록해 놓았는데요, 오늘 수유도 정량대로 했구요, 대변도 한 번 보았어요. 그런데 오후 4시 즈음에 OO가 밀차를 밀고 가다가 넘어져서 머리를 밀차 손잡이에 부딪쳤어요. 양호선생님이 봐 주었는데 단순한 타박상이라며 얼음찜질 후 타박상 약을 발라주었어요."	표준보육과정 – 영아의 상태변화를 관찰하고 적절한 조치를 취한다.

주: 은 교사의 행동 및 상호작용을 나타낸 것임.

나) 마무리

비디오	오디오	표준보육과정 및 보육프로그램과의 관련성
놀잇감 세척 보육실 안전점검 보육일지 작성 자료 준비	• 하루 일과의 마무리는 다음날의 하루일과를 위한 놀잇감 세척, 보육실 안전 점검, 보육실 물품 점검, 보육일지 작성, 다음날의 보육계획안에 따른 준비로 이루어집니다. • 안전한 보육실 환경을 위하여 보육실 안전점검을 실시하고 청결한 놀잇감 제공을 위해 놀잇감을 세척합니다. • 소독액, 수건, 휴지 등 보육실 물품이 부족하지 않은지 점검합니다. • 또한 진행된 보육 내용을 평가하고 다음날 보육에 평가가 반영되도록 하며 다음날의 보육계획안에 따른 자료를 준비합니다.	사회관계〉사회적 관계〉양육자와 애착 현성하기 - 양육자와 안정적인 애착을 형성한다(공통수준). 사회관계〉사회적 관계〉다른 사람에게 관심 가지기 - 다른 사람과 시선을 맞춘다. 양육자의 목소리를 인식한다(1수준). - 친숙한 사람에게 애정을 표현한다(2, 3수준).
에필로그	• 0-1세 영아들은 가정과 같은 환경에서 엄마와 같은 선생님과 편안한 하루일과를 보내야 합니다.	

다. 0-1세반 운영을 위한 교사의 역할

1) 주요 발달 특성에 대한 이해

0-1세 영아는 사람, 사물, 사건과의 직접적이고 구체적인 경험을 통해 가장 잘 배운다. 영아들은 탐색하고 놀이하면서 자신의 주변을 알아가게 된다. 영아들은 그들의 놀이를 지원해 주는 양육자와의 애착을 통해 더욱 잘 배우고 발달한다. 다음은 영아의 개월별 주요 발달특성이다.

가) 0~6개월 영아의 주요 발달 특성

· 누워만 있던 영아는 고개를 가누고, 뒤집고, 잡아 주면 앉게 된다.
· 주 양육자와의 애착이 형성된다.
· 반사적인 미소에서 차츰 사회적인 미소를 짓는다.
· 옹알이를 시작한다.
· 오감을 통해 사물을 탐색하고 차츰 의도적인 행동을 시도한다.

나) 7~12개월 영아의 주요 발달 특성

· 신체이동 능력이 증가한다.
· 낯을 가리고 격리 불안을 느낀다.
· 간단한 사회적 놀이를 즐긴다.
· 한 단어~네 단어를 말할 수 있다.
· 대상 영속성이 발달된다.

다) 13~18개월 영아의 주요 발달 특성

· 혼자 걸을 수 있게 된다.
· 성인에게 애정을 표현한다.
· 자아 개념이 생기기 시작한다.

· 열 가지 정도의 단어를 말하며, 두 단어를 결합시키기 시작한다.
· 끊임없이 탐색을 시도하고 행동의 결과를 관찰하며 자신의 놀이를 발달시킨다.

라) 19~24개월 영아의 주요 발달 특성

· 자신이 주로 사용하는 손이 결정된다.
· 강한 행동으로 자신의 정서를 표현한다.
· 놀잇감이나 물건을 다른 사람과 나누기가 어렵다.
· 사물을 명명하면서 어휘가 아주 급속히 증가한다.
· 과거 사건을 모방한다.

2) 환경 구성

영아들은 안전하고 편안한 환경에서 가장 적극적으로 탐색하고 이러한 탐색을 통해 발달한다. 따라서 0-1세 영아를 위한 환경은 아동 중심으로 안전하게 구성하되, 아동의 변화하는 발달적 요구와 흥미에 맞출 수 있도록 융통성이 있어야 한다. 이러한 융통성을 위해 움직일 수 있는 교구장과 다용도로 쓸 수 있는 수납함 등을 활용할 수 있다.

0-1세를 위한 환경은 크게 일상생활을 위한 영역과 놀이 활동을 위한 영역으로 구분할 수 있으며, 놀이 활동을 위한 영역에는 대근육 활동을 위한 영역이 반드시 포함되어야 한다. 놀이 활동을 위한 교재교구는 영아들에게 매력적이어야 하며, 이러한 자료는 영아들이 자신만의 공간에서 자신만의 방식으로 손쉽게 꺼내고 탐색하고 놀이할 수 있는 위치에 배열해야 한다.

0-1세반의 환경구성은 영상자료에서 자세하게 다루지 않은 부분이므로 여기서는 보육프로그램에 기초해 자세히 살펴보고자 한다.

가) 0세를 위한 환경 구성

0세반에는 비품 정리 공간, 휴식을 위한 개인 공간, 기저귀 갈이 · 수유 공간, 온습도 조절기능을 위한 설비, 세면대와 같은 일상적 양육을 위한 공간과 놀이 활동 공간이 필요하다.

(1) 일상생활 영역

일상생활 영역은 주로 기저귀를 갈고 수유를 하며, 낮잠을 자거나 휴식하는 활동이 이루어지는 곳으로써, 영아가 매일 경험하게 되는 일과의 가장 중요한 부분이다. 그러므로 보육실 내의 일정한 공간을 확보하여 독립적이며 위생적이고 안전하게 관리하여야 한다.

(가) 개인 사물함

영아가 개별적으로 사용하는 여벌옷과 비품을 정리하기 위한 사물함은 될 수 있는 대로 보육실 내에 설치하거나 보육실로 들어오는 입구 가까운 곳에 두어 물품의 정리정돈을 용이하게 한다. 사물함이나 개인 서랍에는 영아의 이름과 사진을 부착하여 자기 것을 다른 것과 구분하여 인식할 수 있도록 한다. 사물함에 교사가 각 영아의 상태를 기록한 수첩이나 부모에게 전달하는 통신문 등을 넣어 두고 보호자가 수시로 확인할 수 있도록 안내하면 필요한 정보와 물품이 보다 잘 전달될 수 있을 것이다.

(나) 휴식 영역

영아의 기분이나 몸이 좋지 않아서 혼자 조용히 쉬어야 할 때 활용되는 공간으로 아늑함과 부드러움을 느낄 수 있도록 한다. 교사가 언제나 영아를 쉽게 관찰할 수 있는 곳에 마련한다. 영아가 원할 때는 언제나 자유롭게 이용할 수 있도록 한다. 소음이 적은 곳에 베개, 푹신한 의자나 가구, 드리우는 천(캐노피)이나 담요, 양탄자, 헝겊 그림책, 영아가 선호하는 인형이나 애착물을 함께 비치해두어 영아가 안정감을 느낄 수 있도록 한다. 보육실이 협소하여 휴식 영역을 따로 마련하지 못하는 경우는 놀이 공간 중 의사소통 및 상호관계를 위한 영역을 이용해 휴식할 수 있도록 배려한다.

(다) 기저귀 갈이 영역

영아가 잠자는 곳 가까이에 수면을 방해하지 않으며 교사가 드나들기 쉬울 정도의 충분한 공간을 확보한다. 해가 잘 들어 따뜻한 곳이어야 하며, 영아를 눕히기에 적당한 크기로서 청소하기 쉬운 마감재의 매트를 사용한다. 감염 방지를 위해 바닥보다 높게 하며, 떨어지는 것을 방지하기 위해 테두리를 설치하는 것이 바람직하다. 기저귀, 물휴지, 파우더, 일회용 위생장갑, 처리한 기저귀는 폐기용 비닐로 봉하여 뚜껑이 있는 쓰레기통에 버리도록 한다. 기저귀 가는데 필요한 모든 물품을 쉽게 사용할 수 있도록 수납장, 손 소독기와 쓰레기통은 교사의 손과 발이 닿는 위치에 둔다. 기저귀를 갈 때 거울에 비친 영아의 모습에 대해 이야기를 나누거나 모빌을 비치하여 영아가 기저귀를 가는 동안 움직임을 탐색하도록 한다.

(라) 수유 및 식사 영역

우유는 냉장고에 보관하고, 분유는 습기가 차지 않도록 한다. 우유병과 젖꼭지는 사용할 때마다 소독해야 하는데 보육시설에서 매번 소독하기 어려울 때에는 소독된 우유병과 젖꼭지를 여러 개 준비하도록 한다. 냉장고에 보관되었던 우유는 적당한 온도로 데워 영아들에게 주도록 하며 먹다 남은 우유는 모두 버리도록 한다. 우유나 분유를 탈 때는 반드시 손을 깨끗이 씻도록 한다.

간식이나 식사는 보육실 내의 낮은 책상에서 먹는 것이 보통이다. 영아들이 빈번하게 지나다니거나 활발하게 놀이하는 곳과 떨어진 곳의 책상을 활용하며, 간식 전과 후에 행주로 책상을 깨끗이 닦고 가능하다면 소독액을 사용하는 것도 좋다.

(2) 놀이 영역

(가) 신체 및 움직임을 위한 영역

영아들은 움직임에 대한 욕구가 강하여 끊임없이 움직이면서 에너지를 발산한다. 영아들은 대근육 활동을 통해서 심리적 긴장과 다양한 욕구를 해소할 뿐만 아니라 신체 각 부분과 순환기, 배설기, 호흡기 등 여러 기관의 기능도 조화롭게 발달시킨다. 영아기는 신체 및 운동 기능의 정상적인 발달과 협응이 괄목할 만한 성장을 보이는 시기이므로 항상 실내외에서 대근육 활동을 할 수 있는 환경을 마련하여 일상생활처럼 자연스럽게 신체 및 운동 기능의 발달과 협응이 이루어지도록 한다. 영아가 기고, 걷고, 움직이기 시작하면 영아의 신체 발달을 도와주는 안전하고 도전적인 충분한 공간을 마련한다. 보육실 내에 다른 활동에 방해가 되지 않는 일정 공간을 정해 영아들이 오르고, 내리고, 타고, 밀고, 뛰고, 길 수 있는 시설과 설비를 갖춘다. 잡고 걸을 수 있도록 벽을 따라 설치된 봉, 밀면서 걸을 수 있는 바퀴 달린 놀잇감, 실내용 미니 종합 놀이터, 실내용 그네, 공, 1-2인용 흔들말, 밀거나 올라타고 다닐 수 있는 탈것, 두 발로 밀고 타는 자전거나 붕붕차, 낮은 계단과 경사로, 건너뛰거나 통과하는 장애물 등을 제공한다.

· 기본자료

영아용 침대에서 사용이 가능한 놀이 기구(손이나 발동작으로 효과를 나타낼 수 있는 것), 스펀지 블록, 공(천이나 플라스틱), 밀고 당기는 놀잇감(단순하고 손에 쥘 수 있을만한 크기), 기어오를 수 있는 계단이나 경사로(부드러운 솜이나 스펀지를 넣은 것), 그네(등이나 양 옆, 앞면에 안전벨트가 있는 것)

(나) 의사소통 및 사회관계를 위한 영역

영아기는 교사와의 언어적 상호 작용을 통해 인지적, 사회적, 정서적인 경험을 갖게 되므로 교사는 언어 자극을 풍부하게 제공하여야 한다. 교사가 되도록 언어를 많이 사용하고 영아의 표현에 반응해 줌으로써 영아의 반응을 유도해 낸다. 영아는 교사와의 책 보기나 이야기 듣기를 통해 책에 대한 관심이 처음으로 나타나게 된다. 이야기를 읽지는 못해도 책장 넘기는 것 자체를 보고 즐기는 때이므로 매일 책을 보고 놀 기회를 마련한다. 이 영역에는 언어적인 경험을 할 수 있는 인형이나 그림, 사진 같은 다양한 자료를 구비하여 언어적 상호 작용이 많이 발생할 수 있도록 한다.

또한 이 영역에서 책을 읽거나 놀이를 하며 교사와 영아가 편안한 관계를 맺을 수 있도록 아늑하고 편안한 분위기로 꾸며 준다. 교사는 영아 몇 명을 데리고 함께 책을 읽으며 영아 또래끼리의 관심을 유도할 수도 있다.

· **기본자료**

낮은 소파나 쿠션, 성인이 읽어 주는 리듬이 있는 단순한 그림책, 플라스틱이나 비닐로 만든 소리를 내거나 빨 수 있는 그림책, 스펀지책, 헝겊책, 그림이나 사진, 손인형, 촉감책, 긁적거리기 도구

(다) 탐색 및 표현을 위한 영역

영아기는 근육의 조절과 다양한 감각 운동 기능을 활용한 탐색의 즐거움이 주를 이루는 시기이다. 영아는 오감을 통해 사물에 대한 인식과 환경에 대한 지식을 발달시키므로 다양한 재질을 느끼고 탐색할 수 있도록 놀잇감을 준비한다. 영아는 밝은 원색의 색상, 대비가 분명한 것, 단순한 디자인, 두드러진 특징이 있는 것, 사람 얼굴 모양 등을 선호하므로 이런 특징을 갖춘 놀잇감을 제공한다. 앉거나 이동하기 시작하면 통 안에 물건 넣기와 끼우기,

나타났다 사라지는 놀잇감 등 놀잇감의 선택 범위를 넓혀 주어 다양한 놀잇감으로 영아의 감각 능력과 변별력을 길러 주는 자극을 제공하도록 한다.

또한 영아는 말은 잘 못하지만 자신의 느낌을 소리나 신체 혹은 놀잇감을 통해 표현하기 때문에 자신을 표현할 수 있는 기회를 많이 주는 것이 좋다. 교사는 영아의 표정이나 소리, 몸짓을 보고 영아의 느낌을 언어로 표현해 주며, 음악에 따라 몸을 움직이고 흔히 볼 수 있는 물건이나 악기로 자신의 느낌을 표현할 수 있는 기회를 준다.

· **기본자료**

딸랑이, 모양을 집어넣을 수 있는 구멍이 있는 상자 놀잇감, 손에 꼭 쥘 수 있는 놀잇감, 소리가 나는 놀잇감, 누르면 튀어오르는 놀잇감, 천으로 만든 패드나 담요, 질감이 다양한 인형류, 쌓을 수 있는 놀잇감, 고무나 플라스틱으로 된 고리 끼우기, 손으로 잡을 수 있는 말랑한 공, 가볍고 질긴 천 놀잇감, 겹겹이 넣는 컵블록(3~5개), 흔들거나 두드릴 수 있는 단순한 리듬 악기, 오뚝이, 음악 테이프 등

나) 1세를 위한 환경 구성

1세반에는 0세반과 유사한 일상생활을 위한 공간과 0세보다는 다소 세분화된 놀이 활동 공간이 필요하다. 여기서는 0세반과 동일한 개인사물함, 휴식영역, 기저귀 갈이 영역을 제외한 나머지 일상생활 영역과 놀이 활동 영역을 소개하고자 한다.

(1) 일상생활 영역

교사는 기저귀를 갈거나 수유를 하고, 낮잠을 재울 때의 일상적인 일과를 개인적인 상호작용의 기회로 이용하는 것이 좋다. 또한 기저귀 갈기나 수유 시간에 영아가 편안하게 느낄 수 있도록 정서적인 면을 고려하여 환경을 구성한다.

(가) 점심 및 간식 영역

간식이나 식사는 활동실 내의 책상에서 먹는 것이 보통이다. 영아들이 빈번하게 지나다니거나 활발하게 놀이하는 곳과 떨어진 곳의 책상을 활용하며, 간식 및 식사 전과 후에 행주로 책상을 깨끗이 닦는다.

(나) 화장실

영아기에 배변훈련을 시작하므로 화장실은 위생적이고 안전할 뿐만 아니라 영아에게 친근감을 줄 수 있어야 한다. 화장실 바닥은 미끄럼 방지 처리를 하며, 변기에는 변기를 사용하는 방법, 세면대에는 손 씻는 순서와 방법 등을 알려주는 그림을 붙이도록 한다. 비누를 통해 영아들 간의 세균에 감염이 되기 쉬우므로 가급적 물비누를 사용하는 것이 바람직하다. 수건은 개인 수건을 사용하는 것이 좋으나 영아의 수만큼 수건을 걸어 두고 사용하기 어려우므로 종이수건을 사용하도록 하거나 선반에 마른 수건을 여러 장 비치하여 수시로 수건을 교체한다.

영아용 변기를 사용하여 영아 스스로 배변을 시도할 수 있도록 한다. 화장실 변기가 성인용일 경우에는 이동식 변기나 성인용 변기 뚜껑에 영아용 변기뚜껑을 올려서 사용하도록 한다. 이동식 변기를 사용할 경우에는 항상 변기가 깨끗이 비워져 있도록 해야 한다. 청소용품이나 소독제 등은 영아가 접근할 수 없는 장에 두고 장의 문을 잠근다. 기저귀 갈이용 쓰레기통은 따로 두며, 변기용 쓰레기통은 사용하지 않고 변기에 휴지를 바로 버리도록 하는 것이 위생적이나 여의치 않을 때에는 뚜껑이 있는 쓰레기통을 사용하도록 하고 수시로 비운다.

(2) 놀이 영역

(가) 신체 및 움직임을 위한 영역

영아들은 움직임에 대한 욕구가 강하여 끊임없이 에너지를 발산한다. 영아들은 대근육 활동을 통해서 긴장과 다양한 욕구를 해소할 뿐만 아니라 신체 각 부분과 순환기, 배설, 호흡기 등의 여러 기관의 기능도 조화롭게 발달한다. 영아들은 신체 및 운동기능의 정상적인 발달과 협응이 괄목할 만한 성장을 보이는 시기이므로 항상 대근육 활동을 할 수 있는 환경을 마련하여 일상생활처럼 자연스럽게 신체 및 운동기능의 발달과 협응이 이루어지도록 한다. 영아의 욕구를 충분히 고려하여 보육실뿐만 아니라 복도, 테라스 등의 전이 공간이나 실외도 움직임을 위한 영역으로 구성한다. 1세 영아들은 움직임의 양이 많고 도전하고자 하는 욕구가 많아 비치된 설비와 자료들에서 예측하지 못한 안전사고가 일어나기 쉽다. 따라서 영아의 탐색과 움직임을 위한 공간이 충분한지, 시설물과 자료들이 안전한지 수시로 영아들의 동선과 상태를 확인한다.

영아들이 오르고, 내리고, 타고, 밀고, 뛰고, 길 수 있는 시설과 설비를 갖춘다. 밀면서 걸을 수 있는 놀잇감, 실내용 미니 종합 놀이터, 공 수영장, 1~2인용 흔들말, 두 발로 밀고 타는 승용 놀잇감, 오르내릴 수 있는 계단이나 낮은 경사로, 건너뛰거나 통과하는 장애물 등을 제공한다. 노래하고 춤출 수 있는 공간에는 벽면에 안전거울을 설치하여 흉내 내는 동작을 하면서 영아 자신뿐만 아니라 또래들의 흉내 내는 동작을 확인하며 놀이할 수 있도록 한다.

· 기본자료

운동놀이 기구(손이나 발동작으로 이동 · 비이동 · 조작운동을 할 수 있는 기구), 스펀지 블록, 공(천이나 플라스틱), 밀고 당기는 놀잇감, 기어오를 수 있는 계단이나 경사로(부드러운 천으로 싸여있거나 스펀지를 넣은 것), 노래하며 춤추며 사용하는 음률자료(방울, 마라카스, 리듬막대, 실로폰, 리본막대) 등

(나) 감각 및 탐색을 위한 영역

영아기는 근육의 조절과 다양한 감각운동기능을 활용한 탐색의 즐거움이 주를 이루는 시기이다. 영아는 오감을 통해 사물에 대한 인식과 환경에 대한 지식을 발달시키므로 다양한 재질을 느끼고 탐색할 수 있는 놀잇감을 준비한다. 이 시기에 소근육을 조절하는 많은 경험을 하게 되고 눈과 손의 협응을 이루어 간다. 그러므로 소근육의 조작적 경험을 충분하게 할 수 있는 환경을 제공해 주어야 한다.

누르면 튀어나오는 놀잇감이나 소리가 나는 놀잇감을 조작하기, 크기가 달라서 포개어지는 컵이나 1~3조각(삼킬 수 없는 크기) 그림 맞추기, 다양한 촉감의 놀잇감 탐색하기 등을 예로 들 수 있다. 영아의 감각능력과 변별력을 세련되게 해 주는 자극과 영아의 호기심을 충족시키고 사물을 탐색하는 방법을 연습할 수 있는 다양한 기회를 충분히 제공한다. 상품화된 교구나 놀잇감 이외에 나들이나 실외활동 시 영아들과 함께 수집하여 안전이 확인된 자연물도 특별한 관심을 불러일으킬 수 있다.

· 기본자료

모양 블록 끼우기 상자, 소리 나는 놀잇감, 누르면 튀어오르는 놀잇감, 천으로 만든 패드나 담요, 질감이 다양한 인형류, 쌓을 수 있는 놀잇감, 고무나 플라스틱으로 된 고리 끼우기, 손으로 잡을 수 있는 말랑한 공, 가볍고 질긴 천 놀잇감, 겹겹이 넣는 컵블록(3~5개), 구슬을 조작하여 이동을 볼 수 있는 레일, 다양한 형태의 주머니와 한 손에 잡을 수 있는 다양한 감각자료 등

(다) 창의적 표현을 위한 영역

영아에게 감각적 탐색의 기회와 함께 창작 표현의 기회를 제공하는 다양한 자료와 공간을 마련해 준다. 활동적이면서도 물이 필요한 영역이므로 세면대나 출입구가 가까운 곳에 배치되어야 한다. 긁적거리기, 그리기, 찢기,

접기, 오리기, 자르기, 붙이기, 끼우기, 뿌리기, 칠하기 등의 다양한 조형 경험은 영아의 탐색능력과 함께 대 · 소근육의 조절과 협응력을 기르게 한다. 주어진 공간에 그림을 그리고 만들면서 자신이 가지고 있는 이미지를 표상하게 되고 독립된 존재로서의 자아감을 형성하게 된다.

색깔과 질감이 다른 여러 가지 다양한 재료의 탐색활동을 할 수 있도록 한다. 가급적이면 사용되는 재료들은 무독성으로 준비한다. 벽면에는 큰 종이와 함께 무독성 크레파스나 굵고 짧은 색연필을 끈에 달아 고정시켜 주어 영아들이 마음껏 긁적거릴 수 있도록 한다. 1세 후반부터는 안전 가위를 사용할 수 있으므로 다양한 종이류와 함께 내 주도록 한다. 영아들의 조형작품을 벽면이나 천정에 모빌로 만들어 부착하여 영아들이 자신의 조형물에 대해 의미를 부여할 수 있도록 한다. 낮은 탁자와 함께 밀가루 반죽이나 풀물감, 굵은 크레용, 물감, 붓, 녹말가루, 신문지나 잡지, 풀, 테이프, 스티커, 다양한 질감의 종이, 도장 찍기 놀잇감 등을 잘 정리한 장이 필요하다.

· 기본자료

다양한 크기와 모양의 종이(이면지, 색지 조각, 도화지, 한지, 골판지, 색 비닐 등), 재활용품(우유팩, 다양한 크기의 식음료 통), 색종이, 사진이 많은 잡지책, 모루, 안전 가위, 크레파스, 접착용 테이프, 풀, 솜 공, 수수깡 자른 것, 빨대 자른 것, 물감, 붓, 풀 물감, 밀가루 반죽, 찍기 놀이용 도장, 스티커 등

(라) 역할놀이 및 쌓기놀이를 위한 영역

1세 영아들은 자아에 대한 개념을 확장하고 다른 사람과의 상호작용을 위한 기반을 형성한다. 1세 전반기의 영아는 친숙한 보호자와 활발하게 상호작용을 하려고 시도하지만 다른 영아와는 적극적인 상호작용이라기보다는 쳐다보거나 또래 곁에서 놀잇감을 혼자 탐색하며 있으려고 한다.

어떤 일이 일어나는 것에 주의를 기울이며 다른 사람들의 행동을 모방

하는 것이 단순한 역할 놀이의 형태로 발달하게 된다. 반복적인 놀이행동으로 영아가 몰입하였을 때 교사는 영아의 단순한 흉내를 역할놀이로 확장시키며 또래와의 상호작용의 기회로 활용하도록 한다. 영아의 가작화가 용이하도록 실제 사물과 유사하며 일상생활 중에 쉽게 경험할 수 있는 놀잇감(예: 전화기, 유모차, 인형침대, 가방 등)을 이용하여 교사나 또래와의 상호작용의 기회를 더욱 많이 갖도록 한다.

쌓기 활동 역시 혼자서의 시도와 또래와의 상호작용이 빈번히 일어나는 놀이이다. 쌓기 활동이 잘 이뤄지기 위해서는 구성물을 만들 수 있는 공간을 충분히 확보해야 한다. 바닥에는 소음과 안전사고를 예방하기 위한 매트나 러그 등의 깔개를 갈고, 영아들의 흥미를 반영하여 교통기관, 사람, 동물 등의 다양한 소품을 함께 제공한다. 자료가 놓인 위치를 쉽게 파악하고 정리 정돈을 할 수 있도록 블록의 그림이나 사진을 교구장에 붙여주도록 한다. 쌓기 놀잇감은 플라스틱, 나무 등의 재질과 끼우기, 쌓기 등의 구성방식에 따라 차이가 있으나 영아의 발달적 수준과 영아수를 고려하여 다양한 종류로 충분한 양을 제공하도록 한다. 또한 공간이 너무 좁아서 영아가 쌓고 부수는 활동이 방해받지 않도록 한다.

· **기본자료**

영아들에게 친숙한 가정용품(과일 · 음식모형, 그릇, 조리도구, 전화기, 가방, 구두), 세탁이 용이한 재료로 만들어진 다양한 크기와 촉감의 인형(가족인형, 소리 나는 인형, 동물인형). 자동차, 비행기, 트럭, 집, 등의 교통기관 놀잇감, 포대기, 젖병, 유모차, 아기침대, 이불 등의 아기놀이도구, 장난감 사진기, 여러 가지 직업과 관련된 유니폼(소방관, 경찰관, 미용사, 의사 가운)과 소품(미용놀이 도구, 병원놀이도구) 등

(마) 언어활동을 위한 영역

영아의 어휘력이 급속히 증가하면서 자신의 욕구를 표현하거나 다른 사

람에게 질문하려는 의지가 더욱 강해지는 시기이다. 다양한 자료를 통하여 새로운 말이나 단어를 배울 수 있도록 돕고 매일 매일의 대화를 통해 정확한 발음을 익히고 의사소통 기술을 증진시킬 수 있도록 한다. 일상적 대화에서 영아가 말하고자 하는 뜻을 잘 파악하고 교사의 적절한 표현으로 반영해 주어 영아에게 모델이 되도록 한다. 언어활동을 위한 영역에는 영아의 언어사용 욕구를 자극할 수 있는 놀이가 활발히 일어날 수 있는 자료를 비치하고, 더불어 책에 대한 친근감과 함께 책읽기를 즐길 수 있도록 하기 위해 영아의 발달적 수준에 적합한 다양한 책을 비치하도록 한다.

언어활동을 위한 영역은 보육실의 가장 조용하고 밝은 곳에 두되 출입구, 화장실, 피아노, 세면대 등과는 떨어진 곳에 배치한다. 영유아용 책꽂이는 그림책 앞면을 볼 수 있도록 하여 읽지 못하는 영아들이 책을 선택하기 용이하도록 한다. 영아가 넘기기 쉬운 딱딱한 종이로 된 책을 준비한다. 영아의 발달수준에 적합한 다양한 그림책이 영아 개개인에게 충분히 제공될 수 있어야 한다. 영아들이 즐겨 보는 책은 두 권 이상을 준비해 두어도 좋다. 손인형, 낱말카드, 융판 등을 두어 영아의 말하기 듣기를 위한 활동이 활발히 이루어지도록 돕는다. 푹신한 등받이 쿠션이나 방석을 두어 편안하게 책을 볼 수 있도록 한다. 교사와 함께 나란히 앉아 책을 읽어 줄 수 있을 만큼의 공간을 확보하는 것이 좋다.

· 기본자료

등받이가 있는 쿠션이나 방석, 재질 · 형태 · 주제에 따라 다양한 그림책(헝겊책, 촉감책, 비닐 책, 퍼즐 책, 소리 나는 책, 구멍이 있는 가면놀이용 책 등), 친숙한 일상생활 용품의 사진과 이름이 있는 단어카드, 손인형, 융판, 다양한 그림 자료(그림책의 주인공, 영아에게 친숙한 인물, 지역사회, 자연물 등), 전화기, 카세트 등

3) 일과 운영 시 교사의 역할

0-1세 교사는 영아의 주 양육자의 역할과 함께 발달촉진자로서의 역할을 수행해야 한다. 0-1세 교사는 하루 일과를 시작하기에 앞서 환경을 정비하고 활동을 계획하고 준비해야 한다. 하루 일과 중에는 영아들의 개별적인 욕구를 충족시키고 신뢰감을 형성하며, 놀이를 지원하고 확장해야 한다. 또한 영아들을 관찰하고 이를 기초로 다음 활동을 계획해야 한다.

가) 하루 일과 계획

하루 일과 계획은 영아들이 편안하고 안정감을 느낄 수 있도록 일관성을 가지되 상황에 따라 조절할 수 있도록 융통성 있게 구성해야 한다. 일반적으로 0-1세 영아의 하루 일과는 등원 및 귀가와 실내 자유놀이, 실외 자유놀이 등의 놀이 활동, 낮잠, 수유 및 이유 혹은 점심 및 간식, 기저귀 갈이, 씻기 등의 일상생활로 구성할 수 있다. 이러한 하루 일과는 영아 관찰에 기초하여 개별적인 신체리듬, 욕구, 관심, 발달수준에 따라 재구성한다.

나) 양육자로서의 역할

0-1세 교사는 영아들의 주 양육자로서의 역할을 충실히 해야 한다. 영아들의 개별 신체리듬과 요구에 맞추어 영양과 휴식을 제공하고 배변의 욕구를 충족시켜주며 위생에 신경 써야 한다. 교사는 이러한 양육자로서의 역할을 하면서 일상생활의 이러한 양육의 기회를 영아와의 애착형성 및 영아의 탐색과 놀이를 통한 발달 기회로 적극 활용해야 한다.

다) 민감한 반응자로서의 역할

하루 일과 중 교사는 영아의 신체상태, 요구, 흥미에 반응적이어야 한다. 영아의 욕구에 대한 민감한 반응은 영아로 하여금 긍정적인 자아개념을 형성하도록 도우며, 교사로 하여금 영아와의 친밀하고 지지적인 관계를 발달시키는 데 도움이 된다. 긍정적인 자아개념과 교사와의 안정적인 애착 관계는 영아의 탐색 범위를 확장하고 결과적으로 그들의 모든 영역에서의 발달을 돕는 데 도움이 된다.

라) 놀이 지원자로서의 역할

0-1세 영아는 그들의 모든 감각을 통해 이 세상을 알아간다. 따라서 교사는 0-1세 영아의 발달적 특성과 요구를 고려한 놀이 환경을 마련해 주고 영아들이 놀잇감을 선택하고 탐색하고 도전할 수 있는 기회를 제공해야 한다. 또한 영아들이 자신이 경험한 것을 다양한 방식으로 교사와 또래와 의사소통할 수 있도록 지원한다.

마) 상호작용자로서의 역할

영아와 교사의 질 높은 상호작용은 영아의 발달을 이끄는 핵심이다. 특히 영아가 애착을 가지고 신뢰하는 교사와의 상호작용은 영아들이 적극적으로 주변 세상을 탐색하는 원동력이 된다. 따라서 교사는 영아와 따뜻하고, 재촉하지 않으며, 주고받는 방식으로 영아와의 지지적인 상호작용을 위해 노력해야 한다. 지지적인 상호작용을 위해서는 영아의 시도를 중요한 것으로 받아들이고, 영아의 관점에서 사물을 보도록 노력하며, 영아의 노력을 격려하고, 그들의 신호에 민감해야 한다.

4) 발달 지원을 위한 교사의 역할

가) 신체발달을 위한 교사의 역할

· 능력에 비해 혼자 하려는 욕구가 강하므로 안전에 유의하되 새로운 시도를 격려한다.

· 실내 · 외에서 활발하게 움직일 수 있는 기회를 제공한다.
· 뻗기, 잡기, 쥐기 등의 소근육 발달을 지원할 수 있는 놀잇감을 제공한다.
· 운동 기능 간의 협응이 필요한 활동을 제공한다.
· 편식 없이 건강한 식습관을 형성할 수 있도록 지원한다.

나) 인지발달을 위한 교사의 역할

· 오감각과 운동기능을 활용할 수 있는 활동을 제공한다.
· 직접 경험하고 선택할 기회를 제공한다.
· 놀이를 통해 환경과 상호작용할 기회를 제공한다.
· 다양한 특성을 지닌 사물을 탐색할 기회를 제공한다.
· 다양한 표상과 상상놀이를 할 수 있는 기회를 제공한다.

다) 언어발달을 위한 교사의 역할

· 영아의 목 울림 소리와 옹알이에 반응한다.
· 영아가 보는 것에 대해 이야기한다.
· 영아의 행동을 단어나 문장으로 표현한다.
· 영아가 한 말을 올바른 단어와 문법을 사용하여 영아의 수준에 맞게 확장한다.
· 대화에서 사용하는 다양한 기술 습득을 위해 '~인 척 하는 놀이' 기회를 제공한다.
· 기다림을 통해 영아 스스로 표현할 기회를 제공한다.
· 다양한 그림책을 자주 읽어준다.

라) 사회 · 정서발달을 위한 교사의 역할

· 영아에게 따뜻하고 민감하게 반응함으로써 교사와의 안정적인 애착이 이루어지도록 한다.

· 영아와의 긍정적인 상호작용을 통해 긍정적인 정서를 경험하게 한다.
· 영아가 경험하는 다양한 정서의 원인을 파악하고 적절한 반응을 해준다.
· 긍정적인 자아개념 형성을 위해 성공할 수 있는 활동을 제공한다.
· 영아가 집중하거나 즐겁게 하고 있는 활동을 중단해야 할 때는 미리 말해준다.
· 규칙을 자주 반복하여 알려주고 미리 상기시킨다.
· 스스로 자신을 통제했을 때 언어와 행동으로 격려해 준다.
· 영아의 기질, 기억력, 통제력의 증가를 고려하여 규칙을 설정한다.
· 또래 영아와 상호작용하면서 함께 놀 기회를 제공한다.
· 소리 지르지 않기, 차례 기다리기, 뺏지 않기 등의 기술을 일상생활과 놀이를 통해 연습하도록 지원한다.

2. 2세반

하루일과 운영 교육영상

책임연구원 : 이미화(육아정책개발센터 연구위원)

공동연구원 : 우현경(한전빛사랑어린이집 시설장)

김문정(육아정책개발센터 연구원)

가. 2세반 교육영상자료의 구성

1) 영상자료의 구성항목 및 주요 내용

〈표 II-2〉 2세반 교육영상자료의 구성항목 및 주요내용

항 목		내 용
영상자료의 배경과 의의		· 영상자료의 배경 · 2세 하루일과 구성
보육 환경		· 보육 환경 구성의 원리 · 영역별 실내외 환경 구성
등원 및 맞이하기	등원 전 준비	· 교사의 준비 사항 - 현관: 부모에 대한 전달사항 및 일일보고서 비치 확인 - 보육실: 놀이실 환기, 위험요소 점검, 일일보육계획안에 따른 놀이감 준비 확인
	등원 및 맞이하기	· 영아 맞이하기 · 영아의 상태에 대해 부모와 정보교환 · 영아와 부모가 잘 헤어지도록 도움주기
일상생활	화장실 사용하기	· 개별적인 배변 지도와 너그러운 태도 - 손씻기: 적절한 도움제공과 상호작용
	간식 및 점심	· 즐거운 분위기에서 바람직한 식습관과 자율성 격려 · 식후 양치하기 · 아픈 영아를 위한 투약
	낮잠 및 휴식	· 낮잠 준비 - 낮잠: 개별적인 수면 습관 수용 · 낮잠 깨기
놀이활동	실내 놀이 활동	· 놀이 시작 · 놀이 지원 및 놀이 활성화 - 놀이 행동 관찰하기 - 놀이 행동 지지하기 - 직접적인 도움주기 - 놀이 상대로 참여하기 · 개별적인 지원하기 · 긍정적인 방법의 행동지도 · 놀이 마치기

<table>
<tr><th colspan="2">항 목</th><th>내 용</th></tr>
<tr><td rowspan="3">귀가 및 가정과의 연계</td><td>실외 놀이 활동</td><td>· 실외놀이 및 산책
· 지역사회와의 연계</td></tr>
<tr><td>배변 훈련</td><td>· 개별적으로 귀가 지도하기
· 부모와 하루일과 공유하기 및 가정과의 연계</td></tr>
<tr><td>하루일과의 마무리</td><td>· 일지 작성
· 다음날 일일계획안 작성
· 놀이실 정리정돈 및 다음날 보육실 환경 준비</td></tr>
<tr><td rowspan="2">보육계획</td><td>2세 하루일과에서 표준보육과정의 적용</td><td>· 표준보육과정 – 2세 하루일과의 기초
· 영아의 개별적인 발달 차이를 고려하여 수준별 적용</td></tr>
<tr><td>보육계획 수립</td><td>· 연간, 월간, 주간, 일일보육계획 및 일지 작성 안내</td></tr>
</table>

2) 영상자료의 특징

가) 반복되는 보육경험의 틀로서의 하루일과

보육시설의 하루 일과는 매일 반복되는 보육경험의 틀로서 어느 정도의 규칙성이 있어야 함을 의미한다. 예를 들면, 보육시설에서 이루어지는 하루 일과는 영아가 등원하여 놀이활동을 하고 오전 간식을 먹고 실외 놀이를 한 후 점심을 먹고 낮잠을 자고 오후 간식을 먹은 후 오후 실내외 자유놀이를 하고 집으로 귀가(연령별로 조정) 하는 등의 활동이 유사하게 반복적으로 이루어지게 된다. 이와 같은 하루 일과의 규칙성은 영아로 하여금 언제, 어디서, 무엇을, 어떻게 하는가를 알게 하므로 영아가 안정감을 가지고 자신의 행동과 요구를 조절하며, 능동적으로 활동할 수 있게 해 준다.

나) 일상생활과 놀이활동으로 구성된 주요 일과

본 영상자료에서는 주요 일과를 일상생활과 놀이활동으로 나누어 제시하였다.

2세반의 보육 교사는 영아의 일상생활 속에서 개별적인 차이를 파악하여 개별적인 발달에 적합한 경험을 제공하여야 한다. 본 영상자료의 일상생활은 간식 및 점심, 화장실 사용하기, 낮잠 및 휴식의 내용으로 이루어져 있으며, 교사나 또래와 함께 즐겁고 안전하면서 교육적인 경험이 되도록 구성하였다.

2세 영아는 자유놀이에서 다양한 발달적 경험을 하게 되므로, 보육교사는 영아의 놀이행동을 주의깊게 관찰하고 적절히 참여하여야 한다. 보육교사의 놀이참여는 영아가 놀이에 흥미를 느끼고 지속적으로 참여하도록 하며, 놀이 수준을 높여줄 수 있다. 보육교사는 영아가 놀이에 흥미를 잃게 되는 시점이나 다른 놀이감이 필요할 때, 놀이 아이디어와 놀이감을 제안하거나 놀이 상대로 개입할 수 있다. 본 영상자료의 놀이활동은 일과의 흐름에 따라 실내 놀이 활동과 실외 놀이 활동으로 나누어 제시하였으며 놀이의 시작, 놀이 지원 및 활성화, 개별적 지원하기, 긍정적 방법의 행동지도 등의 내용을 포함시켰다.

다) 영아의 경험과 발달에 영향을 미치는 보육환경

영아는 물리적 환경에 의해 많은 영향을 받는다. 보육시설에서 오랜 시간 지내는 영아들에게 보육실은 일상적인 생활공간이며, 탐색과 놀이가 일어나는 교육의 장이다. 본 영상자료에서는 탐색할 때 원인과 결과를 인식 못하여 위험에 노출되기 쉬운 영아들을 위하여 안전하고 위생적으로 환경을 구성하되, 포근하면서도 안정감을 주어 편안함을 느낄 수 있는 환경을 담고자 하였다. 또한 한창 걸음마를 배우고 움직이려는 욕구가 많은 영아들을 위하여 충분한 움직임과 이동성을 고려하여 공간을 구성하고, 다양한 탐색과 발견의 기회를 마련하여 일관성과 질서가 있는 환경구성의 모델을 보여주고자 하였다.

라) 발달수준에 적합하고 연계성있는 보육계획 수립

보육교사의 가장 중요한 역할 중의 하나는 보육프로그램을 계획하고 운영하는 것이다. 보육계획은 연간 보육계획, 월간 보육계획, 주간 보육계획, 일일 보육계획 등이 있다. 이와 같은 보육계획들은 선정된 보육 주제와 이에 따른 소주제가 무엇인지, 목표는 무엇인지, 주제에 포함된 내용이 무엇인지, 그리고 언제, 어떤 방법으로 영아들에게 제시하고 지도할 것인지를 구체적으로 보여 준다. 보육교사는 일반적으로 연간 또는 월간 보육계획을 수립한 후, 이를 토대로 주간 또는 일일 보육계획을 구성하여야 한다.

본 영상자료에 제시된 보육프로그램은 표준보육과정에서 추구하는 보육 목적, 인간상, 보육 목표 및 내용에 기초하여 수립된 보육프로그램의 내용을 담고 있다. 따라서 보육 교사는 보육 과정이 추구하는 보육 목적과 인간상, 보육 목표 및 내용을 충분히 숙지한 후 본 영상자료의 내용을 참고로 하여 보육계획안을 작성하되, 보육시설이 위치한 지역사회의 특성이나 영아의 흥미와 발달 수준, 학부모의 요구 등을 보육프로그램에 반영하여 재구성하려고 노력해야 한다.

마) 표준보육과정과 보육프로그램에 기초

표준보육과정은 2006년에 여성가족부령으로 공포되고, 2007년에는 표준보육과정의 구체적인 내용과 교사지침이 고시되었다. 표준보육과정은 영유아의 연령 및 발달수준에 적합한 보육서비스를 제공하여 보육시설 영유아의 보육 목적과 목표를 달성하기 위한 국가수준의 보육과정이며, 보육시설에서 운영해야 할 보편적 보육내용을 제시한 것이다. 이어서 2007년에 여성가족부는 표준보육과정에 근거한 연령별 보육 프로그램의 실제를 담은 연령별 보육프로그램을 발간하였다. 이러한 맥락에서 본 영상자료는 표준보육과정과 연령별 보육프로그램에 기초하여 하루일과 중 만 2세 보육교사에게 필요한 내용으로 구성하였다.

3) 영상자료 활용 시 유의사항

가) 영상자료의 수준

본 영상자료는 현실을 반영하되 좀 더 수준 높은 보육시설의 모습을 담아 현장의 질을 높이고자 하는 목적으로 제작되었다. 따라서 현장에서는 영상자료에 담긴 모든 것을 그대로 따른다기보다는 영상자료에 담긴 내용을 하나의 모델로 하여 현장의 상황에 맞게 적절하게 반영하여야 한다.

나) 하루일과의 재구성

본 영상자료는 하루일과의 시간대 별 순서로 제시한 것이 아닌 주요 일과를 내용별로 제시하였다. 따라서 본 영상에 나타난 내용을 하루일과의 구성 원리를 토대로 재구성하여야 한다.

다) 놀이 상호작용

본 영상자료의 놀이 활동은 영유아의 놀이를 지원하는 교사 상호작용을 중심으로 제시되어 있다. 2세 영아는 활발히 놀이에 참여하고 즐기지만 한 영역에서 오래 머무르며 놀이를 지속하기보다 영역의 구분 없이 다양한 놀이를 이동하며 즐기므로, 이러한 놀이 행동을 지원하고 활성화 할 수 있는 교사 상호작용을 소개하고자 하였다. 본 영상자료의 놀이 상호작용 모델을 참고하여 2세 영아의 발달에 적합하면서 개인차를 고려한 상호작용을 하도록 한다.

라) 개별적인 지원

본 영상자료에서는 2세의 발달에 적합한 주요일과의 내용이 제시되어 있다. 그러나 동일 연령 내에서도 영아의 개인차가 크므로 이를 고려하여 개별 영아에게 민감하게 반응해주어야 한다.

마) 가정 및 지역사회와의 연계

영아의 발달은 보육시설의 노력만으로 이루어지는 것이 아니라 영아를 둘러싸고 있는 가정과 지역사회가 영아의 성장과 발달을 위하여 서로 협력할 때에 가능해 진다. 따라서 보육시설은 물론 부모, 형제, 가정, 이웃 어른들, 지역 사회, 부모들의 직장에 이르기까지 사회의 각 부문들이 각각의 역할을 파악하여 긴밀하게 협력하는 것이 필요하다. 본 영상자료에서는 가정 및 지역사회의 연계가 특별한 행사가 아니라 반복되는 하루일과의 과정으로 포함하여 이해될 수 있도록 하였으므로 이를 고려하여 각 보육시설의 특성에 맞게 반영하여야 한다.

바) 하루일과의 마무리

보육교사의 하루 일과 마무리는 보육일지의 작성과 다음날의 준비로 이루어진다. 본 영상자료에서 소개된 보육시설의 하루 일과는 매일 반복되는 일상의 하루일과라는 것을 강조하고자 하였다. 보육교사는 보육시설의 하루일과를 마무리할 때 보육일지에 그 날에 실시된 활동의 내용과 평가를 기록하고, 다음날을 위하여 놀이실을 정리정돈하고 일일보육계획안에 따라 다음 날 놀이에 필요한 준비하여야 한다.

나. 2세반 교육영상자료의 구체적 내용

1) 영상자료의 배경과 의의

비디오	오디오	표준보육과정 및 보육프로그램과의 관련성
2세 영아의 놀이 모습	배경 음악	
교사의 놀이 개입, 점심, 간식, 낮잠, 놀이실 정리, 일지 작성 등 교사 중심의 일과 장면	• '2세 보육교사를 위한 보육프로그램 교육 영상자료'는 표준보육과정에 근거한 만 2세 보육프로그램의 하루 일과 사례를 영상화하여 만 2세 보육교사의 전문적인 역할 수행을 지원하고자 개발되었습니다.	
아이 중심의 하루일과 (등원→실내 놀이→간식→실외 놀이→낮잠 준비 등) 하루일과 표 (등원 및 귀가→일상생활 활동→놀이활동)	• 만 2세의 하루일과는 놀이와 활동이 일관성있게 이루어지도록 합니다. 영아는 규칙적인 하루일과의 흐름을 통해 언제, 어디서, 무엇을 하는가를 알게 됨으로 안정감을 가지고 능동적으로 생활하게 됩니다. • 보육시설에서 영아가 등원하여 귀가하기까지의 일과는 간식과 점심, 화장실 사용하기, 낮잠 등의 일상 생활과 관련된 활동과 실내외 놀이, 전이활동, 나들이 등의 놀이 활동으로 구성됩니다.	표준보육과정에 기초한 하루일과의 수립

2) 보육 환경

비디오	오디오	표준보육과정 및 보육프로그램과의 관련성
만 2세를 위한 보육 환경 구성의 원리		
건강과 안전이 우선된 위생적인 설비	• 만 2세 영아를 위한 보육 환경은 건강과 안전을 최우선으로 고려하여야 합니다. 자칫 위험에 노출되기 쉬운 영아를 위하여 위험을 예방할 수 있	기본생활〉안전한생활

비디오	오디오	표준보육과정 및 보육프로그램과의 관련성
	는 환경을 마련하고, 청결하고 위생적으로 관리합니다.	
정서적 안정감을 줄 수 있는 환경	• 보육시설의 물리적 환경은 포근하면서도 안정감을 주어 영아가 편안함을 느낄 수 있도록 구성해 줍니다.	
탐색과 발견의 기회, 움직임과 이동성의 확보	• 호기심이 왕성하고 움직이려는 욕구가 많은 만 2세 영아가 자유로운 탐색을 시도하고, 대소근육을 활발히 사용하여 움직일 수 있는 시간과 공간을 확보해 줍니다.	신체운동〉신체참여활동
공간적 질서가 있는 안정된 환경	• 자료와 설비의 위치는 일관성있게 정돈되어 영아가 자율적으로 선택하고 놀이한 후, 제 위치를 찾아 정리할 수 있도록 합니다.	기본생활〉건강한생활
영역별 환경 구성		
일상생활 영역 영아의 개인사물함	• 영아의 개인사물함은 보육실 입구와 가까운 곳에 두어 부모가 수시로 확인할 수 있도록 하고, 영아의 이름과 사진을 부착해 줍니다.	기본생활〉바른생활
영유아용 변기, 미끄럼 방지가 된 화장실 바닥, 사용하는 순서, 세면대사진, 손씻는 순서, 개별 수건이나 종이 타월	• 배변과 손씻기, 이닦기 등 기본생활습관 형성을 위하여 안전하고 친근한 화장실 환경을 마련해줍니다. 화장실 바닥에는 미끄럼 방지 처리를 하고, 화장실 사용 순서와 방법 등을 그림으로 안내해 줍니다.	기본생활〉건강한 생활
신체 영역 보육실 내, 유희실, 복도, 강당 등의 신체활동 영역	• 신체 활동을 위한 공간은 다른 활동에 방해가 되지 않는 범위에서 오르내리기, 밀고 끌기, 타기 등의 활동이 이루어지도록 합니다.	신체운동〉감각과 신체 인식 신체운동〉신체조절과 기본운동

비디오	오디오	표준보육과정 및 보육프로그램과의 관련성
미끄럼, 흔들말, 자동차, 끌차, 자전거 등의 사진	• 미끄럼틀 등 고정시설과 이동식 목마, 자동차, 끌차, 자전거 등 비고정 시설을 준비해 줍니다.	신체운동〉신체활동참여
쌓기 영역		
종이벽돌, 우레탄 블록, 스펀지 블록 등 소품(동물인형, 작은 자동차, 사람인형 등)	• 쌓기 놀이는 동적이며 소음이 발생하므로 공간을 넓게 확보하고 카펫을 깔아 줍니다.	사회관계〉사회적관계
	• 종이벽돌이나 우레탄블록, 스펀지블록 등 여러 재질의 블록을 제공하고, 보육계획에 따라 동물, 자동차, 인형과 같은 소품을 준비해 줍니다.	예술경험〉예술적 표현
역할 영역		
엄마아빠 놀이, 상차리기, 아기돌보는 놀이	• 역할 영역은 만 2세 영아가 일상생활에서 쉽게 접하는 역할을 표현하는 놀이가 이루어집니다.	예술경험〉예술적 표현
부엌용품, 인형, 유모차, 포대기, 거울과 빗, 화장품, 모자, 지갑, 구두, 병원놀이 소품 등	• 만 2세 영아는 엄마아빠 놀이, 상차리기 놀이, 아기돌보기 놀이, 장보기 놀이 등을 즐기므로 영아의 관심과 놀이 상황, 계절 등에 따라 필요한 놀이감과 소품을 제공해 줍니다.	
언어 영역		
조용하고 밝은 곳에 구성 낮은 책상 카펫, 쿠션 등	• 언어 영역은 조용하고 밝은 곳에 구성하며, 낮은 책상과 카펫, 쿠션 등으로 안정적인 느낌을 줍니다.	의사소통〉말하기 의사소통〉듣기
사진, 그림, 손퍼펫인형, 여러 가지 그림책이 꽂혀진 책꽂이, 동시판, 그림카드, 긁적거리기를 위한 전지 등의 사진	• 만 2세 영아가 자연스럽게 말하고 듣는 기회를 가질 수 있도록 다양한 사진과 그림자료, 손인형 등을 준비해 주고, 그림책, 그림 동시판, 그림카드 등을 활용하여 글자와 그림을 보고 내용을 읽을 수 있도록 합니다.	의사소통〉읽기 예술경험〉예술적 표현

비디오	오디오	표준보육과정 및 보육프로그램과의 관련성
	또, 자유롭게 끼적이는 활동을 시도하도록 도와줍니다.	
음률 영역		
마라카스, 탬버린, 북, 캐스터네츠 등 리듬악기, 녹음기, 스카프 등의 소품	• 창의적 표현 영역은 자유로운 표현이 강조되는 영역입니다. 영아가 다양한 리듬악기와 움직임, 노래와 음악 등에 호기심을 가지고 감각적으로 탐색하며 표현할 수 있는 충분한 기회를 마련해줍니다.	예술경험〉심미적 탐색
미술 영역		
여러 가지 종이, 색연필, 크레파스, 안전가위, 풀, 테이프, 요구르트병, 우유팩, 과자 상자, 잡지책 등	• 미술영역은 싱크대나 화장실 등 물과 가까운 곳에 낮은 책상과 정리장을 배치해 줍니다. 만 2세 영아가 스스로 필요한 재료를 선택하고 만들어 볼 수 있도록, 종이, 색연필, 크레파스, 풀, 테이프, 여러 가지 폐품 등의 미술 재료를 준비합니다.	예술경험〉예술적 표현
탐색 · 조작 영역		
간단한 조작 교구, 수세기, 짝짓기 자료 3-5조각 퍼즐, 큰 구슬, 자연물 (식물, 동물)	• 탐색 조작 영역에는 큰 구슬 꿰기, 끼우기 블록, 조각퍼즐, 실물 수세기, 모양 넣기 등의 놀이감을 준비해 줍니다. 만 2세 영아는 동식물에 관심을 가지게 되므로 기를 수 있는 동식물과 주변에서 볼 수 있는 여러 가지 자연물, 사진 등을 비치하여 관찰 할 수 있도록 합니다.	자연탐구〉수학적 탐구
"물리적 공간이 여의치 않은 보육시설은 놀이 영역을 통합하여 배치"(CG)	• 보육실의 놀이 영역은 영아의 발달에 요구되는 경험을 통합적으로 제공하기 위한 구분이며, 실제 영아들은 영역의 구분없이 다양한 놀이를 즐기므로 물리적 공간이 여의치 않은 보육시설에서는 놀이 영역을 통합하여 배치할 수 있습니다.	

비디오	오디오	표준보육과정 및 보육프로그램과의 관련성
실외 환경 영역		
모래놀이터, 낮은 미끄럼, 안전한 그네, 자전거, 끌차, 동물과 식물	• 실외놀이에는 물 모래 놀이터, 미끄럼, 안전한 그네, 자전거, 끌차, 다양한 동식물 등의 공간을 마련해 주어, 만 2세 영아가 물 · 모래 놀이, 동작 표현, 신체활동, 자연물 탐색 등의 놀이에 참여할 수 있도록 합니다.	신체운동〉신체조절과 기본운동 신체운동〉신체활동참여
어린이집 주변 놀이터, 산책로, 가까운 공원, 숲	• 실외놀이 공간이 부족한 보육시설에서는 근처의 어린이놀이터나 산책로, 가까운 공원이나 숲을 자주 방문하는 기회를 갖도록 합니다.	자연탐구〉과학적 탐구 예술경험〉심미적 탐색

3) 등원 및 맞이하기

가) 등원 전 준비

비디오	오디오	표준보육과정 및 보육프로그램과의 관련성
현관 장면 게시판 - 부모에게 전달할 알림, 급간식의 식단, 투약의뢰서.	• 보육교사는 부모에게 전달할 내용과 급간식의 식단을 보육실이나 현관 입구에 붙여 두고, 전달 사항을 기록할 일일보고서와 투약의뢰서가 비치되어 있는지 확인합니다.	
보육실 장면 놀이실을 살펴보는 장면, 환기시키는 장면	• 보육실에서는 영아를 맞이하기 전에 위험한 요소가 없는 지 살펴보고, 보육실을 환기시켜 온도와 습도를 조절합니다.	
영아의 등원 전에 흥미영역별로 생활 주제에 따라 적합한 교구와 교재가 배치된 보육실을 점검함.	• 일일보육계획안에 따라 흥미영역별에 적합한 놀이감이 준비되었는지 확인합니다.	

나) 등원 및 맞이하기

비디오	오디오	표준보육과정 및 보육프로그램과의 관련성
등원 및 맞이하기 부모와 함께 등원하는 영아를 맞이하는 장면	• 보육시설에서의 하루일과는 영아가 보육시설에 도착하면서부터 시작됩니다. 영아를 맞이할 때는 반갑고 밝은 표정으로 맞이하여 영아가 하루를 즐겁게 시작하도록 해 줍니다. • 몸이 불편하여 약을 먹어야 하는 경우에는 부모가 투약의뢰서를 작성하도록 합니다. • 영아가 안정적인 분위기에서 부모와 인사를 나누고 헤어질 수 있도록 돕고, 자연스러운 놀이로 일과를 시작할 수 있도록 해 줍니다.	기본생활〉바른 생활 보육과정의 운영 · 가족과 지역사회의 연계

4) 일상 생활

가) 화장실 사용하기

비디오	오디오	표준보육과정 및 보육프로그램과의 관련성
화장실 배변지도 장면 (영아가 개별적인 배변의사를 표현할 때 격려하고 대소변 가리기를 자연스럽게 도와주는 장면)	• 영아의 배변은 하루 중 수시로 일어나며, 배변훈련의 여부에 따라 개별적인 배려와 주의가 필요합니다. • 만 2세 영아의 대부분은 대소변을 가리게 되지만, 실수를 할 수 있으므로 교사의 따뜻하고 너그러운 태도가 요구됩니다.	기본생활〉건강한 생활
손씻는 장면	• 만 2세 영아가 손을 씻을 때는 교사가 씻어주어도 좋지만, 영아 스스로 옷을 적시지 않고 손을 씻을 수 있도록 옷소매를 올려주고, 영아의 옆	

비디오	오디오	표준보육과정 및 보육프로그램과의 관련성
	에서 도움이 필요할 때 적절히 도와주는 것이 좋습니다.	
보육교사의 손씻기	• 보육교사도 수시로 손을 씻으며, 특히 간식과 점심 전에 는 반드시 손을 씻도록 합니다.	

나) 간식 및 점심

비디오	오디오	표준보육과정 및 보육프로그램과의 관련성
점심 식사 모습	• 영양학적으로 균형이 맞고 질좋은 간식과 점심은 영아가 보육시설에서의 하루를 잘 보낼 수 있도록 해줍니다.	기본생활〉건강한 생활
간식시간	• 어린이집에서는 오전과 오후에 두차례 간식을 제공하며, 오전 간식은 부모가 기록한 일일보고서나 대화의 내용을 참고하여 양을 조절해 줍니다.	
점심식사 배식하기	• 점심식사는 영아의 식사량을 파악하여 배식해 줍니다.	
즐거운 분위기에서 식사하기	• 보육교사는 영아들과 개별적인 이야기를 나누며 즐거운 분위기를 형성해 줍니다. 영아가 기분좋게 음식을 먹을 수 있도록 도와주고, 다른 영아의 식사습관을 관찰하면서 스스로 바른 식습관을 형성할 수 있도록 합니다.	
양치하기 투약하기	• 식사 후에는 양치를 할 수 있도록 지도하고, 투약의뢰가 있는 영아에게 투약한 후 투약보고서에 기록합니다.	

다) 낮잠 및 휴식

비디오	오디오	표준보육과정 및 보육프로그램과의 관련성
낮잠 및 휴식	• 낮잠과 휴식은 오전의 놀이와 활동으로 인해 쌓인 피로를 풀고 활기차게 오후 일과에 참여하도록 도우며 영아의 면역력을 높여줍니다.	기본생활〉건강한 생활
낮잠 준비 통합보육 – 한 교사는 아이들을 돌보고 한 교사는 낮잠 준비 낮잠 준비 잠들 수 있는 분위기와 개별적인 수면습관	• 보육교사는 다른 영아반과 통합보육을 하여, 낮잠 준비와 영아를 돌보는 역할을 분담할 수 있습니다. • 영아가 쉽게 잠들 수 있는 분위기를 조성해주기 위하여 커튼을 내리거나 조용한 음악을 틀어주고, 영아의 잠자기 전의 버릇, 잠드는 시간, 잠버릇 등의 수면 습관을 염두에 두어 개별적인 도움을 줍니다.	
영아가 잠 든 보육실 내에서 일지 작성하기	• 낮잠시간 동안 보육교사는 보육실 내에서 오전 일과에 대한 일지를 작성하거나 놀이감 등을 제작할 수 있습니다.	
낮잠 깨기 낮잠 후 조용한 놀이	• 영아가 잠을 깨기 시작하면 자고 일어난 영아가 놀라지 않도록 안아주고, 배변할 수 있도록 도와준 후, 자는 영아에게 방해가 되지 않도록 다른 영역에서 조용한 놀이를 할 수 있도록 합니다.	
통합보육, 침구 정리	• 다른 반과 통합하여 조용한 놀이를 하도록 하고, 영아가 자고 난 침구를 정리합니다.	

5) 놀이 활동

가) 실내 놀이 활동

비디오	오디오	표준보육과정 및 보육프로그램과의 관련성
실내 놀이 활동	• 만 2세 영아에게 실내 자유놀이는 하루 중 가장 많은 부분을 차지하며 발달적으로도 중요한 의미를 갖습니다.	

(1) 놀이 시작

비디오	오디오	표준보육과정 및 보육프로그램과의 관련성
간식 후 개별적으로 놀이를 시작하는 영아	• 영아들은 간식을 먹는 속도의 차이가 있으므로, 간식을 먼저 먹은 영아부터 개별적인 관심에 따라 스스로 선택한 놀이를 시작하도록 격려해 줍니다.	보육과정 운영-보육계획실시
교사가 흩어져 있는 영아의 놀이에 들어가는 장면	• 보육교사는 간식을 마무리한 후 영아들의 놀이에 적극적으로 참여하게 됩니다.	

(2) 놀이 지원 및 놀이 활성화

비디오	오디오	표준보육과정 및 보육프로그램과의 관련성
놀이행동 관찰하기		
- 영아의 놀이를 관찰하며 개입하는 장면	• 보육 교사는 영아가 어느 놀이감에 관심을 보이는지, 영아의 놀이행동이 어떤 수준인지 관찰하여야 합니다.	
- 탐색, 쌓기 영역 놀이	• 관찰을 통하여 언제, 어느 정도의 도움이 필요한 지를 판단하여 개입함으로 영아가 흥미를 가지고 놀이를 지속하도록 할 수 있습니다.	자연탐구〉수학적 탐구 의사소통〉듣기, 말하기 예술경험〉예술적 표현

비디오	오디오	표준보육과정 및 보육프로그램과의 관련성
놀이행동 지지하기		
- 웃어주거나 고개를 끄덕이는 등의 장면	• 보육교사의 관심은 영아가 놀이에 만족감을 느끼며, 긍정적인 정서를 갖도록 도와줍니다.	
- 미술, 역할 영역 놀이	• 보육교사는 영아를 보고 웃어주거나 고개를 끄덕이는 등 놀이 행동에 관심을 가지고 지지해 주어야 합니다.	예술경험〉예술적 표현,예술 감상 의사소통〉 듣기, 말하기 의사소통〉 듣기, 말하기,읽기
직접적인 도움주기		
- 노래부르기, 책읽기, 활동 진행하기 등 직접 도움을 주는 장면	• 책읽기나 노래부르기와 같은 놀이는 교사의 직접적인 도움이 필요한 놀이입니다.	
- 음률, 언어, 탐색 놀이	• 보육교사는 영아의 수준과 반응에 맞추어 적절한 도움행동을 하며 영아의 놀이를 지원해 줍니다.	예술경험〉예술적 표현 자연탐구〉탐구적 태도, 수학적 탐구
놀이상대로 참여하기		
- 교사가 놀이에 참여하여 적극적으로 놀이하는 장면	• 보육교사는 한 영역에서 영아와 놀이하는 중에도 늘 놀이실 전체를 살펴서 수시로 이동하며 필요한 곳에 개입하여 놀이상대가 되어주어야 합니다.	
- 언어영역, 쌓기영역	• 이렇게 하여 교사는 영아의 놀이가 자연스럽게 진행되고 활성화되도록 할 수 있습니다.	의사소통〉읽기,말하기, 듣기 예술경험〉심미적 탐색, 예술적 표현

(3) 개별적인 지원

비디오	오디오	표준보육과정 및 보육프로그램과의 관련성
영아가 이야기하는 것은 마주보고 세심히 들어주는 장면	• 보육교사는 영아의 개별적인 감정과 필요로 하는 것들을 민감히 알아차려 반응해 주어야 합니다.	사회관계〉자기존중, 정서인식과 조절

비디오	오디오	표준보육과정 및 보육프로그램과의 관련성
마주앉아 눈을 마주치고 웃어주는 장면		사회관계〉자기존중, 정서인식과 조절
놀이 도중 화장실 가고 싶거나 물이 먹고 싶은 영아	• 개별적으로 화장실을 가거나 물을 먹고 싶어 하는 영아의 생리적인 욕구를 해결하도록 배려해 주고,	
기운이 없는 영아의 머리를 만져보고 어디가 아픈 것은 아닌지 물어보기	• 놀이 도중 기운이 없거나 컨디션이 안 좋은 영아는 세심히 관찰하여, 건강 상태와 기분에 따라 적절한 도움을 줍니다.	

(4) 긍정적인 방법의 행동지도

비디오	오디오	표준보육과정 및 보육프로그램과의 관련성
서로의 상황에 대해 설명하고 영아의 감정을 수용해주는 장면	• 만 2세 영아가 부정적인 정서를 보일 때 보육교사는 영아의 감정을 수용해주고, 부드럽게 말을 걸어 상황에 대해 구체적으로 안내해 줍니다.	기본생활〉바른 생활
교구장의 같은 놀이감이 여러 개 있는 장면, 자전거, 자동차 등이 여러 개 놓여있는 장면	• 또, 충분한 수의 놀이감을 제공하여 영아 간의 분쟁을 미리 예방하고 안전하게 놀이할 수 있도록 합니다.	사회관계〉사회적 관계

(5) 놀이 마치기

비디오	오디오	표준보육과정 및 보육프로그램과의 관련성
치우는 시간이 될 것임을 알려주는 장면	• 놀이시간을 마치기 2-3분전에는 곧 치우는 시간이라는 것을 미리 말해 준 후, 시간이 되면 일정한 노래나 표시로 알려주어 자연스럽게 정리하도록 합니다.	기본생활〉건강한 생활, 바른 생활
영아와 함께 치우는 장면	• 만 2세의 전이시간에는 영아가 주의	

비디오	오디오	표준보육과정 및 보육프로그램과의 관련성
	를 집중하여 참여할 수 있도록 손유희, 노래부르기, 동시 듣기, 동작활동 등 간단한 활동 중에서 한 가지를 선택하여 실시합니다.	
간단히 둘러 앉아 전이시간을 갖는 장면	• 또, 다음 일과에 어느 장소에서 무엇을 할 지, 어떻게 이동할 지를 말해줍니다.	

나) 실외 놀이 활동

비디오	오디오	표준보육과정 및 보육프로그램과의 관련성
실외놀이 장면	• 실외의 개방된 공간과 자유로움은 영아의 긴장감을 완화시키며 즐거움을 제공해 줍니다. 하루종일 어린이집에서 지내게 되는 영아는 오랜 시간 실내에서 생활하게 됨으로, 실외놀이의 기회를 많이 제공하여 일과의 변화와 활기를 가질 수 있도록 해주어야 합니다.	신체운동〉감각과 신체 인식, 신체조절과 기본운동, 신체활동 참여
기어오르기, 달리기, 자전거 등 신체놀이, 모래놀이, 나뭇잎 탐색 등의 장면	• 실외활동에서는 기어오르기, 달리기, 여러 공간 통과하기, 자전거 등의 신체활동과 모래놀이, 자연물 탐색, 그림그리기 등 다양한 놀이가 이루어집니다.	자연탐구〉 탐구적 태도, 수학적 탐구, 과학적 탐구
가까운 공원이나 숲으로 산책 및 놀이 장면	• 주변의 공원이나 숲을 이용하여 산책하거나 자연을 즐기는 시간을 계획할 때에는 이름표, 휴지, 물티슈, 비상약을 준비하여 휴대하도록 하고, 주변에 위험요소가 없는지 사전에 확인하여 안전하게 놀이가 이루어지도록 합니다. • 보육시설과 지역사회는 서로 도움을 주고받는 상호 보완적인 협력관계입니다. • 실외 놀이시설이 부족한 경우에는 지역	예술경험〉심미적 탐색, 예술적 표현, 예술 감상 기본생활〉안전한 생활 보육과정의 운영

비디오	오디오	표준보육과정 및 보육프로그램과의 관련성
마트, 공원, 숲 등 지역사회 방문 활동	의 가까운 공원이나 농장, 과수원 등을 정기적으로 방문하여 지속적인 활동이 이루어지도록 하는 것이 좋습니다.	· 가족과 지역사회의 연계
지역사회 기관 방문 장면	• 지역사회와의 연계를 통하여 보육시설은 지역사회의 봉사자를 활용하거나, 지역인사를 활용한 활동을 실시하고, 전문적인 기관의 도움 등을 받을 수 있습니다.	

6) 귀가 및 가정과의 연계

가) 귀가

비디오	오디오	표준보육과정 및 보육프로그램과의 관련성
귀가 지도 개별적으로 귀가, 일일보고서 확인, 간단한 대화 등	• 보육교사는 영아와 헤어질 때 간단한 스킨십과 인사로 친밀감을 유지하며 다음날 기쁜 마음으로 만날 것을 약속합니다. 또, 영아가 약속된 보호자와 함께 귀가하는 지를 반드시 확인하고, 영아의 상태, 하루동안 지낸 일 등에 대해 부모와 이야기를 나누며, 부모를 만나지 못할 경우에는 일일보고서를 통해 영아의 하루일과를 전달합니다.	보육과정의 운영 · 가족과 지역사회의 연계 – 보육과정의 목표와 내용을 부모와 지역사회에 알리고 적극적인 참여와 긴밀한 협조를 한다.
부모님과 간단한 대화 장면	• 영아의 발달은 보육시설의 노력만으로 이루어지는 것이 아니라 영아에게 가장 중요한 환경인 가정과 함께 협력할 때 가능해 집니다.	
가정과의 연계 부모 간담회, 부모참여수업	• 보육시설에서는 홈페이지, 운영안내 책자, 부모 통신, 게시판 등을 통해 정보를 교환하고, 오리엔테이션, 부모특강, 간담회, 개별 면담 등 부모 역할에 대한 교육과 의견 교환이 이루어지는 기회를 마련하여 실시하여야 합니다.	

나) 하루일과의 마무리

비디오	오디오	표준보육과정 및 보육프로그램과의 관련성
일지 작성 장면 다음날 일일계획안 작성 다음날 놀이실 환경 준비	• 보육시설 하루 일과의 마무리는 보육일지의 작성과 다음날의 보육계획안에 따른 준비로 이루어집니다. • 보육교사는 보육일지에 그 날에 실시된 활동의 내용과 평가를 기록하고, 다음날의 하루일과를 위하여 일일보육계획안 작성합니다. 일일보육계획안에 따라 놀이실을 정리정돈하고 다음 날 놀이에 필요한 놀이감을 준비합니다.	보육과정 평가 · 보육시설은 보육과정에 대한 정기적인 평가를 통해 보육의 질적 수준을 향상시키고 영유아의 전반적인 발달 수준을 파악하도록 한다.

7) 보육 계획

가) 2세 하루일과에서 표준보육과정의 적용

비디오	오디오	표준보육과정 및 보육프로그램과의 관련성
2세 하루일과에서 표준보육과정의 적용	• 만 2세를 위한 하루일과는 기본생활, 신체운동, 사회관계, 의사소통, 자연탐구, 예술경험의 6개 영역으로 구성된 표준보육과정에 기초하여야 합니다. • 표준보육과정의 보육내용은 만 2세 영아의 발달정도와 개인차에 따라 2수준으로 세분화되어 있습니다.	표준보육과정의 구성체계
읽어주는 글에 관심을 가지는 모습 (1수준) → 글자를 읽는 흉내를 내는 모습(2수준)	• 만 2세를 담당하는 교사는 영아 개인의 발달적 차이를 고려하여 1수준의 내용과 2수준의 내용을 각각 적용하는 융통성을 가질 수 있습니다.	

나) 보육계획 수립

비디오	오디오	표준보육과정 및 보육프로그램과의 관련성
연계성있는 보육계획 수립	• 영아에게 적합하고, 효율적인 보육프로그램을 제공하기 위하여 연간보육계획을 수립하고, 이에 따라 월간보육계획, 주간보육계획, 일일보육계획을 연계성있게 구성하여야 합니다.	표준보육과정의 운영-국가수준에서 제시한 보육목표와 내용을 참고하여 각 시설의 특성을 반영
"보육시설과 지역사회의 여건, 영아의 흥미와 기후 등에 따라 융통성있게 적용"(CG)	• 연간, 월간, 주간보육계획은 보육시설과 지역사회의 여건, 영아의 흥미와 기후 등에 따라 개별 보육시설에서 융통성있게 적용할 수 있습니다.	
연간보육계획	• 연간보육계획은 만 2세 표준보육과정의 내용을 주제와 소주제로 묶어 계획합니다. • 주제와 소주제는 영아에게 친숙하고 구체적이며 자주 경험하는 것에서부터 점차 떨어진 환경에 대한 것을 포함시킵니다.	
월간보육계획	• 월간보육계획은 등원 및 맞이하기, 일상생활, 놀이활동, 점심 및 낮잠, 귀가 등 일과에 맞추어 각 주의 활동을 계획합니다.	
주간보육계획	• 주간보육계획은 만 2세 영아에게 적합한 놀이와 활동을 요일에 따라 작성하여 일주일의 활동을 한 눈에 살펴볼 수 있도록 합니다.	
2세 일일보육계획 및 일지	• 일일보육계획은 하루일과의 시간대별로 → 실시되는 활동과 → 준비사항을 기록하여 작성합니다. → 실시된 활동과 평가를 기록하는 보육일지와 함께 작성할 수 있습니다.	

8) 나가는 장

비디오	오디오	표준보육과정 및 보육프로그램과의 관련성
보육프로그램과의 관련성 보육시설의 하루일과 중 영아의 건강하고 즐거운 모습, 놀이에 열중하는 모습	• 만 2세 영아를 위한 양질의 보육서비스는 영아의 전인적인 성장과 발달을 돕고 민주시민으로서의 자질을 길러, 심신이 건강하고 조화로운 사회 구성원으로 자라도록 함으로써, 함께 사는 건강한 사회의 밑거름이 될 것입니다.	

3. 2세반 운영을 위한 교사의 역할

1) 주요 발달 특성에 대한 이해

2세 영아는 운동기능이 발달하고 신체움직임이 유연해지며, 자신의 감정을 다른 사람이 알아주기를 원한다. 친구들에게 관심을 갖기 시작하고, 언어를 사용하여 어른들과 교류하게 되며, 주변을 탐색하기 위해 관찰, 질문, 조작, 분류, 측정을 사용하게 된다. 다음은 2세 영아의 주요 발달 특성이다.

가) 신체 발달

(1) 대근육 발달

· 평행선 따라 걷기, 반듯한 선 따라 걷기를 할 수 있다.
· 뛸 수도 있고 뒤로 걸을 수 있다.
· 얕은 평균대 위에서 불안정하지만 발을 바꾸어 걸을 수 있다.
· 한 발로 설 수 있다.
· 평행 · 커브길 뛰기, 한 발로 뛰기를 할 수 있으며, 걷기보다 뛰기를 선호한다.
· 뛰다 갑자기 서기 등 속도 조절이 가능하다.
· 걷다 뛰어오르기를 할 수 있다.
· 물건 주위를 돌 수 있다.
· 도움 없이 물건이나 낮은 의자 위를 오르고 내릴 수 있다.
· 세발자전거 타기가 가능하다.
· 두 발로 제자리에서 점프하기를 한다.
· 넘어지지 않고 잘 달릴 수 있다.

· 정지해 있는 큰 공을 발로 찰 수 있다.
· 도움 받아 앞으로 구르기를 한다.
· 발 바꿔 층계 오르내리기를 한다.
· 도움 받아 혼자 옷 벗고 입기가 가능하다.
· 균형을 잃지 않고 물건을 집을 수 있다.
· 서고, 구부리고, 걷고, 달리고 점프할 수 있다.
· 빨리 뛰면서도 균형을 유지한다.
· 위, 아래로 뛰기, 사물 뛰어넘기, 앞으로 점프하기가 가능하다.

(2) 소근육 발달

· 숟가락을 효과적으로 사용할 수 있다.
· 빨대를 사용하여 우유를 마실 수 있다.
· 작은 우유 곽에 든 우유를 우유 잔에 부을 수 있다.
· 책장을 한 장씩 넘길 수 있다.
· 바퀴 달린 장난감을 끈으로 끌기를 좋아한다.
· 원에 색칠하기가 가능하다.
· 손가락으로 크레용을 잡는다.
· 큰 구슬을 꿸 수 있다.
· 문손잡이나 핸들을 돌릴 수 있다.
· 나무토막을 6-7개를 쌓을 수 있다.
· 나무토막을 기차 모양으로 늘어놓는다.
· 수직으로 내려 긋거나 동그라미를 그리는 시늉을 한다.
· 다른 사람을 따라서 종이를 반으로 접을 수 있다.
· 찰흙으로 공을 만들 수 있다.

- 양치질을 할 수 있다.
- 연필의 촉 가까이를 첫째와 둘째손가락으로 잡고 원을 그리거나 점을 찍거나 수직선을 비슷하게 그릴 수 있다.
- 1세-2세 반 사이는 무작위로 긁적거리는 시기로 팔 전체를 사용하여 점이나 선을 그리며, 점차 손목의 움직임이 증가하여 곡선이나 동그라미를 그린다.
- 2세 반부터 1년가량은 통제된 긁적거리기가 나타나는 시기로 크레용의 움직임이 일관성 있게 된다.
- 2세쯤에는 세로줄을 보고 따라 그릴 수 있고, 2세 반에는 가로줄을 따라 그을 수 있다.
- 물건을 쥘 수 있고, 조작할 수 있으며, 붙였다 떼었다 할 수 있다.
- 왼손 또는 오른손 중 한 손을 주로 사용한다.
- 단추를 채우고 지퍼 잠그는 것을 시도할 수 있다.

(3) 일상생활

- 숟가락과 포크 사용하는 법을 배우기 시작한다.
- 배변 훈련에 대한 준비가 되어 있다(대소변 통제가 가능하다).
- 대부분의 영아가 36개월이면 배변훈련을 마친다.
- 손쉽게 입을 수 있는 옷을 입을 수 있다.

나) 정서 발달

- 감정을 강하게 표현한다.
- 열정적으로 배운다.
- 감정에 대한 여러 가지 기술을 완성해 나간다.
- 자존 의식을 갖게 된다.

· 2세말쯤이 되면 기쁨, 애정, 웃음, 공포, 분노, 질투, 울음 등 성인에게서 볼 수 있는 거의 모든 정서로 자신의 감정을 표현한다.
· 가끔씩 반항심을 갖고 좌절하거나 성질을 부린다.
· 자아에 대한 감정이 계속해서 발달한다.
· 도움의 필요성을 깨닫지만 보다 독립적이 되어 간다.
· 남을 기쁘게 하려고 애정을 보인다.
· 공격적이었다가 부끄러워하기도 한다.
· 반복적인 일상은 일관성과 안정감을 제공한다.
· 자신의 감정을 다른 사람이 알아주기를 원한다.
· 부정적 행동은 영아의 주장이나 독립성을 나타낸다.
· 자신과 자신의 발견에 대해 즐거워한다.
· 기술 획득은 유능감, 자아 존중감, 자아 수용을 강화시킨다.
· 자기 세계에 대한 통제력을 느끼기 위해 공격성을 사용할 수 있다.

다) 사회성 발달

· 소유하려는 행동을 나타낸다.
· 자기 자신의 기술을 인식하기 시작한다. 먹고 마시는 것이 자유롭고, 신을 신거나 모자를 쓰는 것 등이 자유로워진다.
· 자기 자신을 이름으로 부른다.
· 탈중심적이 되어 자기 통제 능력이 향상된다. 고집이 약화되고 충동이 감소된다.
· 도덕적 행동에 대한 초보적인 개념이 형성되는 시기로 양심이 발달한다.
· 독립성을 보인다.
· 다른 사람의 관심을 얻으려고 한다. 어른들을 기쁘게 하기 위해 활동

하고 그것을 확인하려 한다.

· 타인들에게 느낌을 나타내고, 타인들의 기분을 안다.

· 내 것과 너의 것의 차이를 인지한다.

· 다른 사람과의 접촉을 원한다. 항상 누군가와 함께 있거나 놀고 싶어 하고 누군가가 자기의 이야기를 들어 주기를 원한다.

· 양육자를 성가시게 하거나 양육자의 관심을 요구한다.

· 남을 도울 수 있다.

· 병행 놀이, 협동 놀이가 나타난다.

· 간단한 소꿉놀이를 시작한다.

· 남과 나누어 가질 수 있다.

· 순서 지키기를 할 수 있다.

· 가정의 역할과 책임을 배우기 시작한다.

· 다른 사람의 감정을 인식하고 위로를 표현하기도 한다.

· 남에 대한 관심을 보이기도 하며, 과제를 돕기도 한다.

· 다른 사람의 감정을 이해하기 시작한다.

· 똑같은 단어나 경험에 대해 타인이 다른 의미를 가진다는 것을 인식하지 못한다.

· 외양의 변화가 사물이나 사람의 변화를 의미한다고 해석한다.

· 성인을 자원으로 생각하여, 도움이 필요하다고 생각될 때에는 성인에게 도움을 구한다.

· 사람, 동물, 놀잇감에 대한 통제를 행사하며 타인에 대해 지시적이 된다.

· 타인의 요구를 깨닫고 과제를 도와주거나 요구에 반응할 수도 있다.

· 자아 통제력이 증가한다.

· 지연 만족을 한다.

라) 언어 발달

- 의사소통 능력이 증가한다.
- 이야기를 들을 수 있다.
- 다른 사람의 대화에 흥미가 증가한다.
- 자기와 계속 이야기하기를 원하며 사람이나 물체의 이름에 대해 질문한다.
- 중얼거리며 소꿉놀이를 한다.
- 단어 수가 확대(약 1,000개 정도)된다. 사용하는 단어보다 더 많은 말을 알고 있다.
- 자기 이름, 물건의 이름, 친근한 동물, 꽃의 이름, 친근한 사람 호칭을 알고 부른다.
- 수를 말한다.
- 색 이름을 말한다.
- 질문하고, 질문에 답할 수 있다.
- 물어보면 이름을 말한다.
- 욕구, 느낌, 문제점 등을 표현하기 위하여 말을 사용한다.
- 적절한 제스처를 쓸 줄 알며, 단어, 문구, 문법 등을 알려고 혼자 중얼거린다.
- 무엇, 어디, 누구 등의 대명사, 의문사를 사용한다.
- 2-3개 단어나 3개 이상의 단어를 연결한 문장을 사용하기 시작하며, 전보식 언어가 발달한다.
- 단어 순서를 배운다.
- 시적 어구를 학습한다.
- 주어-동사, 동사-목적어를 사용한다.
- 전치사 등의 기능어를 생략한다.

- 그림을 보며 그림에 관한 단어를 말할 수 있다.
- 어휘가 급격하게 증가한다.
- 과잉 일반화가 나타난다.
- 과거형을 사용하게 된다.
- 어휘가 계속해서 증가한다.
- 복수형 단어를 점차 올바르게 사용한다.
- 시간에 대한 개념은 점차적으로 형성된다.
- 보다 완전한 문장을 말하고 연속된 문장으로 몇 가지 생각을 표현하기도 한다.
- 극놀이를 통해 사회적 맥락에 적절한 언어를 연습한다.
- 반복되는 이야기를 좋아한다.
- 그림책에서 물건을 집어 올리는 흉내를 낸다.
- 좋아하는 책을 선택한다.
- 일정한 형태의 낙서를 한다.
- 가로줄, 세로줄, 동그라미, + , 점 등을 따라 그릴 수 있다.
- 성인을 통해 의미 있는 쓰기를 경험한다.

마) 인지 발달

- 2세 말경에 뇌 크기가 80%에 도달한다.
- 만 2세를 전후해서 시냅스와 뇌세포가 연결되는 과정이 가장 빠르게 일어난다.
- 같은 모양의 도형을 분류할 수 있다.
- 색깔에 따라 분류할 수 있다.
- 각각 다른 시간에 단어를 다르게 사용할 수 있다.
- 개인적인 의미로 단어를 사용할 수 있다.

· 한 종류의 유목에 이름을 붙일 수 있다.
· 하나의 속성에 초점을 맞추는 경향이 있다.
· 자기가 사용하는 말보다 더 많은 말을 알고 있다.
· 물체의 형체가 변하면 크기, 무게, 부피가 변한다고 생각한다.
· 상상력이 발달한다. 가상 놀이가 나타난다.
· 없는 물건이나 상상한 내용을 나타내기 위하여 신호와 상징을 사용하기 시작한다.
· 자기 나이를 안다.
· 거울에서 자기를 확인한다.
· 원인과 효과를 따지기 시작한다.
· 다른 것을 요구한다.
· 크고 작은 것의 차이를 안다.
· '약간, 더, 작다, 큰, 없다' 등을 이해한다.
· '더 많은' 을 이해한다.
· 10가지 수를 세기는 하나 10이 3보다 크다는 것을 이해하지는 못한다.
· '위, 아래, 옆, 밑, 너머' 등을 이해한다.
· '지금, 곧, 전, 후' 를 이해한다.
· 정신적으로 사물과 행동을 분류할 수 있다.
· 자기가 속한 세계에 대한 지식을 구성하고 조직화한다.
· 사물을 분류하고, 양, 수, 공간과 시간에 대한 제한된 생각을 발전시키기 시작한다.
· 상징적 능력이 발달하여 정신적 표상이 증가된다.
· 대상 영속성의 개념을 획득한다.
· 지연 모방을 나타낸다.
· 사물의 물리적 조작과 사고의 수정을 통해 자신만의 추론을 하게

된다.

· 호기심이 많고, 탐색적이며, 문제를 해결한다.

· 주변을 탐색하기 위해 관찰, 질문, 조작, 분류, 측정을 사용한다.

· 사물을 서열화할 수 있지만, 사물의 연속적인 관계를 이해하지 못한다.

· 관계에 대한 논리 · 수학적 지식을 형성한다.

· 언어와 사회적 규칙과 가치에 대한 사회적 지식이 형성된다.

· 4가지 지시사항을 이행할 수 있다.

2) 환경 구성

가) 일상생활 영역

일상생활 영역은 주로 간식과 점심을 먹으며, 낮잠을 자는 활동이 이루어지는 곳으로써, 영아가 매일 경험하게 되는 일과의 가장 중요한 부분이다. 교사는 음식을 먹거나 낮잠을 재울 때의 일상적인 일과를 개인적인 상호작용의 기회로 이용하는 것이 좋으며 영아가 편안하게 느낄 수 있도록 정서적인 면을 고려하여 환경을 구성한다.

(1) 개인 사물함

영아가 개별적으로 사용하는 여벌옷과 비품을 정리하기 위한 사물함은 될 수 있는 대로 보육실로 들어오는 입구에 가까운 곳에 두어 부모가 수시로 확인하고 물품의 정리정돈이 용이하게 한다. 사물함에는 영아의 이름과 사진을 부착하여 자기 것을 다른 것과 구분하여 인식할 수 있도록 한다. 교사가 각 영아의 상태를 기록한 수첩과 부모에게 전달하는 통신문 등을 담아두기도 하여 개별적 영아에게 필요한 정보와 물품이 잘 전달될 수 있도록 물리적으로 안내가 되어 있으면 교사의 손길을 덜 수 있다.

(2) 휴식 영역

영아의 기분이나 몸이 좋지 않아서 혼자 조용히 있으면서 쉬어야 할 때 활용되는 공간으로 아늑함과 부드러움을 느낄 수 있도록 한다. 교사가 언제나 영아를 쉽게 관찰할 수 있는 곳에 마련한다. 영아가 원할 때는 언제나 자유롭게 이용할 수 있도록 한다. 소음이 적은 곳에 베개, 푹신한 의자나 가구, 드리우는 천(캐노피)이나 담요, 양탄자, 헝겊 그림책, 영아가 선호하는 인형이나 애착물을 함께 비치해두어 영아가 안정감을 느낄 수 있도록 한다.

(3) 간식 및 점심 영역

간식이나 식사는 활동실 내의 책상에서 먹는 것이 보통이다. 영아들이 빈번하게 지나다니거나 활발하게 놀이하는 곳과 떨어진 장소의 책상을 활용하며, 간식 전과 후에 위생물휴지나 행주로 책상을 깨끗이 닦는다.

(4) 화장실

영아기에 배변 훈련을 시작하므로 화장실이 위생적이고 안전할 뿐만 아니라 영아에게 친근감을 줄 수 있는 환경구성이 되도록 한다. 화장실 바닥은 미끄럼 방지 처리를 하며, 변기에는 배변을 하며 변기를 사용하는 방법, 세면대에는 손 씻는 순서와 방법 등이 그림으로 안내될 수 있도록 한다. 비누를 통해 영아들 간의 세균에 감염이 되기 쉬우므로 가급적 물비누를 사용하는 것이 바람직하다. 수건은 개인 수건을 사용하는 것이 좋으나 20개의 수건을 걸어두고 사용하기 어려우므로 종이 수건을 사용하도록 하거나 선반에 마른 수건을 여러 장 비치하여 수시로 수건을 교체한다.

영아용 변기를 사용하여 영아 스스로 배변을 시도할 수 있도록 한다. 그러므로 화장실 변기가 성인용일 경우에는 이동식 변기나 성인용 변기 뚜껑에 영아용 변기뚜껑을 덮어서 사용하도록 한다. 청소용품이나 소독제 등은 영아가 접근할 수 없는 장에 두고 장의 문을 잠근다.

나) 놀이 영역

(1) 언어 영역

영아들은 본능적으로 책을 좋아하므로 책을 좋아하고, 문자에 관심을 갖게 해 주어 책을 통해 언어 능력을 발달시켜 줌은 물론 상상력과 자기표현 능력 등을 발달시킬 수 있다. 언어영역은 책을 읽는 것뿐만 아니라 말하기, 듣기, 쓰기 경험을 모두 고르게 경험해 볼 수 있도록 마련한다. 언어 영역은 조용하고 밝은 곳에 구성해주며 낮은 책상과 카펫, 소파, 쿠션으로 안정적인 느낌을 주도록 한다. 그림책을 스스로 정리할 수 있도록 낮은 책 꽂이에 여러 가지 재질, 내용의 그림책을 준비해 준다. 여러 가지 그림책 외에 사진 책, 포스터, 가장 메뉴판, 동시판, 팸플릿 등을 준비해 주어 문자와 그림을 보고 내용을 읽을 수 있게 한다. 언어 영역의 벽면에는 커다란 전지를 부치고 칼라펜, 크레용, 색연필 등을 준비하여 쓰기 활동을 장려한다. 카세트 플레이어와 카세트테이프를 준비하여 자신의 말을 녹음하고 들어보게 한다.

· 기본자료

소파나 쿠션, 긁적거리기 판, 카세트, 카세트테이프, 여러 가지 그림책 - 까꿍놀이책, 가족, 친숙한 물건, 동물 그림책, 느낌이나 태도에 관한 책, 일상생활에 관한 책(먹기, 배변, 손 씻기), 자연에 관한 책(동물, 꽃, 과일), 촉감책 등

(2) 탐색 · 조작 영역

조작놀이는 손의 소근육을 이용하여 놀잇감을 직접 다루고 조절하는 놀

이를 의미한다. 손으로 다양하게 탐색하고 조작해 볼 수 있도록 여러 가지 자연물, 소형 블록, 큰 구슬 꿰기 등을 준비한다. 또한 분류하고 조각을 맞추어 보는 활동을 좋아하게 되므로 퍼즐, 끼우기, 모양 분류 등의 놀잇감을 비치한다. 이 영역의 자료들은 영아가 쉽게 꺼내어 자율적으로 놀이할 수 있도록 낮은 교구장에 준비해 주며 바구니나 쟁반에 종류별로 분류하여 둔다. 또한 2세가 되면 동식물에 관심을 가지게 되므로 집에 기를 수 있는 동식물, 주변에서 볼 수 있는 다양한 사물, 사진과 돋보기 등 관찰할 수 있는 재료를 별도의 영역을 마련해 주거나 조작 영역과 함께 마련해 주기도 한다.

· 기본자료

3-5조각 퍼즐, 소형 블록, 큰 구슬 꿰기, 돋보기, 식물, 동물, 여러 가지 자연물 등

(3) 쌓기 영역

쌓기놀이(block play)는 여러 가지 블록을 이용하여 구성놀이를 해봄으로써 부분과 전체, 공간구성력, 분류 능력의 형성을 돕는다. 이 외에도 신체기술 향상, 정서적 긴장 해소, 타인과의 놀이를 통해 사회적 기술이나 태도를 향상시킬 수 있다. 쌓기 놀이는 동적이며 소음이 발생하므로 다른 영역보다 넓은 공간을 확보하고 바닥에 카펫을 깔아 준다. 블록은 크기가 너무 작지 않은 것을 준비하며 나무나 종이, 우레탄, 스펀지 등 다양한 재질의 블록을 준비한다. 이 시기에는 어떤 주제를 갖고 쌓기를 하기 시작하며 쌓기 영역에서도 상상놀이가 일어나므로 동물, 자동차, 사람 등의 소품을 준비해 준다. 2세 영아는 아직 위험에 대한 인식력이 떨어지므로 블록을 무조건 높이 쌓고, 무너뜨리거나 던지는 행동은 위험할 수 있다. 또한 영아들에게 인기 있는 적목은 같은 것을 충분히 준비하여 분쟁의 소지를

막는다. 학기 초에는 자동차를 가지고 혼자놀이 병행놀이를 주로 하나 점차 친구관계를 맺으며 함께 놀이하게 되고 또래 간에 상호작용이 나타난다. 또한 한 가지 주제를 가지고 놀이하는 경우가 생기면서 놀이가 좀 더 조직적이고 구성적으로 발달한다. 주로 울타리 만들기, 집짓기, 성 쌓기, 기차 만들기 등을 한다.

· 기본자료

나무 블록, 종이 블록, 우레탄 블록, 스펀지 블록, 종이 블록, 여러 가지 소품 인형 등

(4) 창의적 표현 영역

전통적인 조형 영역, 음률 영역으로 구분되는데 조형 영역은 표현이 강조되지만 이 시기의 영아는 표현 활동보다는 탐색 활동이 주로 이루어지는 시기이므로 감각 탐색이 주가 되는 조형 활동이 이루어진다. 무조건 표현활동만을 강조하면 이러한 욕구를 무시하고 결과만을 위한 의미 없는 조형 활동이 되고 만다. 만 2세의 창의적 표현활동은 그리기, 찍기와 같은 평면적 조형 활동과 꾸미기, 판화와 같은 입체 조형 활동 등을 진행할 수 있다. 창의적 표현 활동 영역은 주위에 싱크대나 화장실등 물과 가까운 곳에 배치한다. 낮은 책상과 정리장에 다양한 재료를 준비하여 영아들이 여러 가지 재료를 탐색하고 만들어 볼 수 있게 한다. 학기 초에는 영아들이 입에 넣거나 얼굴에 묻혀도 무해한 재료를 준비한다. 예를 들어 크레파스와 사인펜 보다는 크레용을 제공하는 것이 좋다. 종이는 작은 것 보다는 큰 것을 준비하며 바닥, 책상, 이젤 등 여러 곳에서 그려보게 한다. 또한 크기가 작은 뽕뽕이나 눈알 같은 것은 영아들이 입에 넣거나 삼킬 염려가 있으므로 주의한다.

또한 영아들은 자신의 욕구에 따라 악기를 이용해 마음껏 소리를 내보

면서 탐색하고 음악을 접하게 되면서 자연스럽게 자신의 감정 표현이 이루어지게 된다. 영아들은 창의적 표현 영역에서 악기를 다루지는 못하지만 다양한 소리를 들어보고 다루어 보는 것만으로도 긴장감을 해소하고 즐거움을 느낄 수 있다.

· **기본자료**

그리기, 오리기, 만들기 도구를 항상 제시한다. 여러 가지 종이, 색연필, 크레파스, 화이트보드, 요구르트 병, 우유팩, 계란, 신문지, 잡지책, 크레용, 안전 가위, 풀 등 작품 만들기를 위한 여러 가지 미술재료, 마라카스, 탬버린, 녹음기, 음악 테이프, 스카프 등

(5) 역할 영역

만 2세가 되면 자신의 경험과 생활을 흉내 내며 제법 상상놀이를 즐기게 되므로 다양한 역할놀이가 일어날 수 있도록 기본 설비와 자료들을 제시해 준다. 영아들이 편안한 분위기를 느낄 수 있도록 적절한 공간을 마련해 주고, 일상생활에서 쉽게 접할 수 있는 다양한 역할을 표현할 수 있도록 실물이나 유사한 소품을 제공한다.

점토 영역, 쌓기 영역 등과 통합하거나 확장하여 사용할 수 있도록 조형 영역과 쌓기 영역과 인접하여 배치한다. 이 시기의 영아는 밀폐된 공간을 좋아하므로 커다란 박스를 이용하여 집을 만들어 주거나 커튼을 이용하여 아늑한 공간을 만들어 주면 효과적이다. 엄마 · 아빠 놀이, 부엌 놀이, 모자 놀이, 아기 놀이, 목욕 놀이, 소방서 놀이 등을 즐기므로 영아들의 관심, 놀이 상황, 계절 등에 따라 적절하게 바꾸어 준다. 학기 초에는 가정생활과 연관된 극 놀이를 선호하므로 일반적인 가족 놀이나 아기 놀이에 필요한 놀잇감을 제공한다.

· **기본자료**

역할놀이 영역 교구교재의 양은 예산 규모와 교실 크기에 따라 달라지나 2세 보육실에서는 다음 6개 유형의 역할놀이 용품을 준비해 줄 수 있다.

- 부엌 놀이 : 스토브 냉장고, 싱크대, 높은 의자, 테이블, 의자, 대걸레나 빗자루 등
- 가게 놀이나 puppet(작은 손 인형)놀이를 위한 장비: 야채가게나 우체국, 은행놀이 등으로 바꾸어 놀이할 수 있는 인형 무대 등
- 인형 놀이: 여러 가지 고전 인형 담요나 인형 옷을 넣는 상자나 옷장 등
- 옷 입히기 놀이: 거울, 모자, 지갑, 액세서리, 여러 가지 옷을 놓을 수 있는 선반 등
- 운전 놀이: 쇼핑 카트나 인형 유모차와 같은 것으로 하는 운전 놀이, 바퀴 있는 놀잇감, 의자로 기차를 만들어서 하는 운전 놀이, 큰 상자나 세탁 바구니를 이용한 운전놀이 등
- 각종 미니어처 세트: 농부, 동물원, 음식점, 기차, 인형집, 소방서 등의 미니어처 등

(6) 대근육 활동 영역

만 2세가 되면 신체의 움직임이 제법 능숙해지고 신체활동을 더 즐기게 되므로 보다 넓은 대근육 활동 영역이 필요하다. 학기 초에는 단순히 걷거나 뛰기 등 기초적인 움직임을 중심으로 이루어지지만 점차 다양한 도구를 사용하고 난이도가 높은 신체적 움직임이 이루어진다. 대근육 활동은 유희실이나 실외 놀이터에서 주로 이루어지지만 다른 활동에 방해가 되지 않는 범위 내에서 오르내리기, 밀고 끌기, 타기 등 대근육 활동을 할 수 있는 공간을 보육실 내에 마련해 줄 수 있다. 공간이 좁아 어려울 때는 복도나 체육실, 강당 등과 같은 보다 자유롭게 움직일 수 있는 개방된 공간을 활용한다. 대근육 활동을 위한 교구로는 미끄럼틀, 트램플린, 종합 놀이대, 볼풀 놀이대 등 고정 놀이 시설이 있고 이외에 이동식 목마, 자동차, 끌차, 공, 후프 등 비고정 시설이 있다.

2세 영아는 혼자 또는 함께 기어오르거나 탐구하는 것을 좋아한다. 사다리와 미끄럼틀이 있는 다락방은 이러한 욕구를 충족시켜 준다. 두세 명의 또래끼리 개별 놀이 시간을 가질 수 있는 공간이 필요하다. 동시에 이곳에서도 가장놀이가 가능하다. 담요가 있으면 캠핑카는 텐트가 되기도 하고 서커스 장이 되기도 한다. 바퀴가 있으면 그것은 자동차, 트럭이 되기도 하고 비행기가 되기도 한다. 이때 유의할 점은 다락이 튼튼해야 하고 난간을 높게 하여 뛰어 내리지 않도록 해야 한다.

3) 기본적인 교사의 역할

보육시설의 영아들은 장시간 기관에 머무른다. 이에 따라 보육시설은 영양, 수면, 배변 등의 생리적인 측면에서 편안하고 안전한 환경을 제공하여야 한다. 전반적으로 가정과 같이 편안한 마음으로 시설에 머무를 수 있도록 따뜻하고 친밀한 관계를 유지해야 한다. 보육시설의 교사들은 영아들에게 단지 일상생활에서의 복지뿐만 아니라 최상의 교육적 경험을 제공하기 위해서도 노력해야 한다. 교사들은 표준보육과정에 대한 충분한 이해에 기초하여, 영아의 발달 및 사회적인 요구에 적합한 교육과정을 계획하고 실행할 수 있어야 한다. 교사들은 계획된 교육과정을 수행하면서 교육자로서 영아들의 능력을 믿고 비계 설정자로서의 역할을 수행한다. 교사는 수시로 자신의 교수 행동을 평가해야 하며 영아들에 대한 평가 또한 주기적으로 이루어져야 한다. 좋은 교사는 부모 및 동료들과 협력적 관계를 유지하며 스스로의 전문성 발달을 위해서도 노력한다. 이러한 보육교사의 역할을 구체적으로 살펴보면 다음과 같다.

가) 계획과 준비

교사는 모든 하루 일과를 시작하기에 앞서 환경 및 활동을 계획하고 준비한다. 환경은 안전하고 교육적으로 의미있어야 한다. 교사는 영아의 성장과 발달특성을 이해하고 생활 주제에 맞추어 적합한 교구와 교재를 준비하여 배치하고 영아의 관심과 흥미를 유발하고 놀이를 발전시킬 수 있도록 돕는다.

나) 욕구충족과 신뢰감 형성

교사는 영아의 수유량과 식사량, 선호하는 음식, 배변시간, 잠투정과 잠자는 시간 등 일상적인 습관에 개인차가 있음을 인정하고 민감하게 반응해야 한다. 이러한 과정을 통해 영아에게 정서적 안정감을 주고 신뢰감을 형성해야 하며, 동시에 교육적 목표를 달성한다.

다) 놀이지도

교사는 놀이에 관심 보이기, 칭찬하거나 격려해 주기, 소품 및 아이디어 제공하기, 놀이에 참여하기, 결과물을 전시하거나 사진 찍어 주기, 질문하기, 흥미유도하기 등을 통해서 영아들의 놀이를 지도하고 지원해 주는 역할을 한다. 적절한 개입은 영아의 놀이를 발전시키고 확장시키는 데 도움을 준다.

라) 관찰 및 평가

교사는 하루일과를 통해 영아들을 관찰하고 이를 바탕으로 영아를 평가하는 역할을 한다. 영아의 관찰은 다양한 방식을 활용할 수 있으며, 보육교사는 영아에 대한 평가뿐만 아니라 자신의 교육 계획의 수행을 점검하여 보육 목표 달성여부를 확인해야 한다.

4) 일과 운영 시 교사의 역할

영아교사는 '돌보는 사람' 이다. 영아들은 하루하루의 일상적 돌봄 속에서 탐색과 놀이를 하며 나날이 발달해 나간다. 교육은 바람직한 돌봄과 분리할 수 없으며 바람직한 돌봄 속에서만 교육이 일어난다는 확신을 가지고서 교사는 영아들과 보내는 일과의 다양한 상황 속에서 영아들과 끊임없이 상호작용을 해야 한다.

영아들의 일과의 모든 순간들은 교육적 가치가 풍성하다. 영아들의 경험과 관심사를 중심으로 이뤄지는 주제 중심의 통합적인 활동은 놀이와 일상적 양육 속에서 드러난다. 유능한 교사라면 자신이 세웠던 계획을 포기하고 영아들의 관심사나 행동에 따라 융통성있게 활동을 변화하여야 한다.

교사는 영아의 등원 맞이하기로 시작하여 신발과 옷 벗기, 손 씻기와 양치하기 등의 자조활동, 간식과 식사하기, 기저귀 갈기와 대소변 가리기, 낮잠 자기와 휴식하기 등의 일상적 양육, 자유롭게 탐색하기, 실내놀이하기, 실외놀이 하기, 산책하기 등의 교육적 활동, 영아의 귀가 후 가정에서의 생활을 지원하는 부모와의 협력에 이르기까지 다양한 활동 속에서 끊임없이 상호작용을 한다.

각각의 활동에 따라 요구되는 교사의 상호작용이 다르지만 영아의 발달을 촉진하고자 하는 목적에 부합되는 일과 운영을 중심으로 교사의 역할을 살펴보면 다음과 같다.

가) 등원 및 맞이하기

보육시설에서의 하루 일과는 영아가 보육시설에 도착하면서부터 시작된다. 교사는 등원시간 전에 미리 보육실을 점검하고 그날의 보육 활동 자료(교사용과 영아용 모두)를 준비한다. 영아를 맞이할 때는 반갑고 밝은 표정으로 대해 하루를 즐겁게 시작하도록 한다. 또한 짧은 시간이라도 영아를 데려온 부모에게 그 전날 저녁에 있었던 특별한 사건이나 영아의 건강상태, 기분 등에 대해 정보를 듣는다. 그리고 보호자와 그날에 필요한 정보를 교환하여 하루 일과의 지도에 참고하도록 한다. 다음은 영아의 등원 시 교사가 미리 준비해야 할 사항들을 정리한 것이다.

- 부모에게 전달할 내용이나 메모를 교실이나 현관 입구에 붙여 둔다.
- 부모들이 영아를 데려온 시간을 기록할 수 있도록 기록용지를 준비한다.
- 투약 의뢰서 용지를 준비한다.
- 하루 일과에 대한 그림 시간표를 교실 앞에 걸어 둔다.

다음은 영아의 등원 시 교사가 해야 할 행동에 관한 것이다.

- 부모와 영아를 반갑게 맞이하며 인사한다.
- 부모와 영아에 대한 정보를 간단히 나눈다.
- 영아가 스스로 개인 사물함에 신발, 옷, 개인용품을 넣도록 지도한다.
- 영아의 기분, 건강상태, 투약시간, 중간 귀가여부를 확인한다.
- 각 반 교실 또는 통합 보육실에서 영아가 하고 싶은 놀이를 선택하여 놀이를 시작하도록 한다.
- 아침을 먹지 않은 영아에게는 아침식사나 충분한 간식을 제공하고, 아침잠이 부족한 영아를 위해 조용히 잘 수 있는 공간을 마련한다.
- 부모와 편안하게 떨어져서 놀이를 할 수 있도록 심리적으로 안정적이고 반기는 분위기 조성한다.

나) 간식 및 점심

영아는 신체적인 성장이 빠르고, 매우 왕성하게 에너지를 소비한다. 따라서 영양학적으로 균형이 맞고 질이 좋은 간식과 점심을 먹어야 보육시설에서의 하루를 잘 보낼 수 있게 된다. 간식은 오전과 오후에 두 차례 제공해야 하며, 오전 7시경 등원하는 영아들의 경우에는 아침까지도 제공해야 한다.

간식과 점심은 영양학적인 측면의 고려뿐 아니라 영아의 식습관과 위생개념이 형성이 되도록 배려해야 한다. 학기 초에는 스스로 음식을 먹고 정리하는 것이 잘 안될 수 있으나 점차 시간이 흐르면서 먹기 전에 스스로 손을 닦고, 먹기 싫은 음식도 조금씩 먹어 보는 시도를 해 보고, 음식을 입에 물고 말을 하지 않으며, 다 먹은 후 자신의 자리와 그릇 등을 정리할 수 있게 될 것이다. 교사는 개별 영아의 식습관이 무엇인지를 알고 이를 배려해 주어 안정된 분위를 조성한 후 식습관과 식사예절을 지도하는 기회를 좀 더 제공한다.

교사는 이 시간이 단순히 음식을 먹는 시간이라기보다는 영아가 다양한 음식을 접해 보고 자신의 음식 선호를 넓혀가며, 영양적으로 균형 있는 음식을 선택할 수 있는 기회를 제공해 주어야 한다. 이러한 지식은 성장한 후에도 바른 식습관을 발달시키고, 건강한 신체를 스스로 유지할 수 있는 중요한 기초를 형성하게 될 것이다. 교사는 간식과 점심을 영아들에게 제공할 때 다음과 같은 점을 고려하여 준비한다.

- 영아들이 다양한 식품의 종류와 이름에 관심을 갖도록 식품의 형태, 맛, 색을 살려서 음식을 경험하도록 한다.
- 영아가 건강한 신체를 유지하기 위해서는 우리 몸이 필요로 하는 음식물을 선택하여, 골고루 적당히 먹어야 한다는 점을 이해시키고 실천하도록 강조한다.

· 영아가 바른 식습관을 익히도록 한다. 바른 식습관이란 식생활과 관계되는 여러 가지 습관이나 태도를 형성하는 것으로서, 음식의 선호, 음식물을 소중히 하기, 음식과 관계되는 위생 습관 형성, 식사예절 형성 등이 포함된다. 따라서 음식을 골고루 먹기, 새로운 음식을 먹어 보기, 식사 전 · 후에 손 씻기, 밥과 반찬을 골고루 먹기, 꼭꼭 씹어 먹기 등을 영아가 실천하도록 영아의 개별차이를 고려하며 단계적으로 도와준다.

교사는 간식과 점심시간에 다음과 같은 역할을 수행해야 한다.

· 간식이나 점심을 준비하기 전에 손, 탁자, 책상 등을 깨끗하게 닦도록 한다.

· 영아의 식사량을 파악하여 배식해 준다.

· 영아들이 조용하게 대화를 나누며 기분 좋게 음식을 먹을 수 있도록 안정된 분위기를 주고, 교사도 다른 영아들의 식습관 등을 관찰하면서 영아들과 함께 앉아 개별적인 이야기를 나누면서 즐거운 식사 분위기를 형성한다.

· 편식을 하지 않고 식사예절을 지키도록 지도한다.

· 식사가 끝난 후에 영아들이 사용한 양치 도구를 준비하고 영아들의 양치를 지도한다.

· 식습관과 식사예절에 관한 내용을 자연스럽게 일상생활에서 지도한다.

다) 낮잠 및 휴식

교사는 영아들이 낮잠 뿐 아니라 하루 중 중간 중간에 개별적 휴식을 취하도록 공간을 마련해 주어야 한다. 낮잠과 휴식은 오전의 활동으로 인해 쌓인 피로를 풀게 하고 활기차게 오후 보육활동에 참여를 도우며 면역력을 높여 준다. 또한 영아가 잠을 자는 동안 뇌세포는 쉬게 되고 기억을 재정비하기 때문에 이 과정에서 영아의 기억력이 강화되기도 한다. 영아의 편안한 휴식을 위해 교사가 해야 하는 일은 다음과 같다.

· 영아는 월령에 따른 발달차와 수면에 대한 개인차가 크기 때문에 영아가 개별적으로 잠드는 것을 도와주고, 낮잠을 자거나 휴식을 취하고자 할 때는 서로 방해하지 않도록 수면실을 따로 구성할 필요가 있다. 잠이 깬 영아는 다른 영아를 방해하지 않고 조용한 놀이를 하도록 미리 준비한다.

· 영아의 잠자기 전의 버릇, 잠들기까지의 수면시간, 잠버릇 등의 수면습관을 미리 염두에 두어 편하게 수면할 수 있도록 돕고, 수면을 하고 있는 상태에서도 계속적인 주의를 기울여야 한다.

· 잠투정이 심한 영아는 부드럽게 안아 주고, 침착해지도록 낮은 목소리로 자장가를 불러 주거나 등을 토닥거려 다른 영아와 서로 방해하지 않고 잠을 청할 수 있도록 도와주어야 한다.

· 매트와 이불, 베개 등을 개별적으로 준비하고 잠자는 시간이 안락한 시간이 되도록 하며 영아들의 정서적 안정감을 위해 개인 담요, 베개, 인형 등의 개인적인 물건을 허용한다.

· 커튼을 내리거나 조용한 음악을 틀어주는 등 영아들이 편안하게 쉴 수 있는 환경을 조성한다.

· 잠자기 전에 그림책을 준비하여 편안하게 읽어주고 잘 자라고 인사를 한다.

· 먼저 깬 영아들은 놀라지 않도록 달래 주고, 기저귀를 갈아 준다. 그 후 잠자는 영아에게 방해가 되지 않도록 조용히 다른 영역으로 데리고 가서 책을 읽어주거나 조용한 놀이를 함께 한다.

· 교사는 영아가 잠에서 깨어 일어나면 서둘러 깨우기보다 자신의 에너지를 다시 회복할 때까지 기다려 준다. 영아들이 낮잠을 자는 시간 동안에 적어도 한 명의 교사는 보육실을 떠나지 않고 항상 잠자는 영아들의 상태나 자세들을 계속 살펴보아야 한다.

라) 화장실 가기

대부분의 영아들이 만 2세가 지나면서 대소변을 가리게 된다. 기저귀를 차지 않고 보육시설에서 하루일과를 보내는 것이 가능하기는 하지만 자주 실수할 수 있으므로 교사의 따뜻하고 너그러운 태도가 요구된다. 영아가 배변 의사를 표현하고 시도하는 것에 대해 격려해 주고 자신감을 갖도록 한다. 다음은 영아가 대소변을 가리고 화장실을 갈 때 교사가 주의해야 할 사항이다.

- 영아의 배변은 하루 일과 중 수시로 일어나며 개별적인 배려와 주의가 필요하고 정리정돈, 식사, 낮잠 후에는 화장실 가는 시간을 갖게 하여 자연스럽게 대소변가리기를 도와주도록 한다.
- 대소변 가리기는 시간이 많이 걸리고 놀이에 열중하면 실수도 많이 하므로 화장실 가는 시간을 알려주도록 한다.
- 화장실에서 용변 보기, 손 씻기 순서 그림 자료를 벽에 붙여 주어 영아들에게 스스로 화장실 가기, 옷 벗고 입기, 배변 후 물 내리기, 손 씻기 등을 안내해 준다.
- 영아가 대소변 실수를 하였을 때 영아가 편안함을 느끼도록 배려하면서 닦아 주고, 여벌옷을 갈아입히도록 한다.
- 평상시 특히 영아의 건강 상태가 좋지 않은 경우에는 대변의 횟수와 상태 등을 부모에게 알려 준다.

마) 실내 놀이

영아의 발달적 수준에 적합한 자료가 충분하며 잘 정리된 환경을 구성하며 영아에게 탐색의 기회를 충분히 주도록 한다. 영아가 선택한 놀잇감과 놀이 방법을 최대한 인정하며, 영아의 놀이에 참여한다. 놀이를 격려하고 촉진하기 위해서 주의해야 할 사항은 일방적인 상호작용보다는 영아의 반응을 수용하고 확장하는 양방적이며 적극적인 상호작용이 되도록 해야 한다는 점이다.

관찰을 통해 영아의 놀이 수준을 파악하고 나면, 영아의 관심을 활용하여 보다 다양하고 심화된 놀이로 확장되도록 다양한 전략을 시도한다. 익숙한 경험에서 출발한 놀이가 연결된 통합적인 접근의 놀이로 확장될 수 있도록 한다.

· 신체, 쌓기, 역할, 언어, 창의적 표현, 탐색 · 조작의 놀이활동이 하루 일과 중에 골고루 이루어지도록 한다.
· 개별적인 놀이를 할 수 있도록 계획하고 활동에 능동적으로 참여할 수 있도록 준비해 준다.
· 같은 놀잇감을 여러 개 구비해 놓고 월령에 따른 적합한 활동을 준비하여 일대일로 상호작용할 수 있도록 한다.
· 교사는 늘 관찰하여 놀이를 잘할 수 있도록 격려해 주고, 놀잇감이 영아의 움직임에 방해가 되지 않도록 해야 한다.

바) 실외 놀이와 나들이

영아들은 실내에서 뿐 아니라 햇볕과 바람, 흙이 있는 실외에서 하루 중 한 시간 이상은 지내야 한다. 특히 우리나라는 사계절이 뚜렷하고 아주 덥지도, 춥지도 않아 실외는 영아들에게 매우 좋은 놀이장소가 된다. 특히 실외에서는 실내에서 할 수 없는 복합놀이기구를 이용한 전신 활용의 대근육 활동이나 물 · 모래 놀이, 자전거 타기, 뛰어다니기, 동 · 식물 관찰하고 기르기 등 매우 다양한 경험이 가능하다. 실외의 개방된 공간에서 자유롭게 지낼 때에 영아는 실내에서의 긴장감을 풀고 하루를 즐겁게 보낼 수 있다. 하루 종일 보육시설에서 생활하는 영아에게 실외활동은 신체적인 발달을 이루고 심리적인 발산을 하도록 하며 동시에 주변 자연환경을 탐색하고 느낄 수 있는 경험을 준다. 그리고 영아들에게 필요한 신체발달이나 지구력,

체력 등은 실외에서 가장 잘 증진될 수 있다. 실외 자유선택활동은 실내에서 이루어지는 자유선택활동과 동일한 교육적 의미를 지니고 있다고 볼 수 있다. 실외놀이를 더욱 의미 있게 하기 위한 교사의 역할은 다음과 같다.

· 안전한 환경 제공
  - 놀이기구 및 놀이터 주변에 위험요소가 있는지 정기적으로 점검한다.
  - 오르기, 미끄럼틀, 그네 등과 같이 사고 위험이 따르는 곳은 다른 교사와 분담하여 감독한다.
  - 실외 놀이가 길어지거나 지나치게 날씨가 더운 경우를 고려하여 영아들이 휴식할 수 있는 공간을 제공한다.
  - 구급약과 물휴지 등을 항상 비치한다.

· 시간의 계획
  - 바깥 온도나 날씨 변화에 따라 실외 놀이를 하는 시간을 융통성있게 조정한다.
  - 실내 활동과 연계하여 균형이 이루어지도록 한다.

· 다양한 활동의 제공
  - 오르기, 걷기, 뛰어 넘기 등과 같이 다양한 신체의 움직임이 가능하도록 다양한 놀잇감이나 놀이기구를 준비한다.
  - 자연환경을 직접 탐색하고 관찰하는 경험을 제공한다.
  - 동화 듣기, 간식 먹기, 그림 그리기 등의 정적인 활동도 실외 놀이 영역에서 경험할 수 있도록 배려한다.
  - 실내에서 활동하기에 부담스러운 풀, 모래, 물감을 이용한 활동을 제공하여 공간에 제약 받지 않고 놀이에 집중할 수 있도록 한다.

사) 귀가 지도 및 가정과의 연계

귀가 시간은 교사와 부모가 하루 일과에 대한 정보와 의견을 나누는 시간이며, 영아에게는 부모와 다시 만나는 시간이다. 교사의 생기 있는 표정과 온화한 목소리는 부모에게 영아와 교사의 상호작용에 대한 신뢰감을 가져다준다. 하루를 지낸 영아들이 안전하게 귀가할 수 있도록 교사는 다음과 같은 역할을 한다.

- 개별 영아들이 하루의 일과를 조용히 정리하고 즐거운 마음으로 부모님을 만날 수 있도록 정서적인 지지를 해 준다.
- 귀가 전 영아의 소지품(갈아입은 옷 등)을 집에 가져갈 수 있도록 정리하고 귀가할 수 있는 준비를 한다. 교사는 영아가 보육시설에서 지내는 동안의 심적 건강상태, 간식과 식사량, 낮잠 시각 및 시간, 배변 여부 및 상태 등에 대해 일일 보고서에 자세히 기입한다.
- 영아의 얼굴과 손을 깨끗이 씻어주고, 옷도 갈아입혀 주며, 부모와 만나기 전까지 안전하게 지낼 수 있도록 돌본다.
- 귀가 시 부모와 만나 영아의 상태, 하루 동안 지낸 일 등에 대해 이야기를 나누고, 부모를 만나지 못할 경우에는 부모가 일일 보고서를 통해 영아의 하루일과에 대한 정보를 얻을 수 있도록 한다.
- 영아와 헤어질 때 간단한 스킨십과 인사로 친밀감을 유지하고 다음 날 기쁜 마음으로 만날 것을 약속한다.
- 영아가 약속된 보호자와 함께 귀가하는 지를 반드시 확인한다.

3. 3-5세반

하루일과 운영 교육영상

책임연구원 : 박진옥(동원대학 교수)

공동연구원 : 배선영(SKT푸르니어린이집 시설장)
박수연(육아정책개발센터 연구원)

가. 3-5세반 교육영상자료의 구성

1) 영상자료의 구성항목 및 주요내용

〈표 II-3〉 3-5세반 교육영상자료의 구성항목 및 주요내용

항 목		내 용
영상자료의 배경과 의의		· 영상자료의 배경 · 표준보육과정의 이해 · 영상자료의 수준
환경구성		· 흥미영역 구성하기 - 언어영역 - 미술영역 - 수 · 조작놀이영역 - 과학영역 - 음률영역 - 역할놀이영역 - 쌓기놀이영역
등원 및 맞이하기	등원 전 준비	· 교사의 준비 상황 - 교실환기 및 온 · 습도 조절 - 부모님께 전달 사항 게시 - 일일보고서, 투약의뢰서 준비 - 흥미영역 교재교구 점검
	등원 및 맞이하기	· 유아와 인사하며 상태 체크 · 부모와의 정보교환 · 개인 준비물 정리
오전 실내 자유선택 활동	실내 자유선택활동	· 실내 자유선택활동의 연령별 특성 · 3세 - 쌓기, 역할, 음률, 미술영역 활동 · 4세 - 역할, 언어영역 활동 - 쌓기, 수 · 조작영역, 신체활동 통합의 예 · 5세 - 언어, 수조작, 과학, 음률영역 활동 - 역할, 쌓기, 미술, 언어영역 활동 통합의 예
	정리정돈 및 전이활동	· 정리정돈 · 전이활동

<table>
<tr><th colspan="2">항 목</th><th>내 용</th></tr>
<tr><td colspan="2">대 · 소집단활동</td><td>· 이야기나누기 - 3세
· 문학 - 4세 동극
· 신체표현 및 게임
· 실외활동 및 산책
· 지역사회 연계
· 5세 주제 통합 활동의 예</td></tr>
<tr><td rowspan="5">식사 및 낮잠</td><td>등원 전 준비</td><td>· 균형 잡힌 식단, 신선한 식자재, 위생적인 조리
· 다양하고 적합한 식품 준비
· 배식준비</td></tr>
<tr><td>등원 전 준비</td><td>· 안정되고 즐거운 분위기
· 식사예절 및 식습관 지도
· 식사 후 뒷정리</td></tr>
<tr><td>등원 전 준비</td><td>· 연령별 이 닦기 지도
· 칫솔과 양치컵 소독</td></tr>
<tr><td>등원 전 준비</td><td>· 낮잠과 휴식의 필요성
· 낮잠준비
· 개별 수면 습관 수용(휴식취하기)
· 낮잠 중 교사의 업무 수행
· 낮잠 깨기</td></tr>
<tr><td>등원 전 준비</td><td>· 오후간식 준비 및 간식 먹기
· 간식 후 정리정돈</td></tr>
<tr><td rowspan="5">오후 활동</td><td>오후 자유선택활동</td><td>· 실내, 실외 자유선택활동
· 오전 놀이를 자유롭게 연계한 확장된 놀이 활동</td></tr>
<tr><td>평가</td><td>· 귀가 전 유아가 계획한 활동과 실행한 활동 평가하기
· 재미있었던 일, 힘들거나 어려웠던 일에 대해 평가하기</td></tr>
<tr><td>귀가준비 및
가정과의 연계</td><td>· 부모에게 전달할 특이사항, 공지사항 등의 내용 준비
· 조용한 놀이
· 부모와 하루 일과 활동 공유(가정연계)</td></tr>
<tr><td rowspan="2">마무리</td><td>· 개별 준비물 챙겨 귀가하기
· 인사 나누기</td></tr>
<tr><td>· 보육일지에 실행된 활동 기록, 평가
· 일일 보육계획안 작성
· 다음날 일과를 위한 준비, 보육실 환경 정비
· 맺는 말</td></tr>
</table>

2) 영상자료의 특징

가) 3-5세 보육환경 구성

본 영상자료에서 다른 연령과 차별화하여 주요하게 다루고자 한 부분 중 하나는 3-5세아를 위한 환경구성이다. 유아는 보육시설에서 머무르는 시간 중 대부분을 보육실에서 보내게 된다. 보육실에서 놀이활동을 하고 간식과 점심을 먹고, 휴식을 취하거나 낮잠을 잔다. 보육실은 안전하고 위생적으로 환경을 구성하되 발달적으로 적합하게 구성되어야 한다. 3-5세아를 위한 놀이를 위한 학습 공간과 일상적 생활을 위한 공간을 포함한 환경구성을 보여준다.

나) 3-5세 유아의 발달 수준과 생활 리듬을 고려한 주요 일과 제시

유아가 등원했을 때부터 귀가할 때까지의 모든 시간을 포함하여, 유아가 가정과 같은 따뜻한 보호를 받는 동시에 교육적 경험을 할 수 있도록 하루 일과를 구성하여야 한다. 따라서, 3-5세아를 위한 일일보육계획 / 환경구성하기/ 등원 및 맞이하기/ 오전 자유선택활동/ 정리정돈 및 전이활동/ 대 · 소집단 활동/ 실외 활동 및 산책/ 점심 및 이닦기/ 낮잠 및 휴식/ 오후 자유선택활동/ 귀가 및 가정과의 연계의 순으로 하루일과의 순서에 따라 교사의 운영방법의 예를 영상을 통해 보여준다.

기관의 형태와 특성에 따라 하루 일과 구성에 차이가 있지만, 교육활동과 일상적 양육, 정적인 활동과 동적인 활동, 개별활동과 대 · 소집단 활동, 실내와 실외놀이, 그리고 활동참여와 개인적인 휴식 등이 균형 있게 실시되는 모습을 보여준다.

특히 매일 오전, 오후의 자유선택활동 시간에 유아가 표준보육과정 6개 영역에서 제시하는 목표와 내용을 홍미영역 놀이를 통해 경험하면서 자연스럽게 전인적인 발달을 이루어 가는 모습을 보여준다.

다) 유아 연령에 따른 교사역할

3-5세의 유아는 기본적으로 연령에 따른 발달 수준의 차이와 개인차가 존재한다. 이에 따라 어떤 연령의 유아를 지도하느냐에 따라 교사의 효율적인 상호작용방법이나 놀이활동 전개 방법도 차이가 있다. 따라서, 자유선택활동 시간에 각 연령에 따라 두드러지는 유아의 특성을 담으려고 하였고, 이러한 연령별 특징에 따른 효율적인 놀이 지원 및 활성화를 위한 바람직한 교사의 역할 모델을 제시하였다.

라) 표준보육과정과 3-5세 보육프로그램에 기초

표준보육과정은 2006년에 여성가족부령으로 공포되고, 2007년에는 표준보육과정의 구체적인 내용과 교사지침이 고시되었다. 표준보육과정은 영유아의 연령 및 발달수준에 적합한 보육서비스를 제공하여 보육시설 영유아의 보육 목적과 목표를 달성하기 위한 국가수준의 보육과정이며, 보육시설에서 운영해야 할 보편적 보육내용을 제시한 것이다. 이어서 2007년에 여성가족부에서는 표준보육과정에 근거한 연령별 보육 프로그램의 실제를 담은 연령별 보육프로그램을 발간하였다. 이러한 맥락에서 본 영상자료는 표준보육과정과 3-5세 보육프로그램에 기초하여 하루 일과 중 3-5세 보육교사에게 필요한 내용으로 구성하였다.

3) 3-5세 하루일과 영상자료의 활용 시 유의사항

가) 영상자료의 수준

본 영상자료는 현실을 반영하되 좀 더 수준 높은 보육시설의 모습을 담아 현장의 질을 높이고자 하는 목적으로 제작되었다. 따라서 현장에서는 영상자료에 담긴 모든 내용을 그대로 모방하기보다는 개별 보육시설의 상황을 적절하게 반영하여 적용하여야 한다.

나) 표준보육과정의 반영

본 영상자료에서 표준보육과정의 목표와 내용이 보육시설의 하루 일과 속에서 어떻게 반영되고 있는지 참고하여 개별 보육시설의 보육계획안을 작성하고, 실행하도록 한다.

다) 하루일과의 재구성

본 영상자료는 하루일과의 시간대 별 순서를 그대로 제시한 것이 아니라 주요 일과를 내용별로 제시하였다. 따라서 본 영상에 나타난 내용과 일과 구성 원리를 참고하여 개별 보육시설의 하루일과를 재구성하여야 한다. 이때, 일과 계획 및 운영 시 정적 활동, 동적 활동, 대집단 활동과 소집단 및 개별 활동의 균형을 고려하여 실행하도록 한다.

라) 개별 보육시설에 적합하게 적용

본 영상자료의 3-5세 발달 수준에 따른 흥미영역별 환경구성 모델을 참고하여 개별 보육시설에 적합하도록 흥미영역별 환경구성을 하되, 표준보육과정의 영역과의 차이점을 분명히 인식하여 구성한다. 실내 · 외 자유선택활동 지도 시의 상호작용 모델을 참고하여 3-5세 유아의 발달수준에 적합하면서 개인차를 고려한 상호작용을 하도록 한다. 혼합연령반의 경우에는 동일한 상황이라도 유아들의 발달 수준에 맞게 차이를 두어 지도하도록 한다. 가정과의 의사소통 및 지역사회와의 연계활동을 참고하되 개별 보육시설의 상황에 맞게 적용하도록 한다.

나. 3-5세반 교육영상자료의 구체적 내용

1) 영상자료의 배경과 의의

비디오	오디오	표준보육과정 및 보육프로그램과의 관련성
3-5세 일과의 여러 장면	• 3-5세 보육교사를 위한 보육프로그램 교육영상자료는 2007년 1월 고지된 표준보육과정과 2007년 7월 출간된 연령별 보육프로그램을 바탕으로 3-5세아를 위한 하루일과와 발달에 적합한 지원을 하는 교사 역할을 담았습니다.	
3-5세 표준보육과정 영역(CG), 구슬치기 놀이장면	• 3, 4, 5세 유아를 위한 표준보육과정은 기본생활, 신체운동, 사회관계, 의사소통, 자연탐구, 예술경험의 6개 영역으로 구성되어 있습니다. 각 영역의 내용은 3개 수준으로 나뉘어 있습니다. 3개 수준은 연령 뿐 아니라 발달, 개인차 모두를 고려한 구분입니다. 예를 들어, 4세를 담당하는 교사는 표준보육과정의 내용 2수준을 기본으로 하되 발달이 빠른 유아인 경우에는 3수준을 적용하는 융통성을 가져야 합니다.	
일과장면 3, 4, 5세 연간, 월간, 주간, 일일보육계획안의 예(CG)	• 보육시설에서 유아의 경험이 표준보육과정에 따라 체계적이고 교육적으로 이루어지기 위하여 보육계획안이 작성되어야 합니다. 보육계획안은 연간, 월간 또는 주간, 일일보육계획안의 형태로, 주제에 따라 서로 연계성이 있어야 합니다. • 하루의 일과를 계획할 때에는 주간보육계획안을 기초로 일일보육계획안내용을 구성하되 전날 유아들의 흥미와 일과 진행 상황을 융통성 있	

비디오	오디오	표준보육과정 및 보육프로그램과의 관련성
	게 반영합니다. • 계획된 보육계획안을 실행할 때에도 유아들의 관심이나 흥미, 날씨나 상황을 고려하여 융통성 있게 실시하는 것이 바람직합니다.	

2) 환경 구성

비디오	오디오	표준보육과정 및 보육프로그램과의 관련성
표준보육과정에 따른 흥미영역 구성하기	• 흥미영역 구성은 보육계획안과 연계성이 있어야 합니다. 소음이 많은 쌓기놀이 영역이나 역할놀이 영역, 음률영역과 같은 활동적인 영역끼리 가까이 배치하고, 조용한 언어영역, 과학영역, 수 · 조작영역은 인접하여 마련합니다. 이 때 유아들의 동선을 생각하고 통로를 확보하여 교구장을 배치합니다.	
언어영역 장면	• 언어영역은 출입구와 소음이 많은 영역과 떨어져 햇빛이 잘 드는 곳에 배치합니다. • 매트나 쿠션에 편안하게 앉거나 기대어 그림책을 보거나 또래들과 교사와 자연스럽게 이야기를 나누고, 말하기, 듣기, 읽기, 쓰기활동을 합니다.	
미술영역 장면	• 미술영역에서는 다양한 재료를 이용하여 그리기, 만들기, 꾸미기 활동을 하고, 작품을 감상하기도 합니다. 물을 사용하기 쉬운 곳에 있는 것이 좋습니다.	
수 • 조작영역 장면	• 수 · 조작영역은 개별적인 활동이 많	

비디오	오디오	표준보육과정 및 보육프로그램과의 관련성
	고, 크기가 작은 자료들이 많아 조용하고 밝은 곳에 마련해야 합니다.	
과학영역 장면	• 과학영역은 햇볕이 잘 드는 조용한 곳에 배치합니다. • 유아의 흥미, 주제나 계절에 기초하여 씨앗, 꽃, 곤충, 조개껍질, 열매 등 주변에서 볼 수 있는 다양한 자연물이나 실물을 마련합니다. • 책상을 비치하여 실물자료를 관찰하거나 사진 자료를 게시하여 유아들이 살펴 볼 수 있게 합니다.	
음률영역 장면	• 음률영역은 음악을 듣고, 노래를 부르고 여러 가지 악기 및 소리를 탐색하며 몸을 움직여 보는 영역입니다. • 바닥에 카펫을 깔아 소음을 흡수하도록 하면 더 좋습니다.	
역할 놀이영역 장면	• 역할놀이영역은 엄마 아빠놀이, 병원놀이 등 일상생활에서 많이 경험하였던 여러 역할을 재현해보는 곳으로 넓은 공간을 마련해 줍니다. 쌓기놀이 영역과 가깝게 두어 통합적으로 놀이 할 수 있게 합니다. • 실제 물건이나 실물과 유사한 자료를 준비하고, 집과 같이 편안한 느낌이 들도록 합니다. • 주제에 따른 유아들의 역할놀이에 적절한 의상이나 소품들을 마련해 줍니다. 유아가 경험한 친근한 주제의 역할놀이를 할 수 있게 합니다.	
쌓기 놀이영역 장면	• 쌓기놀이 영역은 매우 활동적이며	

비디오	오디오	표준보육과정 및 보육프로그램과의 관련성
	소음이 많은 영역으로 충분한 공간을 확보해 주도록 합니다. • 나무, 종이, 플라스틱, 우레탄블록 등의 다양한 소재와 형태의 블록과 끼우기 블록을 준비합니다. 놀이를 촉진시키기 위해 작은 동물모형이나 자동차 등의 주제에 맞는 소품도 마련해 줍니다. • 바닥에 카펫을 깔아 블록을 쌓고 넘어뜨릴 때 나는 소리를 줄여 줍니다.	
여러 영역 활동장면	• 교사는 실내자유선택활동 시간 동안 유아들이 여러 흥미영역에서 서로 방해받지 않으면서 자신이 선택한 활동에 집중할 수 있도록 주제나 유아의 흥미, 발달 수준, 개인차를 고려한 흥미영역을 구성하여야 합니다.	

3) 등원 및 맞이하기

가) 등원 전 준비

비디오	오디오	표준보육과정 및 보육프로그램과의 관련성
현관 게시판	• 유아가 등원하기 전, 교사는 보육실이나 현관 입구에 급간식의 식단, 부모님께 전달 내용을 게시하고, 일일보고서와 투약의뢰서를 비치 해 둡니다.	기본생활〉건강한 생활
환기, 가습기 흥미영역 자료 점검장면	• 보육실을 환기 시키고 적당한 온도와 습도로 조절하며, 실내에 위험한 요소는 없는 지 살펴봅니다. • 각 흥미영역에 일일보육계획안에 적합한 교재교구가 준비되었는지도 확인합니다.	기본생활〉건강한 생활, 안전한 생활

나) 등원 및 맞이하기

비디오	오디오	표준보육과정 및 보육프로그램과의 관련성
교사 마중, 유아가 사물함에 소지품 정리장면	• 유아들이 오면 즐거운 하루를 지낼 수 있도록 반갑게 인사하고 따뜻하게 맞이해 줍니다. 사물함에 신발, 옷 등을 유아 스스로 정리할 수 있도록 지도합니다.	기본생활〉바른생활〉 예절 바르게 생활하기 - 예절바른 언어를 사용한다(공통수준).

4) 오전 실내 자유선택활동

가) 실내 자유선택활동

비디오	오디오	표준보육과정 및 보육프로그램과의 관련성
오전 실내 자유선택활동 각 흥미 영역별 활동장면	• 실내 자유선택활동 시간은 그날의 주된 보육 시간입니다. 유아기에는 학교와 같은 형식적 학습이 아니라, 자유선택활동 시간 동안 각 흥미영역에서의 교구, 또래, 교사와의 상호작용을 통해 여러 가지 기술과 태도를 배우게 되며, 이는 유아의 새로운 학습으로 연결됩니다. • 실내 자유선택활동은 오전과 오후에 총 3시간 이상 진행되도록 계획하고, 자유선택활동을 시작하기 전이나 자유선택활동 중에 간식을 먹습니다. • 교사가 실내 자유선택활동 시간을 운영할 때 알아야 할 특징을 유아의 연령별로 살펴보도록 하겠습니다.	기본생활〉건강한생활〉 적극적으로 활동하기 - 여러 가지 놀이에 적극적으로 참여한다(공통수준). 사회관계〉자기존중〉 자신감과 독립심 기르기 - 자신이 하고 싶은 일을 한다(1, 2수준). - 자신이 하고 싶은 일을 계획하고 마무리 한다(3수준). 사회관계〉사회적관계〉또래와 사이좋게 지내기 - 다양한 상황에서 또래와 놀이하는 것을 즐긴다(공통수준).

비디오	오디오	표준보육과정 및 보육프로그램과의 관련성
3세 책보는 장면	• 3세 유아는 교사와 개별적인 상호작용 기회를 많이 갖는 것이 바람직합니다. 소집단활동부터 시작하여 차츰 대집단 활동을 경험하도록 합니다.	
3세 쌓기놀이 활동 쌓기놀이에서 길만들기 장면	• 3세 유아들은 블록으로 구성물을 만들면서 공간적 특성을 이해하기 시작합니다. 이러한 발달은 유아가 자유롭게 다양한 구성을 반복하며 서서히 진행됩니다. 교사는 구성 과정을 관찰하다가 적절한 시점에 적절한 방법으로 개입하여 놀이를 확장시키도록 합니다.	자연탐구〉수학적 탐구〉공간과 도형개념 형성하기
3세 역할놀이 활동 역할놀이영역에서 혼자 분주한 놀이 장면	• 3세는 역할놀이가 매우 활발하게 이뤄지는 시기입니다. 처음에는 사회적 상호작용 기술이 많이 발달되어 있지 않아, 엄마아빠 역할하기, 전화하기, 운전하기 등 일상생활에서 반복되는 역할을 혼자 즐깁니다. 교사가 놀이주제에 적절한 소품을 제공하여 놀이를 활성화 시키고, 유아와 개별적으로 상호작용하면서 점차 또래와 상호작용 기회를 만들어 주면, 점차 생일잔치, 소풍과 같은 경험을 또래와 함께 표현하게 됩니다.	의사소통〉말하기, 듣기 사회관계〉사회적 관계〉 또래와 사이좋게 지내기
3세 음률 활동 스카프 표현 활동 장면	• 3세 유아들은 음악의 리듬에 따라 자유롭게 몸을 움직이는 기회를 많이 갖는 것이 바람직합니다. 이때, 소품을 이용하면 더욱 효과적입니다.	예술경험〉심미적탐색〉미술적 요소 탐색하기
3, 4세 미술 활동	• 교사는 미술 영역에서 유아가 그리기, 만들기, 꾸미기와 같은 표현 활	예술경험〉예술적표현〉미술활동 즐기기, 여러 가지 미술재료 사

비디오	오디오	표준보육과정 및 보육프로그램과의 관련성
	동과 작품 감상을 경험할 수 있게 계획하고, 다양한 종류의 재료와 도구를 제공하여야 합니다. • 유아가 자료의 특성을 파악할 수 있도록 기본 자료를 충분히 탐색할 수 있게 배려하고, 도구를 안전하게 사용할 수 있게 안내합니다. • 교사는 다양한 재료로, 또는 동일한 재료로 유아 개개인이 창의적으로 표현하는 것을 격려합니다.	용하기
지점토, 물감 활동 장면	• 또한, 점토와 찰흙, 물감 등을 이용하는 활동들도 고루 계획하여 유아가 결과물 완성보다는 재료 자체를 탐색하는 과정에서 감각적인 즐거움을 느끼고 마음껏 활용할 수 있도록 해야 합니다.	예술경험〉예술감상〉미술작품 감상하기
구슬그림 후 게시물 장면	• 유아의 눈높이에 맞춰 게시판이나 복도에 유아의 작품을 전시해 주어 유아가 성취감을 느끼고 서로의 작품을 감상할 기회를 제공하는 것도 중요합니다.	
4세 또래와 교사가 함께 놀이 장면	• 4세 유아는 또래와 어울리며 상호작용 하고자 하는 욕구가 커지는 시기입니다. 그러나, 성인의 개입이나 도움 없이 또래 간에 역할을 분담하여 놀이를 진행하거나 갈등을 해결하는 것은 아직 능숙하지 못합니다. 교사는 놀이 속에 참여하여 유아가 또래와 상호작용하며 즐거움을 얻을 수 있도록 기회를 만들어 주고, 갈등 상황에는 적절한 시기에 개입하여 사회적 기술을 익힐 수 있도록 도와야 합니다.	

비디오	오디오	표준보육과정 및 보육프로그램과의 관련성
4세 역할놀이 활동 구슬그림 후 게시물 장면	• 4세 유아는 또래와 공통적인 관심 주제에 대해 함께 역할을 구성하고, 자신이 선택한 역할에 열중하게 됩니다.	예술경험〉예술적표현〉극놀이로 표현하기
교사 역할놀이 참여장면	• 교사는 유아의 놀이를 관찰하고, 적절한 때에 놀이 상대로 참여하여 놀이를 촉진시킬 수 있어야 합니다. • 이를 통해 유아들의 역할놀이는 점차 다양한 사회적 역할로 확대되며 그 형태가 정교해 질 수 있습니다.	
4세 언어 활동 융판동화 놀이장면	• 유아는 익숙해진 동화 내용을 기억하고 그것을 재현하여 이야기 하는 것을 즐깁니다. 교사는 언어 영역에 융판동화, 테이블동화, 막대동화 등 다양한 형태의 동화를 준비하고,	의사소통〉듣기〉동요,동시,동화 듣기 의사소통〉말하기〉바르게 발음하여 말하기
막대동화놀이장면	• 유아가 등장인물을 맡아 조작하며 기억한 대사를 표현하고, 상대의 대사를 주의 깊게 듣는 것을 즐길 수 있게 합니다.	예술경험〉예술적표현〉극놀이로 표현하기
놀이실 문해 환경장면 글자 따라 색칠하기 장면	• 4세 유아의 쓰기 활동으로 인쇄된 자료를 반복적으로 따라 쓰는 방법은 적절하지 않습니다. 유아가 생활 속에서 글자를 경험하고 관심을 가질 수 있도록 놀이실 전체에 문해 환경을 풍부히 제공하고, 언어영역에는 주제나 유아의 경험과 관련된 단어나 짧은 문장을 접할 수 있는 자료를 제시합니다. 도구를 이용하여 큰 글자 쓰기를 경험해 볼 수 있는 활동을 계획하는 것이 바람직합니다.	의사소통〉쓰기〉쓰기도구와 매체사용하기

비디오	오디오	표준보육과정 및 보육프로그램과의 관련성
4세 쌓기, 수 · 조작, 신체 활동 통합의 예 구슬치기 경기장 구성하여, 구슬치고 구슬 수 세기	• 4세 유아의 경우, 교사는 유아의 구성물을 다른 활동과 연계할 수 있도록 돕습니다. 구슬치기 할 곳을 구성하여 구슬치기를 하며 협응력을 발달시키고, 직접 구슬을 세어 수를 비교하는 과정을 통해 스스로 결과를 알 수 있습니다. 이렇게 한 가지 활동에서 쌓기놀이, 수 · 조작 영역 등 흥미영역간의 통합, 신체발달, 수 개념 발달 등 발달영역간의 통합을 경험할 수 있도록 합니다.	자연탐구〉공간과 도형개념 형성하기 신체운동〉신체조절과 기본 운동〉조작운동하기 자연탐구〉수학적 탐구〉수개념 형성하기
5세 5세반 전체놀이 장면	• 5세 유아는 대소근육 발달이 더 세련되어지고 능숙해지기 시작합니다. • 성취나 경쟁적인 욕구가 충족된 일에 만족하며, 집단 활동에 대한 즐거움이 증가합니다. 발음 체계가 완성되고 구어를 완전히 습득합니다. 알고자 하는 것들에 적극적으로 질문, 궁리, 해결하려는 탐구력이 증가하는 시기이므로 교사는 이러한 욕구들을 충족시키면서 영역 간 발달이 조화를 이루도록 도와야 합니다.	
5세 언어 활동 편지 쓰기 장면	• 5세 유아를 위한 언어활동은 초기에는 듣고 말하는 활동이 많고, 후기에는 초등학교와의 연계를 위해 점차 읽기와 쓰기 활동이 많아집니다.	의사소통〉듣기, 말하기, 읽기, 쓰기
편지내용 (클로즈업)	• 교사는 유아 개인의 글자에 대한 흥미와 수준에 따라 쓰기 활동을 진행하여 유아가 쓰기에 관심을 가지고	의사소통〉쓰기〉자신의 느낌, 생각, 경험 쓰기에 흥미가지기

비디오	오디오	표준보육과정 및 보육프로그램과의 관련성
	지속할 수 있게 합니다. 맞춤법이 틀리더라도 우선은 유아가 쓰기에 흥미를 가지고 표현하는 것을 격려해 주도록 합니다.	
5세 수 · 조작 활동 판게임, 장기 장면	• 5세 유아는 놀이 규칙을 이해하고 수용하여 전략적 사고를 할 수 있는 것이 특징이므로 이에 적절한 다양한 게임 자료와 활동을 제공하도록 합니다.	자연탐구〉수학적 탐구
5세 과학 활동 블록과 놀잇감으로 경사로에 물건 굴리기 실험 중, 비이커로 물따르기 장면	• 과학 활동은 낯설고 다루기 힘든 어려운 실험기구를 이용하기보다 계절과 주제, 유아의 흥미에 따라 일상생활 속에서 쉽게 볼 수 있는 실물자료를 이용하는 것이 바람직합니다. • 유아기에는 과학 하는 태도를 기르는 것에 중점을 두어야 하며, 이를 위해서는 교사도 호기심을 갖고 탐구적인 태도로 참여 하는 것이 중요합니다. • 또, 어떤 현상이나 결과에 대한 유아의 생각을 수용해 주는 허용적인 분위기를 만들어야 합니다.	자연탐구〉과학적탐구〉물체와 물질의 특성 탐색하기
관찰일지 쓰는 장면	• 5세 유아들은 관찰이나 실험의 결과를 그림이나 글로 기록하고 그 결과를 또래와 함께 공유하면서 해석하고 토론 할 수 있습니다.	자연탐구〉탐구적태도〉주변의 사물과 자연현상에 호기심 가지기 자연탐구〉탐구적태도〉문제해결에 관심가지기
5세 음률 활동 악기 연주 멜로디악기 연주	• 5세 유아들은 리듬 뿐 아니라 핸드벨, 실로폰 등 멜로디 악기를 탐색하	예술경험〉심미적탐색〉음악적 요소, 움직임과 춤 탐색하기

비디오	오디오	표준보육과정 및 보육프로그램과의 관련성
그림악보 보며 리듬악기 연주장면	여 음악의 다양한 측면을 경험하도록 준비합니다. 간단한 색깔 악보를 보고 연주해 보거나 간단한 악기 연주 악보를 벽면에 게시하여, 또래와 함께 연주 해 볼 기회를 제공합니다.	예술경험〉예술적표현〉리듬만들기, 춤으로 표현하기
5세 역할, 쌓기, 미술, 언어영역 활동 통합의 예 패션쇼 놀이/ 패션쇼장 구성된 모습	• 5세 유아들은 협동 활동을 통해 또래와 공통 관심사에 대해 함께 계획하고 역할 분담을 하여 성취하는 것이 특징입니다.	예술경험〉심미적표현〉극놀이로 표현하기
	• 이 경우, 유아들이 '세계 여러 나라' 주제가 전개 될 때, 여러 나라의 민속 복장에 관심을 갖고, 이 관심이 확장되어 세계 여러 나라 패션쇼 놀이로 연결되었습니다.	예술경험〉예술적표현〉통합적으로 표현하기
	• 이 놀이에서 교사는 유아 개인의 경험과 관심을 또래와 공유하도록 하고, 쌓기 놀이 영역과 역할놀이 영역을 통합하여 놀이를 확장시킬 수 있도록 도왔습니다.	예술경험〉예술감상〉극놀이감상하기
미술영역 소품과 옷만들기 장면	• 유아들은 각자가 맡은 역할에 따라 놀이를 계획하고, 역할에 필요한 소품을 만들 수 있었습니다. 이러한 과정은 유아의 적극적인 놀이 참여를 돕고 경험을 풍부하게 확장하는데 도움이 됩니다.	예술경험〉심미적표현〉미술활동즐기기

나) 정리정돈 및 전이활동

비디오	오디오	표준보육과정 및 보육프로그램과의 관련성
정돈 및 전이활동 장면	• 어린이집에서는 하루에 여러 번 정리정돈을 합니다.	기본생활〉 건강한 생활〉 몸과 주변 환경 깨끗이 하기

비디오	오디오	표준보육과정 및 보육프로그램과의 관련성
	• 교사는 보육실 전체를 살피면서 정리정돈 시간이 많이 필요한 영역을 도와주거나 먼저 치운 유아들이 가서 서로 도울 수 있도록 격려합니다. • 정리정돈이 끝날 즈음, 화장실 다녀오기나 대소집단 활동을 위해 모일 장소 등 다음 일과를 안내해 유아들이 준비할 수 있게 합니다.	

5) 대 · 소집단 활동

비디오	오디오	표준보육과정 및 보육프로그램과의 관련성
대 · 소집단 활동 장면	• 대 · 소집단 활동은 이야기 나누기 활동 이외에도 문학, 수 · 과학, 음률, 신체표현 및 게임 활동을 진행합니다. • 대 · 소집단의 인원 구성, 모이는 횟수, 진행시간은 유아들의 흥미, 발달 수준, 활동의 특성, 학기초 학기말 등의 상황을 고려하여 융통성 있게 진행합니다. • 대집단 활동을 할 경우에는 충분한 공간을 확보하고, 짧고 간단한 수수께끼나, 끝말잇기, 손유희, 노래로 유아들의 집중을 돕습니다. • 교사 혼자 활동을 이끌어가지 않고 질문 등을 통해 유아의 반응을 이끌어 내도록 하며, 유아들이 언어나 표정, 행동으로 보이는 반응을 인정하고 격려해 줍니다.	사회생활〉사회적관계〉공동체 정신 기르기 - 자신이 속한 집단의 구성원으로서 소속감이 생긴다(1,2수준). - 집단 구성원의 상호 협조 관계를 이해하고 협력한다(3수준).
3세 이야기 나누기 장면	• 이야기나누기를 대집단 활동으로 진행하는 경우 교사가 주제와 관련된 지식과 정보를 주기도 하고 유아들	의사소통〉말하기〉자신의느낌, 생각, 경험을 말하기

비디오	오디오	표준보육과정 및 보육프로그램과의 관련성
	이 지식과 경험을 이야기 하도록 합니다. 하루 일과 계획, 새소식이나 새로운 교구교재를 소개하고, 활동에 대한 평가도 포함됩니다. • 유아의 연령별 특징과 주의집중시간을 고려하여 3세 유아는 그림자료 등을 이용하여 짧게 진행하면서 유아의 반응을 이끌어 내도록 합니다.	
4세 이야기 나누기 장면	• 개인차에 따라 발달이 느린 유아를 배려해 줍니다. 예를 들면 언어장애가 있는 유아를 위해 큰 소리로 또박또박 천천히 이야기합니다.	
4세 문학활동 장면 혹부리 영감 동극장면	• 문학 활동은 동화, 동시, 동극 등의 활동이 있습니다. 그 중, 동극은 교사가 들려준 동화의 내용을 중심으로 극화해 보는 활동입니다. 소집단 형태로 진행될 수도 있고, • 대집단 활동으로 확장될 수도 있습니다. • 대집단 형태로 진행되는 과정은 미술 영역, 쌓기놀이영역, 역할놀이영역 등 여러 영역을 통합하여 활동이 이루어지게 됩니다. 유아들이 연출자, 연기자, 관객 중 한 가지 역할을 하게 되어 모든 유아들이 적극적인 참가자가 되어 다양한 학습을 하게 됩니다.	의사소통〉듣기〉동요,동시, 동화듣기 예술경험〉예술적표현〉통합적으로 표현하기 예술경험〉심미적표현〉극놀이로 표현하기 예술경험〉예술감상〉극놀이감상하기
신체표현 및 게임장면	• 신체 표현에서 처음에는 자유롭게 몸을 움직이는 경험을 하도록 돕고, 점차 어떤 상황이나 주제에 맞게 구체적인 움직임을 표현하도록 합니다.	신체운동〉신체활동참여〉자발적으로 신체활동 참여하기

비디오	오디오	표준보육과정 및 보육프로그램과의 관련성
	• 게임활동은 원 모양의 대형으로 하는 게임에서 시작하여 편 게임, 릴레이 게임을 하게 됩니다. 유아의 창의적인 생각을 반영하여 진행하도록 합니다.	
실외 활동 전체 자전거, 모래놀이, 동물 관찰, 교사가 유아 관리하는 장면	• 실외의 개방적인 공간에서 자유롭게 지낼 때 유아는 긴장감을 풀고, 하루를 즐겁게 보낼 수 있습니다. • 실외활동은 신체 발달을 균형적으로 이루고 심리적인 발산을 하도록 하며 동시에 주변 자연 환경을 마음껏 탐색할 수 있게 합니다. • 실외 복합놀이기구를 이용한 놀이도 하고 물 · 모래놀이도 합니다. 자전거도 타고, 동물과 식물도 관찰하며, 뛰면서 즐길 수 있는 놀이를 합니다.	기본생활〉안전한 생활〉 안전하게 놀이하고 다른 사람의 안전을 배려하기 - 놀이기구나 놀잇감을 가지고 안전하게 놀이한다(1수준). - 다른 사람을 배려하면서 안전하게 논다(2, 3수준). - 안전한 장소에서 놀이한다(공통수준).
	• 교사는 유아들의 놀이에 함께 참여하는 동시에 전체 유아를 관리하여 유아의 안전에 신경 써야 합니다.	사회생활〉사회적관계〉 또래와 사이좋게 지내기 - 또래와 협동한다(2, 3수준).
산책 장면	• 보육시설 주변의 공원이나 숲으로 산책을 나가기도 합니다. 햇볕도 쬐고 신선한 공기를 마시는 것은 유아들의 심신을 건강하게 합니다. 특히 실외 놀이시설이 없는 곳에서는 지속적인 활동이 이루어지도록 합니다.	기본생활〉건강한 생활〉 적극적으로 활동하기
지역사회 연계 지역 사회 견학 장면	• 주제에 따라 미장원, 가게, 시장, 병원, 은행 등 가까운 지역사회의 기관을 방문하기도 하고, 지역 인사를 활용하거나 전문적인 기관의 도움 을 받을 수 있습니다. 이러한 활동은 유아의 지역사회에 대한 이해와 적응을 돕습니다.	사회관계〉사회적 관계〉 지역사회에 관심가지고 이해하기

비디오	오디오	표준보육과정 및 보육프로그램과의 관련성
5세 주제 통합 활동의 예 미술영역 책갈피 만들기 장면	• 5세 유아는 또래와의 상호작용이 이전보다 활발해지고, 흥미의 지속시간도 길어지므로 여러 날에 걸쳐 유아들이 관심을 보이는 주제에 대해서는 각 흥미영역으로 활동을 확장하고, 통합시키는 것이 바람직합니다.	사회관계〉사회적관계〉또래와 사이좋게 지내기
책갈피 소개, 만들기 장면	• 이 경우, 유아와 교사가 좋아하는 책을 소개하는 과정에서 유아들은 교사 책에 있는 책갈피에 흥미를 갖게 되었고, 이에 교사는 미술활동으로 책갈피 만들기 활동을 진행하게 되었습니다.	예술경험〉예술적표현〉미술활동 즐기기
책가게 역할놀이, 구성장면	• 유아들의 책갈피에 대한 호기심은 책에 대한 관심으로 확장되었고, 교사는 서점 견학을 계획하였습니다. 견학 경험을 바탕으로 유아들은 쌓기놀이 영역에 서점을 구성하고, 손님과 계산원이 되어 역할놀이를 진행하고,	예술경험〉예술적 표현〉 극놀이로 표현하기
재생종이 만들기 장면	• 과학활동으로 재생종이 만들기 실험을 통해 책의 재료가 되는 종이의 성질을 탐색해 볼 수 있었습니다. • 이렇게 주제 통합 활동은 교사가 사전에 계획한 과정을 따르기보다는 유아들 사이에서 주제가 시작되고, 교사가 유아의 관심을 지원하는 과정으로 진행 하는 것이 바람직합니다. 또한 자유선택활동 뿐 아니라 대집단 활동과도 연계합니다.	자연탐구〉탐구적태도〉 주변의 사물과 자연현상에 호기심가지기
대집단 그림동화 듣기	• 대집단활동으로 들은 그림 동화 내용과 연결하여 유아들은 책 만들기	의사소통〉듣기〉동요, 동시, 동화듣기

비디오	오디오	표준보육과정 및 보육프로그램과의 관련성
책만들기	활동을 하였고, 완성된 책들을 함께 보며 디른 또래의 생각과 표현을 경험하였습니다.	의사소통〉말하기〉자신의 느낌, 생각, 경험말하기
실외에서 만든 책 보기 장면	• 유아에게 의미 있는 주제에 대한 통합적 활동 진행을 통해 효과적인 학습으로 연결되도록 합니다.	의사소통〉쓰기〉자신의 느낌, 생각, 경험, 쓰기에 흥미가지기 의사소통〉읽기〉그림책읽기를 즐기기

6) 식사 및 낮잠

가) 점심식사 준비 및 배식

비디오	오디오	표준보육과정 및 보육프로그램과의 관련성
식단표 실제식단 (클로즈업)	• 보육시설에 다니는 유아들은 기관에서 지내는 시간이 많으므로, 균형 잡힌 식단을 계획하고 그에 따른 신선한 식자재를 이용하여 위생적으로 조리하여 충분히 영양을 섭취할 수 있도록 합니다. • 유아가 다양한 식품의 종류와 이름에 관심을 갖도록 합니다. 식품의 형태, 맛, 색을 살리고, 유아들이 먹기 좋은 크기로 제공합니다.	기본생활〉건강한 생활
손 씻기 장면	• 식사 전에 유아들이 손을 씻습니다. 3세의 경우, 교사가 먼저 손을 씻은 후, 유아들이 스스로 비누를 사용하여 흐르는 물에 손을 씻을 수 있도록 옆에서 지켜보며 도움이 필요할 때 도와줍니다. • 4, 5세 유아들은 손 씻기 순서의 그림을 보며 스스로 손 씻는 습관을 갖게 합니다.	기본생활〉건강한 생활〉몸과 주변 환경을 깨끗이 하기 - 스스로 손을 씻는다 (1수준). - 손 씻는 습관을 기른다 (2, 3수준).

비디오	오디오	표준보육과정 및 보육프로그램과의 관련성
상 닦기 유아가 장애우 돕는 장면	• 교사도 배식하기 전에 손을 씻고, 책상 등을 깨끗하게 닦아 준비합니다. • 유아들이 미리 준비된 식기나 음식을 가지고 자리에 앉도록 합니다. • 도움이 필요한 장애우가 있을 경우 또래들이 도우며 정해서 점심 준비를 도와주기도 합니다.	기본생활〉건강한생활〉몸과 주변 환경을 깨끗이 하기

나) 점심식사

비디오	오디오	표준보육과정 및 보육프로그램과의 관련성
교사와 유아들이 대화하는 식사 장면	• 점심 식사 시간에는 유아들이 조용히 대화를 나누며 기분 좋게 음식을 먹을 수 있도록 편안하고 안정된 분위기를 만들어 줍니다. 유아들을 관찰하면서 유아들과 함께 앉아 식습관지도 뿐 아니라 개별적으로 이야기를 나누기도 하며 즐거운 분위기에서 식사 하도록 합니다.	기본생활〉건강한 생활〉식생활을 바르게 하기

다) 이 닦기

비디오	오디오	표준보육과정 및 보육프로그램과의 관련성
이 닦기 지도 장면 자외선소독기에 소독	• 점심 식사를 마치면 이를 닦습니다. 5세 유아들은 스스로 이를 깨끗이 닦도록 하고, 3, 4세 유아들은 이를 고루 깨끗이 닦도록 격려 합니다. 교사는 이 닦는 방법을 시범적으로 보여주거나, 유아 옆에서 '위' '아래' 등 닦을 부위를 이야기 해 주어 이를 골고루 닦을 수 있도록 지도합니다.	기본생활〉건강한 생활〉몸과 주변 환경을 깨끗이 하기 - 이를 깨끗이 닦기를 시도한다(1, 2수준). - 스스로 이를 깨끗이 닦는다(3수준).

비디오	오디오	표준보육과정 및 보육프로그램과의 관련성
	• 개인 칫솔과 양치 컵을 사용하도록 하며 사용 후 소독을 합니다.	

라) 낮잠 및 휴식

비디오	오디오	표준보육과정 및 보육프로그램과의 관련성
낮잠준비 낮잠	• 낮잠과 휴식은 심신의 피로를 회복 시켜줍니다. 유아의 낮잠은 오전 활동으로 인해 쌓인 피로를 풀고, 활기찬 오후 활동을 위해 필요한 것으로, 특히 하루 종일 보육시설에서 생활하는 유아는 반드시 규칙적으로 낮잠이나 휴식을 취할 수 있게 해야 합니다.	기본생활〉건강한생활〉알맞게 잠자기와 휴식하기 – 알맞은 휴식이 필요함을 안다 (1, 2수준). – 스스로 알맞게 휴식을 취한다 (3수준).
낮잠시간동안 교사는보육실에서 잠자는 유아들을 살핌	• 유아들의 요와 개별이불, 베개를 준비합니다. 유아들이 서로 부딪치거나 방해되지 않도록 간격을 두고, 각각의 낮잠 습관을 배려해 많이 뒹구는 유아는 얕게 잠드는 유아 옆에 재우지 않습니다. • 유아들은 겉옷과 양말을 벗어 두고, 머리끈을 풀고 잠들기 편안한 차림으로 잠자리에 듭니다. • 유아들의 개별적인 낮잠 습관에 따라, 잠들기 전 등을 쓰다듬어 주거나 개인 담요, 인형을 안고 잠들게도 해 줍니다.	기본생활〉건강한생활〉알맞게잠자기와 휴식하기 – 규칙적으로 잠을 잔다 (공통수준).
유아 휴식 장면	• 커튼이나 블라인드를 내려 보육실 안을 어둡게 하고 조용한 음악을 틀어 편안하게 쉴 수 있는 분위기를 만들어 줍니다.	

비디오	오디오	표준보육과정 및 보육프로그램과의 관련성
	• 낮잠을 원하지 않거나 잠에서 일찍 깨어난 유아는 조용한 활동을 하며 휴식을 하도록 합니다.	
낮잠 시 일일보고서 작성 장면	• 유아들이 낮잠 자는 동안, 교사는 곁에서 지켜보며 일일보고서와 일일보육일지, 관찰일지를 작성하고 휴식을 취합니다.	
낮잠 깨우기 잠에서 깨어 각자 침구 정돈 화장실 다녀오기 머리 빗는 장면	• 유아들이 어느 정도 깨어나면 각자 이불을 정돈하고, 화장실에 다녀오게 합니다. 낮잠에서 깰 때 따뜻하고 다정하게 유아들을 안아주어 안정감을 느끼게 합니다. 오전에 재미있었던 놀이에 대한 대화를 나누며 머리를 빗겨 줍니다.	기본생활〉건강한 생활〉몸과 주변 환경 깨끗이 하기 - 스스로 화장실에서 배변한다(1수준). - 배변 후 적절한 뒤처리를 한다 (2,3수준). - 화장실을 깨끗하게 사용한다(공통수준). - 배설 후에 손을 씻는다(공통수준).

마) 오후 간식

비디오	오디오	표준보육과정 및 보육프로그램과의 관련성
오후 간식	• 자리가 정돈되면 오후 간식을 먹습니다. 간식을 마친 유아들부터 오후 자유선택활동을 하게 됩니다.	기본생활〉건강한생활〉식생활을 바르게 하기 - 감사하는 마음으로 음식을 소중히 여긴다(공통수준).

7) 오후 활동

가) 오후 자유선택활동

비디오	오디오	표준보육과정 및 보육프로그램과의 관련성
오후 자유선택활동	• 오후 시간에 유아들은 실내, 실외 자유선택활동을 즐기며 오전에 하던 놀이를 연계해서 확장시켜 놀이 합니다. 교사는 좀 더 편안하고 자유롭게 유아 스스로 선택한 놀이를 하도록 하여 피곤하지 않게 배려해 줍니다.	기본생활〉건강한 생활〉적극적으로 활동하기 사회관계〉자기존중〉자신감과 독립심 기르기 사회관계〉사회적 관계〉또래와 사이좋게 지내기

나) 평가

비디오	오디오	표준보육과정 및 보육프로그램과의 관련성
유아 하루일과 평가	• 하루 일과를 마치고 집으로 돌아가기 전에 유아가 계획한 활동과 실행한 활동에 대해 이야기 나누며, 가장 재미있었던 일이나 힘들거나 어려웠던 일이 무엇이었는지 생각해 보고 이야기 하는 시간을 갖습니다.	사회관계〉자기존중〉자신감과 독립심 기르기 - 자신이 하고 싶은 일을 계획하고 마무리 한다 (3수준).

다) 귀가 준비 및 가정과의 연계

비디오	오디오	표준보육과정 및 보육프로그램과의 관련성
귀가 준비 및 조용한 놀이 유아의 정적인 놀이장면	• 유아들이 하루 일과를 정리하고 개별적으로 조용한 활동을 하며 즐거운 마음으로 보호자를 만날 수 있도록 합니다. 다른 친구들이 먼저 가는 것을 보면서 불안해 지지 않도록 끝까지 따뜻하게 보살펴 줍니다. • 긴장이 풀어지기 쉬운 때이므로 유	기본생활〉바른생활〉질서 지키며 생활하기 - 자신의 물건과 남의 물건을 구별한다(1수준). - 자신의 물건을 정리·정돈한다(2, 3수준). 사회생활〉사회적 관계〉

비디오	오디오	표준보육과정 및 보육프로그램과의 관련성
	아가 보호자와 만날 때까지 안전에 주의하여야 합니다. • 귀가 시간은 유아마다 다르므로, 개인별 귀가 시간에 맞추어 친구들이 옷을 입고, 자신의 소지품을 챙길 수 있도록 합니다.	공동체정신 기르기 – 자신의 소유물과 다른 사람의 소유물을 구별한다(1, 2수준). – 자신과 다른 사람의 감정, 권리, 소유물을 존중한다(3수준).
배웅하며 부모와 이야기 나누기	• 일과 중 특이사항이나 공지사항 등과 같이 부모에게 전달할 내용을 간단하게 이야기 합니다. • 유아를 인계하는 과정에서 유아를 혼자 두어 어린이집 밖으로 먼저 나가거나 위험한 행동을 하지 않도록 살펴보고, 약속된 보호자와 귀가하는지 반드시 확인해야 합니다.	
가정과의 연계 어린이집 홈페이지 (클로즈업) 관련 사진	• 유아의 성장과 발달은 보육시설의 노력뿐 아니라 유아에게 가장 중요한 환경인 가정과 함께 협력할 때 이루어집니다. • 홈페이지, 운영안내책자, 부모 통신, 게시판 등을 통해 정보를 교환하고, 부모 오리엔테이션, 부모 강연회, 부모 참여 수업, 개별 면담 등 부모 역할에 대한 교육과 의견교환이 이뤄지는 기회를 마련해야 합니다.	사회관계〉사회적관계〉 공동체 정신 기르기

라) 마무리

비디오	오디오	표준보육과정 및 보육프로그램과의 관련성
일지를 작성하고 평가, 계획하는 모습	• 교사는 보육일지에 오늘 실행된 활동을 기록하고 평가하며, 관찰일지를 작성합니다. 내일의 하루일과를 계획하는 일일보육계획안을 작성하고, 놀잇감을 준비하며, 보육실 환경을 정비합니다.	
일과 중 놀이에 열중하며 건강하고 즐거운 모습	• 이와 같은 보육교사들의 노력은 유아의 밝고 건강한 성장을 도모하고 여성의 사회참여에 안정적인 지원을 함으로써 가족의 복지 증진은 물론 더불어 살아가는 따뜻하고 아름다운 세상의 밑거름이 될 것입니다.	

3. 3-5세반 운영을 위한 교사의 역할

1) 3-5세 유아의 흥미영역별 발달특성과 교사의 역할

3-5세 유아는 자유선택활동 시간동안 쌓기놀이영역, 역할놀이영역, 미술영역, 언어영역, 음률영역, 수 · 조작놀이영역, 과학영역 등의 흥미영역들 중 자신이 원하는 놀이와 활동을 선택하여 참여하면서, 여러 가지 태도와 기술을 습득하고, 이것은 유아의 새로운 학습으로 연결된다. 다음은 각 흥미영역에서 나타나는 유아의 발달특성이다.

가) 쌓기놀이영역

(1) 유아의 발달 특성

· 3세 유아는 블록을 수평으로 늘어놓거나 수직으로 쌓으면서 구성물을 만들기 시작하고 블록의 특성을 이해하기 시작한다. 점차 좀 더 복잡한 구성물 즉, 서너 개의 블록을 연결하여 간단한 다리 모양을 만드는 등의 쌓기 기술을 발달시켜 나간다.

· 4세 유아는 폐쇄 공간을 나누는 등 더 정교하게 구성하고 균형을 맞추며 장식적인 패턴을 덧붙이게 된다.

· 4-5세 유아는 자신이 만든 블록 구조물에 이름을 붙이며, 이를 역할놀이에 사용하기도 한다. 어떤 구조물은 자동차, 집, 도시, 동물원 등이 되기도 한다. 그러나 구성물의 형태나 기능이 정교하지 않아서 유아가 붙인 명칭과 밀접하게 연관되지 못하기도 한다.

· 5세 유아는 블록에 의한 표상이 활발하게 이루어지는데, 블록을 이용하여 실제와 좀 더 유사한 구성물을 만든다. 반복적 요소가 많기는 하지만 풍부한 디자인 요소와 상징적 요소가 많이 사용된다. 다양한 구조물을 구성하고 자신이 경험한 내용을 또래들과 함께 나누며 협의하여 다소 복잡한 구조물을 만드는 것이 가능하다.

(2) 교사의 역할

· 다양한 블록과 구성물에 적절한 소품을 제공하여 창의적인 구성을 돕도록 한다.

· 교사는 유아들의 놀이를 주의 깊게 관찰하여 적절한 의견을 제시함으로써 현재 상황에서 구성을 촉진하고, 역할놀이로 연결, 확장을 돕는 한편 갈등상황이나 위험 및 사고를 미리 방지하도록 한다. 특히 영역의 공간을 충분히 확보하여 유아 간 갈등이 생기지 않도록 배려하고, 나무 블록 등은 부딪혀서 다칠 우려가 있으므로 안전에 유의하도록 한다.

· 유아가 정교한 구조물을 만들 수 있도록 유아 자신의 계획을 말할 수 있도록 돕고 적절한 의견을 제시해 주어 사고력과 구성능력을 촉진해 주도록 한다.

· 쌓기놀이 영역에서 구조물을 만든 후, 역할놀이나 미술영역 등 다른 영역과도 연계하도록 한다.

· 넓은 쌓기 놀이영역 공간 안에서 유아 각자가 구성물을 만드는 경우, 유아가 블록을 꺼내러 교구장에 오가는 동선, 구성해나가는 방향이 서로 겹치지 않게 방향을 조정해 주어 방해 받지 않고 편안하게 구성하도록 한다.

· 초기에는 블록을 던지지 않기, 치울 때와 옮길 때 안전한 방법(쌓은 블록 넘어뜨릴 때는 친구 없는 쪽으로 밀기, 높이 쌓은 블록은 위에서부터 정리하기, 한번에 적절한 수량 나르기, 머리 위로 들어 나르지 않기 등) 등 안전관련 사항을 상황 그림을 이용해서 유아와 이야기 나누고, 상황 그림을 쌓기 놀이영역 벽면에 일정 기간 게시하여 익숙해지도록 한다.

· 다른 영역보다 정리하는 시간이 많이 필요하므로 개별 혹은 소집단으로 정리시간을 미리 알려주어 유아들이 충분한 시간을 가지고 정리할 수 있도록 한다.

· 5세 유아는 쌓기놀이 영역에서 다양한 구조물을 구성하고 경험한 내용들을 중심으로 친구들과 협의하여 다소 복잡한 구조물을 만드는

것도 가능하다는 점을 고려하여 쌓기 영역을 구성한다. 따라서 교사는 보육 주제와 관련하여 유아들이 학습한 지식을 표상하거나 다른 영역들과 연계하여 종합적인 구성활동이 이루어질 수 있도록 다양한 종류의 블록들을 적절한 시기에 제시해 준다.

나) 역할놀이영역

(1) 유아의 발달 특징

· 3세는 역할놀이가 가장 활발하게 이루어지는 시기이다. 반면, 아직 또래와의 사회적 상호작용 기술은 많이 발달되지 않아서 처음에는 역할놀이가 또래와 확대되지 못할 수 있다.

· 3-4세 유아의 역할놀이 주제는 주로 엄마 역할하기, 전화하기, 운전하기 등 일상 가정생활과 관련되거나 생일잔치, 소풍과 같이 자신이 참여했던 즐거운 경험이 모두 될 수 있다.

· 4세 유아는 또래와 함께 공통된 놀이 소재를 공유하여 서로의 역할을 정해 놀이를 전개할 수 있다.

· 2세 때는 운전대를 보면 운전놀이를 하고, 컵과 주전자를 보면 물 따르기 놀이를 하는 등 놀잇감이 있을 때 그와 관련된 놀이를 하지만, 4세가 되면서 놀잇감이 없어도 어떤 놀이를 할 것인지 사전에 생각을 하고 놀이를 한다. 이때 필요한 놀잇감은 다른 곳에서 만들어서 사용하기도 한다.

· 대부분 영향력 있는 역할을 맡고 싶어 해 엄마나 큰언니, 선생님 역할을 좋아한다. 언어 표현을 많이 하고, 친구들과 어울리기는 하나 맡은 역할들 간의 교류가 오래 지속되지 못하고 놀이가 확대되지 못한다. 대부분 놀이감을 제한된 용도로만 사용한다.

· 4-5세 유아는 놀이 주제가 다양해져 일상생활 경험과 함께 TV나 책에 나오는 주인공이나 사건을 소재로 한다. 지적 능력 발달로 모방에 의한 놀이뿐 아니라 유아 스스로 놀이 내용을 만들기도 한다.

· 역할놀이에 한 가지 놀이감이나 의상을 다양하게 사용하는 창의성을 보인다.

· 5세 유아는 자신의 다양한 경험에 따라 가게주인과 손님, 병원의 의사, 간호사, 환자, 은행원 등 보다 다양한 사회적 역할들을 표현하고, 역할을 또래와 서로 조직적으로 나누어 놀이를 구성할 수 있다.

· 5세 유아는 역할 분담을 할 때 제한된 역할에서 벗어나 엄마, 딸, 이모, 집지키는 강아지 등 자신의 희망에 따라 폭넓은 선택을 한다. 놀이 집단 내에서 맡은 역할 간의 교류가 원활하며 놀이 지속 시간이 길어진다.

(2) 교사의 역할

· 연령별로 유아가 흥미를 갖는 놀이 주제에 맞춰 실제와 유사한 소품 및 의상을 제공하여 유아의 역할놀이가 자발적으로 일어나도록 한다.

· 교사는 유아의 역할놀이를 관찰하고, 적절한 시기에 놀이 상대자로 참여하고, 놀이에서 빠져나오는 등 놀이 전개에 따라 다른 역할로 놀이에 참여해야 한다.

· 3세 유아의 경우, 교사가 유아의 놀이에 함께 참여 하여 격려한다면, 유아들의 역할놀이 시간은 점차 길어지고 주제가 다양해지며 역할이 복잡해지면서 놀이가 확대되어 갈 수 있다.

· 4세 교사는 유아의 놀이에 함께 참여하거나 놀이하는 것을 지켜보면서 도움이 필요할 때 적절히 개입하고, 쌓기놀이영역의 구성물을 활용하여 연계하거나 두 영역을 통합하여 운영하는 것이 바람직하다.

· 5세 교사는 유아가 개인적으로 얻은 경험을 활용하고 또래와 공유하도록 하며, 견학을 통해 얻은 직접적이고 생생한 경험을 역할놀이를 통해 재현해 볼 수 있도록 유사한 소품을 제공하거나 유아와 함께 구성하는 등의 방법으로 도와야 한다. 가족이나 성 역할뿐만 아니라 다양한 직업과 사회 구성원의 역할을 해 볼 수 있도록 보육 주제와 관련된 교구를 비치해 준다. 유아 스스로 역할놀이에 필요한 도구나 자료 만들기를 하도록 격려한다.

다) 미술영역

(1) 유아의 발달 특징

(가) 탐색능력의 발달

· 3-4세 유아들은 자신의 주변에서 익숙한 모양과 색깔을 찾아내고 구별할 수 있으며, 단순한 하나의 사물이나 인물의 특징을 탐색하고 표현에 응용할 수 있다.

· 3-4세 유아는 찰흙이나 반죽과 같은 재료를 가지고 결과물을 완성하기보다는 손으로 충분히 주무르고 재료 자체를 탐색하는 것에서 즐거움을 느끼고, 미술 활동을 위한 도구와 자료(물감, 종이, 붓, 크레용, 가위 등)를 직접 다루어보면서 기본적인 사용법에 관심을 가진다.

· 4-5세 유아는 주변 환경을 자세히 탐색하고 그것에서 아이디어를 얻어 표현할 수 있다. 사물의 단순한 형태 뿐 아니라 세부적인 특징까지도 탐색이 가능하다. 색, 선, 면, 형태 이외에도 질감이나 명암, 공간에 대한 인식을 할 수 있다. 미술 활동의 재료와 도구의 기본 사용이 익숙해지므로 보다 새로운 표현을 위한 재료와 도구의 활용 방법을 탐색하고 고안할 수 있다.

(나) 그리기 발달

· 3-4세 유아는 소근육 조절 능력과 눈과 손의 협응력이 증진되므로 안정된 그림 그리기가 가능해진다.

· 3세 초반에는 자신의 동작과 그림의 흔적 간의 관계를 연관지어 생각할 수 있기 때문에 '우연한 흔적'이 아닌, 의도적인 그리기 활동이 이루어진다. 새로운 자료와 기법을 다양하게 실험하며 자신만의 그리기 기법을 발견하는 데에서 즐거움을 느낀다.

· 4세가 되면 그리기의 기본 형태인 원, 타원, 선, 구형, 사각형 등을 구별하여 그릴 수 있게 되며 이러한 형태들을 반복적으로 표현하며 즐기게 된다.

· 4-5세 유아는 선의 방향과 크기를 마음대로 조절할 수 있고 사물의 정교한 묘사도 가능하다. 자신이 알고 있거나 경험한 것을 표현하면서, "주제가 있는" 그림이나 만들기로 이어진다. 자신이 계획한 작품을 만들기 위해 기존에 사용하던 간단한 선과 면을 응용하여 새로운 형태를 만들어 내는 것에서 즐거움을 느낀다. 자신의 감정과 아이디어를 그림으로써 표현하고, 그것을 남에게 전달하는 것을 즐긴다.

(다) 만들기와 꾸미기 발달

· 3-4세 유아는 찰흙이나 점토와 같은 재료 자체를 탐색하는 것을 즐거워한다. 소근육 조절이 아직은 미숙하므로 찰흙이나 점토를 두드리거나 잡아떼고 굴리는 등의 활동을 즐긴다.

· 3-4세 유아는 점토를 활용하여 간단한 동물의 형태나 사람 얼굴 등을 표현할 수 있다. 간단한 색종이 접기를 즐겨하고, 같은 작품을 여러 번 반복해서 접는 것을 좋아한다.

· 3-4세 유아는 가위질이 능숙하진 않지만 자신이 원하는 모양과 비슷하게 오릴 수 있다.

· 3-4세 유아는 폐품 상자나 우유팩 등을 연결해 단순한 입체 구성을 할 수 있으나 테이프로 연결하는 것은 정교하지 못하므로 교사의 도움을 필요로 한다.

· 4-5세 유아는 찰흙이나 점토로 원하는 모양과 형태를 완성도 있게 구성할 수 있다. 소근육 조절이 훨씬 자연스러워지므로, 가위질이나 테이프 붙이기 등이 매우 정교해진다.

· 4-5세 유아는 폐품 상자 등을 이용한 입체 구성을 할 때 이전 단계보다 형태가 복잡해지며 교사의 도움 없이도 견고하게 구성할 수 있다. 원하는 작품을 구성하기 위해 한 가지 재료가 아닌 다양한 재료를 혼합하여 사용한다.

(라) 감상능력의 발달

· 3-4세 유아는 어떤 사물이나 작품에 대하여 멋있다, 예쁘다 등의 표현을 사용하여 자신의 느낌을 즉흥적으로, 단순하게 표현하기는 하

지만 작품을 구체적, 분석적으로 감상하는 것은 아직 어렵다.

- 4-5세 유아는 다른 사람의 작품을 함께 보며 교사나 또래와 느낌에 대하여 주고 받으며 이야기할 수 있다. 교사의 안내를 받아 하나의 작품을 놓고 미적 요소 (형태, 색깔, 질감, 명암 등)을 분석하면서 감상하는 것이 가능해진다.

(2) 교사의 역할

- 유아는 자신이 주의 깊게 본 것, 탐색하고 관찰한 것을 토대로 표현할 소재를 찾게 되므로 자연, 주변 환경, 사물이 가진 아름다움을 탐색할 수 있는 기회를 자주 제공하여 준다.
- 평소에도 미술 활동의 기본이 되는 선, 면, 색, 명암 등의 요소를 주변 사물 속에서 찾아보는 경험을 갖도록 해준다.
- 미술 활동 자료는 풍부하게 제공함과 동시에 다양한 종류를 준비하여 주어 유아개인의 흥미와 요구, 능력에 따라 활동할 수 있도록 하고 생활 주제나 계절에 따라서 그에 맞게 변화를 준다.
- 새롭고 참신한 재료를 제공하는 것과 동시에, 친숙한 미술 재료를 새롭고 창의적인 방법으로 사용하도록 격려해준다. 동일한 자료를 이용한 활동의 경우에도 유아의 창의적인 아이디어가 표현될 수 있도록 격려한다.
- 유아의 탐색과 표현의 과정을 주의 깊게 관찰하고, 활동의 과정에서 언어적으로 반응하여 준다.
- 언제든지 떠오른 아이디어와 느낌을 미술 활동으로 표현해볼 수 있도록 교구와 자료장에는 풍부한 미술 자료를 구비하여 준다. 특히 폐품 자료의 경우 재활용의 개념을 생활 속에서 익힐 수 있어 좋고, 유아가 가정에서 모아온 것을 활용하여 작품으로 연결하면 더욱 의미가 있다.
- 4세 유아의 경우, 교사는 다양한 재료를 준비하여 유아가 자유롭게 재료를 탐색하고 활용하도록 하고, 유아의 결과물에 연연하지 않고

유아가 자료를 충분히 탐색하고 활용할 수 있도록 배려한다.

· 5세의 경우, 자신이 계획한 것을 실행하고 평가할 수 있으므로, 미술 활동에 있어서도 유아가 스스로 아이디어를 제안하여 시작한 활동은 며칠에 걸쳐서라도 마무리 할 수 있도록 격려하고 필요한 물적, 공간적 자원을 지원하도록 한다.

· 5세의 경우 이전 연령에 비해 그리기, 만들기 등의 표상이 좀 더 복잡하고 구체화되므로 정교한 조형물을 만들 수 있는 자료를 비치해 주도록 한다. 또한 5세 유아는 개별 작업은 물론 또래와 협력하여 작품을 만드는 것을 즐기는 연령이므로 공동 작업을 할 수 있는 공간이나 자료 등을 비치하고 공동 작업을 격려한다.

라) 언어영역

(1) 유아의 발달 특징

(가) 듣기

· 3세 유아의 경우, 교사가 들려주는 이야기에 관심을 갖고 들을 수는 있지만 집중시간은 짧다.

· 3세 유아의 경우, 또래와 간단한 이야기를 주고 받으며 함께 놀이를 진행할 수 있다.

· 3-4세 유아는 손인형, 그림 자료 등을 함께 제시하면 훨씬 흥미를 가지고 들을 수 있다.

· 3-4세 유아의 경우, 좋아하는 동화 내용이 담긴 테이프를 즐겨듣는다.

· 3-4세의 유아는 주변에서 사용하는 친숙한 단어, 자주 쓰는 문장을 듣고 이해할 수 있다.

· 4-5세 유아의 경우 주의 집중 시간이 늘어나므로 상대방의 이야기를 비교적 오래 들을 수 있다.

· 동화, 동시를 듣고 관련지어 구체적으로 자신의 느낌을 표현할 수 있다.

(나) 말하기

· 3세가 되면 전반적으로 아기 말투에서 벗어나 자연스러운 발음이 가능하지만 특정 단어의 발음을 어려워 하는 경우도 있으므로 교사의 관찰이 요구된다.

· 3-4세 유아의 경우, 친숙한 주제(좋아하는 놀잇감, 가족 등)에 대해서 자신의 생각과 느낌을 말로 표현하는 것을 즐거워 한다.

· 3-4세 유아는 막대동화, 손가락 인형 등을 이용하여 알고 있는 동화 내용이나 이야기 꾸미는 것을 즐긴다.

· 4세 유아는 수수께끼 카드를 가지고 간단히 설명할 수 있다.

· 4-5세 유아는 또래 간, 성인과의 의사소통이 자연스러워지고 의견교환이 가능하다.

· 4-5세 유아는 한 가지 주제에 대해 또래와 함께 이야기를 나누는 것이 가능하다.

· 5세 유아는 짧은 동화나 동시를 구성할 수 있고, 공동의 창작이 가능하다.

(다) 읽기와 쓰기

· 3세는 대체로 글자 자체를 읽지는 못하지만 말소리와 글자가 서로 관련이 있다는 것을 안다.

· 3세는 주변 환경 속에서 보이는 글자들에 관심을 보이며, 자주 보는 글자(예: 자기 이름에 나온 낱글자)를 읽기도 한다.

· 3-4세는 그림책을 매우 즐겨 보면서 책 속의 글자에 관심을 가진다.

· 3-4세는 글자에 대한 호기심이 많아 연필 등 쓰기 도구로 긁적거리는 것을 즐긴다.

· 3-4세는 자신이 그린 그림이나 만들기 작품에 교사가 이름 써주는 것을 좋아하며, 스스로 쓰기도 한다.

· 4-5세는 익숙한 단어를 읽을 수 있고, 글자를 활용한 다양한 게임을 할 수 있다.

· 4-5세는 역할 놀이에 필요한 다양한 소품들(예: 메뉴판, 초대장, 입장권, 돈 등)을 직접 만들어 사용한다.

· 5세는 과학도서, 수수께끼, 동시 등 다양한 종류의 책에 관심을 갖는다.

· 5세는 궁금한 것을 찾기 위해 책을 활용한다.

(2) 교사의 역할

(가) 듣기와 말하기

· 교사 자신이 가장 중요한 모델이 되므로 바른 발음으로 말하고, 적절한 언어를 사용하여 상호작용 하는 모습을 보여주어야 한다.

· 유아가 자발적으로 말을 하려고 할 때 교사가 진지한 태도로 들어주는 모습은 언어로 표현하려는 유아의 의욕을 북돋울 수 있다.

· 또래 간에 활발하게 이야기를 주고받을 수 있는 기회를 주되, 다른 사람과 효율적으로 대화하는 방법을 익히도록 도와준다.

· 보육실의 전 영역에서 유아가 교사나 또래와 개별적으로, 혹은 소집단으로 말하고 들을 수 있는 기회를 많이 제공하고, 격려한다.

· 여러 명의 유아가 함께 이야기를 나눌 때에는 몇몇 유아에게 기회가 집중되지 않도록 여러 유아에게 골고루 말할 기회가 돌아가도록 한다.

(나) 읽기와 쓰기

· 언어영역에는 다양한 종류의 책을 풍부하게 제공하여 주며, 새로운 책이 나왔을 때에는 교사가 먼저 소개해주고, 읽어줌으로써 흥미를 유발시킨다.

· 3세 유아의 경우, 자유선택 활동 시간에 책을 읽어 줄 때 개별 유아를 무릎에 앉혀서 읽어주는 것이 좋다. 유아가 그림을 가까이에서 볼 수 있고, 책을 만지며, 페이지를 넘기고, 시작과 끝을 찾아볼 수 있으므로 읽기 발달에 훨씬 효과적이다.

· 책을 다루는 방법을 알려주고, 격려해준다.

· 유아들이 익숙한 주변 환경에서 글자에 관심을 가질 수 있도록, 특별한 활동이 아닌 일상생활에서 글자를 찾아보는 경험을 함께 해본다.

· 일과 중에 쓰기 활동이 자연스럽게 일어나도록 사용이 편리한 곳에 쓰기 도구들을 비치해주고, 여러 영역에서 글자를 활용할 수 있도록 격려하고 지지해준다.

· 5세 유아를 위한 언어 영역은 듣기, 말하기 활동에서 나아가 읽고 쓰는 활동이 적절히 이루어지도록 하는 것이 바람직하다.

마) 음률영역

(1) 유아의 발달 특징

(가) 노래부르기

· 3세의 경우 노래의 일부분만 따라 부름으로써 참여에 만족하고 주로 듣기를 좋아한다.

· 3세의 경우 노래를 함께 부를 때도 음정을 맞추려하지 않아 합창은 어렵다.

· 3-4세 유아의 경우, 단순한 음정을 정확하게 노래 부를 수 있다.

· 멜로디 간격이 단순하고 5-6음('도-라'를 벗어나지 않는 음역)으로 된 노래가 적당하다.

· 4-5세 유아의 경우, 노래의 정확성이 점차 증가한다.

· 4-5세 유아의 경우, 노래 전체를 끝까지 정확히 부를 수 있다.

(나) 악기 탐색과 다루기

· 3-4세 유아의 경우, 악기를 처음 제시할 때 아직 연주를 기대할 수 없으므로, 충분한 탐색의 기회를 제공하도록 함.

· 4세 경 리듬 악기로 노래의 리듬 맞추기를 시도한다.

· 전곡에 맞추어 악기 연주하기를 기대하기보다는 노래 중 일부 효과음을 내는 정도로 악기를 연주하는 것이 바람직하다.

· 4-5세 유아의 경우, 음정에 대한 이해가 생겨 악기를 사용하여 음정감을 길러줄 수 있다.

(다) 소리 및 리듬 탐색하기

· 3-4세 유아의 경우, 소리를 내는 자료나 악기를 가지고 다양한 소리를 실험하고 구별하는 것을 즐긴다.

· 3-4세 유아의 경우, 짧은 리듬 패턴을 따라할 수 있다.

· 3-4세 유아의 경우, 운동 협응력이 증가하고 리듬적 동작을 할 수 있는 능력이 생겨 넓은 공간을 사용하고자 하고, 다양한 몸동작을 시도한다.

· 3-4세 유아의 경우, 리듬을 이해하는 능력이 향상 된다.

· 4-5세 유아의 경우, 리듬에 맞추어 적절하게 몸 움직이는 능력 증가.

(라) 감상

· 3-4세 유아의 경우, 음악의 세부적인 내용보다는 전체에 대해 반응한다.

· 3-4세 유아의 경우, 들었던 음악에 대해 말로 표현하는 것은 아직 어렵다.

· 4-5세 유아의 경우, 들었던 음악적 경험에 대해 서로 이야기 나눌 수 있다.

· 4-5세 유아의 경우, 주의집중력이 길어져 보다 자세히 듣고 음악 감

상을 더 즐기게 되므로 전체적인 음악의 느낌을 다양하게 표현(예; 언어로, 그림으로, 동작으로, 단순한 선으로)하는 것을 계획할 수 있다.

(2) 교사의 역할

· 노래 부르기, 악기 탐색하기, 리듬 탐색하기, 다양한 음악 감상하기 등 다양한 경험을 제공하도록 한다.

· 다양한 리듬 악기를 이용하여 리듬과 소리를 탐색 할 수 있도록 한다. 3-5세 유아는 리듬을 혼자서 탐색해 보는 것을 즐기기 때문에 교사가 정해 놓은 리듬을 따라서 그대로 치거나 함께 연주를 하는 것은 바람직하지 않다.

· 교사가 자신감을 가지고 밝은 표정으로 즐기면서 음률 활동을 진행해야 유아들도 흥겹게 같이 할 수 있다. 교사가 반주에 자신이 없다면 녹음테이프를 적절히 활용하는 것도 좋은 방법이 된다.

· 노래를 선택할 경우에는 유아의 경험을 토대로 한 내용의 노래, 반복적이거나 대화체로 된 부분이 있는 노래, 박자와 리듬이 분명하고 강한 리듬을 가진 곡을 선택해 유아의 흥미를 유발시키도록 한다.

· 자신이 좋아하는 음악을 짧은 시간 동안이지만 집중하여 들을 수 있는 기회를 제공한다. 또, 가능하다면 학부모나 지역사회의 전문가를 초청하여 악기연주를 들려주는 음악 감상의 기회를 마련해 준다.

· 5세 유아는 리듬뿐만 아니라 멜로디의 탐색도 가능하므로 음악의 다양한 측면을 경험하고 창의적인 음악 활동이 이루어질 수 있도록 한다.

바) 수 · 조작놀이영역

(1) 유아의 발달 특징

(가) 수 개념의 발달

· 3세 유아의 경우, 수와 숫자의 관계보다는 숫자의 생긴 모양에 관심을 갖는다.

· 3세의 경우 1-5까지 무리 없이 셀 수 있고, 10까지 세는 유아들도 있다.

· 3-4세 유아의 경우, 일상적인 사물을 가지고 수를 세어보는 것에 흥미가 많다

· 4세의 경우 수세기에 보다 능숙해지고, 각 유아에 따라 개인차가 있으나 간단한 더하기와 빼기가 가능해진다.

· 4-5세 유아의 경우, 수를 셀 때 이전에 비해 훨씬 빨리, 자연스럽게 셀 수 있으며 10까지 (혹은 유아에 따라 그 이상) 세는 것에 어려움이 없다.

· 4-5세 유아의 경우, 수와 숫자를 연결하여 사용할 수 있다.

· 4-5세 유아의 경우, 1:1 대응을 통해서 두 집단을 비교하고 사물의 양의 차이를 가려낼 수 있다.

· 4-5세 유아의 경우, 다양한 놀이 상황에서 자연스럽게 수를 더하고 빼어보면서 문제를 해결한다.

(나) 분류 개념의 발달

· 3-4세 유아의 경우, 익숙한 모양, 색, 크기 등의 준거로 사물들을 비교하여 같고 다른 점을 가려낸다.

· 3-4세 유아의 경우, 한 가지 기준을 가지고 사물을 분류할 수 있다.

· 3-4세 유아의 경우, 간단한 패턴을 인식하고 게임에 적용할 수 있다.

· 5세의 경우, 두 가지 기준(예; 모양과 색)을 동시에 고려하여 사물을 분류할 수 있다.

(다) 공간과 도형 개념의 발달

· 3-4세 유아의 경우, 유아 자신의 위치를 중심으로 공간과 위치를 파악할 수 있다.
· 3-4세 유아의 경우, 주변의 익숙한 사물을 통해서 기본적인 도형을 찾는 것에 흥미를 느낀다.
· 3-4세 유아의 경우, 서로 다른 도형 모양으로 된 퍼즐의 자리를 잘 찾아 끼울 수 있다.
· 3-4세 유아의 경우, '동그라미' '세모' '네모'와 같이 모양을 나타내는 단어를 사용할 수 있다.
· 4-5세 유아의 경우, 자기 자신 뿐 아니라 상대방의 입장에서 공간을 파악할 수 있다.
· 4-5세 유아의 경우, 기본 도형을 가지고 다양한 구성물을 만들어내는 것에 흥미가 있다.

(라) 조작을 위한 소근육 발달

· 3세 초기 유아는 가위를 사용하는 것보다는 손으로 찢어보는 활동이 더욱 적합하다.
· 3-4세의 경우, 혼자서 단추를 여밀 수는 있지만, 리본을 매고 지퍼를 올리는 것은 어렵다가 5세 정도에 점차 혼자서 능숙하게 리본을 매고 지퍼를 여닫을 수 있게 된다.
· 4-5세의 경우, 원하는 모양을 따라 비교적 정교한 가위질이 가능하다.
· 색종이 접기를 할 때 모서리나 꼭지점을 잘 맞추고, 손끝에 힘을 주어 반듯한 접기가 가능하다.
· 요철의 크기가 꽤 작은 끼우기 블록으로 구성물을 만들 수 있다.

(2) 교사의 역할

· 3, 4세 유아는 모든 감각을 활용하여 사물을 직접 탐색하고, 관찰하며 조작하여 봄으로써 기초적인 수학적, 탐구적 태도를 형성하게 된다. 이러한 태도는 사물을 구체적으로 탐색하는 과정을 강조할 때 자연스럽게 습득될 수 있다.

· 답을 알고 있는 교사가 직접 해결책을 알려주지 않고 유아 자신이 스스로 생각해보고, 시도해 볼 기회를 준다.

· 유아는 수·조작영역 외의 일상생활과 관련된 사건에서 또는 익숙한 사물을 가지고 조작하면서 1:1 대응, 순서 짓기, 비교 (예: 미술활동에서 색종이를 나눠 갖는 경우, "누가 가장 많이 가지고 있니?" "우리가 모두 똑같이 가지려면 어떻게 하면 될까?") 및 분류, 도형 및 공간 인식, 끈이나 그릇 등 임의의 단위를 사용한 측정과 관련된 경험 등의 문제 해결 능력 및 여러 가지 기초 수학적 개념을 기를 수 있으므로, 교사는 일상생활에서 이러한 기회를 놓치지 말고 자연스러운 학습의 기회로 이용하도록 한다.

· 5세 유아는 게임의 규칙을 이해하고 수용할 수 있으므로 다양한 게임을 즐기므로 교사는 생활 주제에 맞는 판 게임이나 카드게임을 제공하여 또래와 상호작용하고 전략을 발전시킬 수 있도록 돕는다.

· 5세 유아는 3, 4세 유아에 비해 인지적 능력이 성숙했으므로, 계량컵, 되, 저울 등 표준화된 단위로 측정하는 활동과 자료를 모으고 분석하는 그래프 그리기 활동을 통하여 수학활동에 관한 기초적인 경험을 할 수 있도록 한다.

· 조작 활동을 위한 교구들은 보육 주제에 맞추어 1-2주에 한 번씩 교체하며 유아의 개인차를 고려하여 난이도에 차이를 두어 제시한다.

· 조작놀이를 위한 새로운 교구를 제시할 때에는 정해진 규칙이 있는 교구라도 우선 유아들이 스스로 조작, 탐색해보게 한다.

사) 과학 영역

(1) 유아의 발달 특징

(가) 과학적 개념의 발달

· 3세 유아는 움직이는 것은 살아있는 것이라고 생각하는 경향이 있다. 4-5세 경, 생물과 무생물에 대한 개념이 생겨난다.

· 3-4세 유아의 경우, 생물과 자연현상에 관하여 큰 흥미를 갖는다. 특히 동물에 대한 관심이 가장 크다.

· 4-5세 유아의 경우, 관심 있는 생물에 대해서 깊이 알고자 하는 욕구가 생기며, 실제로 키워보거나 관련된 자료를 찾아보는 일이 가능하다.

· 5세 유아의 경우, 지구, 달, 우주 등에 대한 관심이 생겨나므로 이를 소재로 한 놀이를 계획해 볼 수 있다.

(나) 과학적 기술의 발달

· 3-4세 유아의 경우, 관심 있는 동식물이나 사물은 주의 깊게 관찰하며, 때로 오랜 시간동안 집중하기도 한다.

· 3-4세 유아의 경우, 관찰 할 때에는 자신의 눈과 손 등 감각기관을 활용하여 직접 관찰하고, 4-5세 경, 도구를 r사용하여 관찰 할 수 있다.

· 3-4세 유아의 경우, 실험은 즉각적이고 단순한 결과가 나오는 실험(예: 색물감 섞기)이 적당하고, 5세 유아는 어느 정도 시간이 걸리는 관찰이나 실험을 계획할 수 있다.

· 5세 유아의 경우, 실험 과정을 그림 혹은 글로 기록하고 교사나 또래와 의견을 교환하기도 한다.

(다) 과학적 태도의 발달

· 3-4세 유아의 경우, 처음 보는 사물이나 놀이감에 큰 호기심을 보인다.

· 3-4세 유아의 경우, 움직임을 가진 곤충, 동물 등에 특히 관심을 갖고 탐색하고 싶어하고, 4~5세 경에는 동식물을 비롯한 자연 현상에 호기심이 많고 질문도 많아진다.

· 3-4세 유아의 경우, 사물, 동물 등의 외형에 집중하므로 아직 "왜?" "어떻게?" 등의 질문은 많지 않지만, 4-5세 경 "왜?" "어떻게?" 등 과학적 원리에 관해서 궁금해 하기 시작한다.

· 5세 유아의 경우, 궁금한 것이 생기면 책에서 정보를 찾기도 한다.

· 5세 유아의 경우, 과학적 문제를 해결하는 과정에서 또래와 의견교환이 가능해지며, 자기와 다른 의견을 듣고 수용하기도 한다.

(2) 교사의 역할

· 교사는 주제와 계절을 고려하고, 유아가 관심을 갖는 다양한 자료를 수집, 전시하여 유아의 흥미를 유발하되 유아가 이러한 자료들을 보고, 듣고, 만지고, 냄새를 맡아보는 탐색의 과정을 충분히 경험하도록 한다.

· 유아들이 함께 찾아볼 수 있는 관련 과학그림책이나 화보 등을 풍부하게 준비하여 준다.

· 유아에게 지식을 전달하기 보다는 유아가 관찰하고, 왜 그럴지 스스로 생각해보고, 예측해보며 자신의 예측과 결과와 비교하고 결론을 내려 보는 과정을 경험할 수 있도록 돕는다.

· 각 유아의 발달적 개인차와 충분한 탐색 및 관찰 등을 위해 과학영역은 가능한 소집단이나 개별적인 상호작용을 하는 것이 바람직하다.

· 5세 유아의 경우, 관찰이나 실험 결과의 기록지를 제시하고 유아가 그림이나 글로 표현하여 또래와 결과를 분석하거나 토의할 수 있도록 격려한다.

2) 환경구성

일반적으로 환경이라 함은 물리적 환경, 인적 환경, 시간적 환경 등을 모두 포함하지만 여기에서는 물리적 환경에 초점을 맞추도록 한다. 물론 물리적 환경이라 해서 단순히 물리적인 공간과 공간 내부에 있는 교재·교구만을 의미하는 것이 아니라 유아들이 생활하면서 의미를 부여하는 모든 환경을 의미하는 것이다. 보육시설 공간 및 활동 영역의 효과적인 조직과 활용뿐 아니라 유아의 보육경험에 포함되는 모든 자료의 적합한 배치를 의미한다. 시설은 보육의 기능을 구체적으로 실현하기 위해 활용되는 물리적 조건으로서 건물, 현관, 복도, 보육실, 교사실, 취사실, 화장실, 교재·교구실, 유희실, 상담실, 식당, 실외 놀이터, 동물 사육장, 꽃밭, 텃밭 등 외형적 구조와 관련된 것을 말한다. 설비는 시설에 부속된 모든 부분으로서 보육실 내의 책상, 의자, 가구, 화장실 내의 변기나 세면대 등 보육의 기능을 수행하기 위한 물적 요소들을 말한다. 이외에 교재교구와 자료란 유아의 보육경험이나 활동의 목적으로 구비 또는 제시한 것으로 보육실 내의 모든 보육 활동 자료와 책, 비디오와 오디오 자료들과 화장실 내의 수건, 화장지 등의 소모품, 식당 내의 수저, 식판 등을 모두 포함한다.

보육시설의 환경은 일상생활을 하는 공간과 놀이를 통한 학습을 하는 공간으로 구분할 수 있다. 일상생활을 위한 환경은 개인장, 화장실, 간식 및 점심, 낮잠 및 휴식공간의 영역을 의미하고, 놀이를 위한 환경은 실내와 실외의 놀이 영역을 의미한다. 유아를 위한 보육 환경구성의 원리와 각 영역의 환경구성은 다음과 같다.

가) 환경 구성의 원리

유아는 보육시설에 머무르는 시간 중 대부분을 보육실에서 보낸다. 보육실에서 놀이를 하고 휴식을 취하거나 간식을 먹고, 잠을 자거나 또는 점심을 먹기도 한다. 보육실은 유아에게 가장 중요하기 때문에 안전하고 위생적이며 놀이 활동에 적합하게 구성하여야 한다. 유아기는 심신의 발달이 빠르고 호기심이 많지만 아직 어른들처럼 안전이나 위생에 대한 판단을 적절히 하지 못하며, 자신의 의사를 언어로 잘 표현하지 못할 수도 있기 때문이다. 교사들은 다음과 같은 점에 주의하여 환경을 구성하여야 한다.

· 가정과 같이 편안한 분위기가 나도록 한다. 가구, 커튼, 개인장, 식물 등을 이용하여 안정된 분위기를 만들 수 있다.
· 공간을 구성하거나 놀잇감을 제공할 때 개인차를 고려한다.
· 흥미 영역을 중심으로 환경을 구성하여 교육적이고 정서적으로 안정된 환경을 제공한다.
· 청결하고 안전한 환경을 제공한다.
· 온도나 습도 등이 유아들이 하루 종일 활동하기에 적합해야 한다. 온도는 20-22℃를 유지하며 습도는 50-65%가 적합하다.
· 공간은 보육실 크기와 유아 수에 기초하여 배치할 흥미영역의 수를 정하고, 활동에서 유발되는 소음이나 물의 사용, 활동에서의 움직임 정도나 자료 공유 등을 고려하여 배치한다.

나) 영역별 환경구성

(1) 실내 놀이 환경

실내 환경은 유아들이 자유롭게 활동을 선택할 수 있도록 흥미 영역으로 구분하여 구성한다. 흥미 영역은 고정된 것이 아니라 수시로 변경할 수 있으며, 1년을 단위로 4-5번 정도 위치를 재배치하는 것이 바람직하다. 초기에는 교사가 구성하여 제공하는 것이 일반적이나, 점차적으로 유아들과 함께 홍미 영역 구성의 불편함이나 편리함에 대한 생각을 공유하고 이를 토대로 재배치할 수 있다. 실내에 홍미 영역을 배치할 때는 다음과 같은 점에 유의한다.

3-5세아를 위한 보육실 환경은 홍미영역을 중심으로 구성한다. 홍미영역은 언어영역, 미술영역, 수 · 조작놀이영역, 과학영역, 쌓기놀이 영역, 역할놀이 영역, 음률영역 등을 구성할 수 있다. 홍미 영역을 배치 할 때는 보육실내의 공간 구조를 고려하여 소음이 많은 쌓기놀이 영역이나 역할놀이 영역, 음률영역은 인접하여 배치하고, 언어영역이나 과학영역, 수 · 조작영역 등은 조용한 곳으로 배치한다.

홍미영역을 구분하게 되는 보육실의 중앙 쪽에 낮은 교구장을 이용하면 공간의 크기나 형태를 융통성 있게 쉽게 바꿀 수 있고, 교사가 앉아서도 교구장 너머 다른 홍미 영역에서 활동하고 있는 유아를 관찰할 수 있는 있어 바람직하다. 홍미영역 배치 시, 보이지는 않지만 통로를 확보하여 유아들이 보육실내에 다른 놀이를 하는 유아를 방해하지 않고 지나다닐 수 있도록 한다. 홍미영역에 비치하는 교재교구 등은 되도록 실물을 그대로 사용하는 것이 바람직하며, 유아가 쉽게 선택할 수 있도록 잘 보이에 전시하고 꺼내기 쉽도록 비치한다. 또한 유아가 정리할 때에도 쉽게 제자리를 찾을 수 있도록 그림이나 사진 등으로 자리 표시를 한다.

모든 교재교구는 안전해야 하며, 자주 세척, 세탁하여 위생을 최대한 고려한다. 기본적으로 매번 사용해야 하는 교재교구나 자료 등은 항상 비치를 해야 하나, 대부분 교재교구는 생활주제나 계절에 따라 주기적으로 교체한다. 벽에 붙이는 모든 부착물은 유아의 눈높이를 고려하여 게시하고 유리가 있는 시계나 액자 등은 겉면을 투명 비닐로 싸거나 플라스틱 제품으로 교체하여 떨어지지 않도록 고정하도록 한다.

(가) 쌓기놀이영역

· 쌓기 놀이 영역은 시끄럽고 소음이 발생하는 활동적이며 건조한 영역이므로 주로 역할 놀이 영역 옆에 위치하는 것이 좋다. 특히 블록을 쌓고 넘어뜨리는 과정의 소음을 줄이기 위하여 바닥에 카펫이나 자리를 깔아 인접 영역에 방해를 주지 않도록 한다.

· 유아들이 블록을 최대한 활용하여 구성할 수 있도록 충분한 공간을 확보한다. 블록을 넣어 두는 장은 문이 없는 개방식으로 하여 밑에는 바퀴를 달아 영역을 재배열하거나 학습 활동을 위하여 움직일 때 이동을 원활하게 한다.

· 밑에는 주로 큰 블록을 쌓고 작은 것은 위에 쌓도록 하며, 여러 명이 동시에 놀이할 수 있도록 충분히 준비해주고 주제나 계절에 따라 소품을 첨가할 수 있다.

· 쌓기놀이 영역은 시끄럽고 소음이 발생하는 활동적이며 건조한 영역이므로 주로 역할놀이 영역 옆에 위치하는 것이 좋다. 특히 블록을 쌓고 넘어뜨리는 과정의 소음을 줄이기 위하여 바닥에 카펫이나 자리를 깔아 인접 영역에 방해를 주지 않도록 한다.

· 블록은 여러 명이 동시에 놀이할 수 있도록 충분히 구비해 준다. 유아가 만든 구성물을 서로 방해받지 않고 놀이에 몰두할 수 있도록 하기 위해서 좀 더 넓은 공간이 미련해 준다.

· 쌓기놀이 영역은 칸막이나 교구장으로 둘레를 막아 주어 다른 유아들이 만들어 놓은 구성물을 부수지 않도록 하고 출입문 등 유아의 왕래가 잦은 곳은 피한다. 놀이의 확장이 지속적으로 이루어지도록 주제나 계절에 따라 소품을 제공한다.

· 다양한 종류의 기본 블록들

단위 블록, 벽돌 블록, 우레탄 블록, 속이 빈 나무토막, 공간 블록, 널빤 지, 스펀지 블록, 상자나 빈 통조림 깡통을 활용한 블록 등

· 각종 모형 및 소품

인형류(모형 동물, 사람, 로봇, 공룡, 폐품을 이용하여 만든 인형 등), 탈것류(기차, 트럭, 레미콘차, 병원차, 소방차, 경찰차, 버스, 택시, 봉고차, 잠수함, 유람선, 소방선, 여객선, 화물선, 전투기, 여객기, 우주선, 비행기 등), 기타 보육주제와 관련된 소품들(동물 가면, 교통 표지판, 신호등, 간판 표시물, 운전대, 가면, 경찰이나 오토바이용 모자, 소방관 모자, 상자 곽 건물이나 집, 선반, 상자 등)

· 기타자료

쌓기놀이 하는 데 도움을 주는 책, 화보, 활동 제시 카드 등

(나) 역할놀이영역

· 역할놀이 영역은 유아들이 소방서놀이, 병원놀이 등 다양한 주제의 상상놀이 및 사회극놀이를 하는 곳이다. 많은 유아들이 참여할 수 있도록 충분한 공간을 제공하고 쌓기놀이 영역과 가까이 배치하는 것이 바람직하다.

· 이런 경우 두 영역의 놀이(쌓기놀이; 목욕탕 구성하기/ 역할놀이; 목욕탕 놀이)가 연계되고 놀이가 확장될 수 있으며, 남녀 유아가 모두 참여하게 된다. 유아들의 상상력을 자극하고 놀이의 주제가 고정되지 않도록 자료를 충분히 제공하며 적절히 자료를 바꾸어 준다.

· 양성평등, 다문화교육 등이 자연스럽게 이루어질 수 있는 장소이므로 소꿉놀이와 관련된 주제 이외에 여러 가지 주제가 전개될 수 있도록 소품을 준비해준다.

· 역할놀이 영역은 집과 같은 안락한 느낌을 가질 수 있도록 소파, 쿠션, 테이블보 등을 이용하여 환경을 구성한다. 역할놀이에 사용되는 소품은 상품화된 물품을 구입하기보다 실제용품이거나 실제와 유사

한 작은 것으로 준비하는 것이 유용하다. 다양한 놀이를 위해서는 유아를 위해 만들어지지 않은 소품도 제공이 가능하다. 그러므로 폐품으로 활용하는 자료(예: 의복, 신발, 핸드폰, 가방, 가정용품 등)들을 제공할 경우에는 특별히 안전에 신경을 써야 하며 위험한 부분은 미리 제거한 후 제공하도록 한다.

· 기본가구

거울, 소파, 유아용 탁자, 의자 및 옷장, 인형 침대, 안락의자 등

· 보육 주제와 관련된 각종 역할놀이 소품

가족 놀이 소품(주방용품, 일상용품, 의류, 신발류 등), 운송기관 놀이 소품(조종사, 선장이나 어부 등), 가게 놀이 소품(모형 과일, 놀이용 돈, 시장바구니, 지갑 등), 병원 놀이 소품(의사 가운, 청진기, 반사경, 간호사 모자와 가운, 주사 바늘을 뺀 주사기, 솜, 붕대, 혈압기, 가위, 1회용 밴드, 소독약, 반창고, 온도계 등), 우체국 놀이 소품(멜 수 있는 큰 가방, 편지, 소포, 집배원 옷, 모자, 놀이용 우표, 저울, 엽서, 다양한 크기의 봉투, 연필이나 사인펜, 종이, 풀, 스티커 등), 미장원 놀이 소품(가운, 손님용 미용 캡, 모형 가위, 헤어드라이어, 가발, 고무줄, 머리핀, 머리빗, 머리 수건, 날 없는 면도기, 빈 샴푸 병, 빈 화장품 병, 놀이용 돈, 지갑, 손님이 앉아서 볼 책, 전화기 등) 등

(다) 미술영역

- 미술영역은 다양한 재료를 이용하여 그리기, 만들기, 꾸미기와 같은 표현이 이루어지고 완성된 작품을 감상하는 기회를 제공한다. 미술영역은 활동실의 조용하고 밝은 곳에 위치하는 것이 좋다.
- 손쉽게 자료를 꺼내고 정리할 수 있는 자료장이 구비되어야 하고 작품을 다 마친 후 작품을 말리거나 전시할 수 있는 설비가 있어야 한다. 물이 필요한 활동이나 정리를 위해 물이 가까이 있는 곳에 배치하면 좋다.
- 다른 유아의 방해를 받지 않고 마음껏 집중을 할 수 있는 충분한 공간과 시간을 마련해 주는 것이 필요하다. 또한 유아가 만든 작품을

직접 전시하거나 보관할 수 있는 공간을 구비해 준다.

· 밀가루 반죽, 찰흙, 물감 활동을 할 때에는 책상에 비닐 커버를 깔아주고, 유아용 앞치마를 준비하여 마음껏 활동을 즐길 수 있게 해준다.

· 종이류

도화지, 색종이, 색도화지, 골판지, 포장지 등

· 그리기 도구

크레파스, 색연필, 연필, 볼펜, 색분필, 물감, 한국화 물감, 먹물, 붓, 사인펜, 매직 등

· 만들기 도구

가위, 풀, 테이프, 스테이플러, 펀치, 본드 등

· 각종 자료

찰흙, 밀가루 반죽, 고무 점토, 톱밥, 나무젓가락, 빨대, 실, 솜, 스펀지, 수수깡 등

· 폐품류

상자류, 병뚜껑, 플라스틱 병류, 다양한 천 조각 및 가죽 조각 등

· 기본비품

작품 건조대, 작업 가운 등

(라) 언어영역

· 햇빛이 잘 들어 밝고, 시끄러운 영역과는 멀리 떨어진 조용한 곳에 배치한다.

· 다양한 크기의 쿠션을 마련해주고, 따뜻한 느낌의 카펫을 깔아주어 유아들이 편안하게 책을 보거나 언어활동을 할 수 있도록 배려한다.

· 책을 전시할 때에는 책의 표지가 잘 보이도록 진열하여 준다.

· 다양한 종류의 책을 보육주제에 맞춰 주기적으로 교체해 줌으로써 유아들이 늘 책에 흥미를 갖고 즐겨볼 수 있도록 한다.

· 카세트와 테이프, 이어폰을 비치해주어 동화 듣기나 유아 스스로 목소리를 녹음하고 들어볼 수 있게 한다.

· 유아들이 특히 좋아하는 동화는 다양한 형태의 매체(막대동화, 융판동화, TV동화, 동극자료 등)로 제작해주어 흥미를 확장시켜준다.

· 듣기, 말하기, 읽기, 쓰기를 고루 경험할 수 있도록 자료를 균형 있게 제시한다.

· 5세 유아의 경우 초기에는 듣기와 그림책보기를 중심으로 영역을 구성하고, 초등학교와의 연계를 위해 점차 읽고 쓰기를 위한 영역을 확장시켜 준다.

· 듣기 자료

CD 플레이어와 CD, 헤드폰, 카세트 레코더와 테이프, 슬라이드, 다양한 책 등

· 말하기 자료

이야기 꾸미기 자료와 융판, 이야기 꾸미기 그림 카드, 여러 가지 손 인형, 막대 인형, 그림판과 자석 인형, 인형극 틀, 그림으로 읽는 동화, 녹음기, 공 테이프, 마이크, 동화 등

· 읽기 자료

다양한 책과 책꽂이, 그림책, 주제에 따른 화보 모음 책, 잡지류, 사전, 만져서 알 수 있는 글자(나무, 모래 종이, 모루, 플라스틱, 하드보드지 등으로 된 글자), 친구 이름 카드, 글자 카드, 주사위를 이용한 게임용 글자 등

· 쓰기 자료

다양한 종류의 필기구, 풀, 가위, 소형칠판, 색분필, 글자 상자, 단어 카드, 타자기, 컴퓨터와 프린터, 작은 책, 궁금한 낱말 카드, 자 · 모음 카드, 한글 · 알파벳 고무 글자판과 스탬프, 잉크, 다양한 색과 크기의 종이, 독서 카드 용지, 하드보드지, 연필깎이, 소형 화이트보드와 마커 펜 등

(마) 음률영역

- 음률 영역은 유아들이 음악을 듣고, 노래를 부르고 여러 가지 악기 및 소리를 탐색하며 몸을 움직여 보는 영역이다. 활동적이고 소음이 많은 영역이므로 다른 영역에 방해가 되지 않도록 조용한 영역과는 떨어진 곳에 배치하거나 필요한 기간 동안만 배치할 수도 있다. 다양한 소리가 나는 악기 혹은 교구를 제공하는 것이 필요하다.
- 음률 영역의 벽면에는 그림으로 된 간단한 노래 악보나 악기 연주 악보를 붙여 놓아 유아들이 보고 노래하거나 연주할 수 있도록 한다.
- 바닥에 카펫을 깔아 소음을 흡수하고, 음악에 따른 신체 표현시 안전할 수 있게 한다.
- 서양악기와 우리나라 전통악기를 포함하여 유아들이 쉽게 다룰 수 있는 리듬 악기나 타악기부터 시작해서 점차적으로 멜로디 악기로 확장해 가면서 균형 있게 경험할 수 있도록 제공한다.
- 만 5세 유아는 리듬 뿐 아니라, 멜로디의 탐색도 가능하므로, 음악의 보다 다양한 측면을 경험할 수 있도록 준비해 준다. 실로폰과 같은 멜로디 악기나 간단한 색깔 악보를 사용하여 유아의 음에 대한 이해를 도울 수 있다.

· 기본 교구

녹음기, 헤드폰, 노래 테이프, 음악가 및 악기에 관련된 사진 자료, 그림 악보 등

· 우리나라 전통악기류

소고, 장구, 북, 징, 꽹과리, 가야금 등

· 서양악기류

리듬악기류(탬버린, 캐스터네츠, 트라이앵글, 방울, 우드블록, 마라카스 등), 멜로디 악기류(실로폰, 멜로디언, 목금, 피아노 등), 다른 나라 전통악기 등

· 각종 소품

신체 표현에서 사용할 소품류(각종 동물 가면, 리본 테이프, 공, 탈춤 소품 등)

(바) 수 · 조작놀이영역

- 수 · 조작 영역은 유아들이 소근육, 논리적 사고, 문제 해결과 관련된 활동을 하는 곳이다. 개별 활동이 주로 이루어지는 곳으로 조용한 곳에 책상과 함께 배치한다.
- 유아의 소근육 발달을 돕기 위해 지퍼 올리기, 단추 채우기와 같은 일상생활훈련자료, 퍼즐류, 다양한 형태의 끼우기 블록자료를 제공하고, 이에 몰두 할 수 있는 환경을 구성한다.
- 놀잇감은 유아들의 흥미를 끌 수 있도록 잘 보이게 놓고 정리정돈도 쉽게 할 수 있도록 바구니나 쟁반에 담아 제공하는 것이 좋다.
- 5세 유아를 위한 수 · 조작 영역은 대 · 소근육의 발달이 어느 정도 이루어져서 다양한 게임을 즐기고 전략적 사고를 할 수 있는 시기임을 고려하여 구성한다.
- 따라서 판 게임이나 카드 게임을 통하여 유아들이 다른 사람의 전략을 예측하거나 측정하기, 그래프 그리기, 공간과 도형에 관한 활동을 통하여 수학에 관한 기초적인 경험을 할 수 있는 기회를 제공해준다.

· 퍼즐

보육 주제와 관련된 다양한 퍼즐(그림 맞추기, 숫자 퍼즐, 색 퍼즐, 도형 퍼즐 등)

· 구성하기를 위한 자료

레고 블록, 코코 블록, 다목적 블록, 꽃 블록, 오색 만능 띠 등

· 일상생활 활동을 위한 자료

열쇠 · 자물쇠 맞추기, 볼트 · 너트 맞추기, 옮겨 담기(물, 콩, 쌀 등), 바느질 카드 등

· 수학 활동 관련 자료

일대일 대응, 분류, 비교, 순서짓기, 부분과 전체, 측정, 공간과 도형, 규칙성 등의 개념 발달에 도움이 되는 생활 주제와 관련된 자료

· **게임 자료**

보육 주제와 관련된 판 게임이나 카드 게임

(사) 과학 영역

· 과학 영역은 수 · 조작놀이 영역과 마찬가지로 조용한 영역에 배치한다. 특히 식물이나 동식물을 키울 수 있으므로 햇빛이 잘 드는 곳을 택한다. 또한 소집단으로 집중하여 활동에 몰입할 수 있도록 유아가 관찰하기 쉬운 낮은 탁자 등을 구비한다.

· 다양한 사물들을 관찰할 수 있고, 생물에 대한 친숙함을 느끼며, 물리적 현상들을 직접 조작하고 탐구할 수 있도록 구성한다.

· 과학 영역의 자료들은 계절, 주제, 유아의 흥미에 기초하여 다양한 자연물이나 실물을 제시한다. 예를 들면 열매, 식물, 꽃, 솔방울, 곤충, 조개껍질 등 주변에서 볼 수 있는 것이 좋다. 자료는 한꺼번에 모두 제시하는 것보다 꾸준히 바꾸어 주고, 보충해 주는 것이 좋다.

· 과학적 탐색을 하면서 자료들을 벽에 부착할 수 있으므로 쉽고 안전하게 붙일 수 있는 작은 게시판을 붙여 둔다.

· 5세 유아의 경우, 관찰이나 실험 결과의 기록지를 제시하고 유아가 그림이나 글로 표현하여 또래와 결과를 분석하거나 토의할 수 있도록 격려한다.

· **기본 도구**

거울, 자석, 돋보기, 프리즘, 못, 핀 등

· **물체와 물질의 특성 및 움직임과 관련된 도구**

여러 가지 물체와 물질, 측정 도구, 기계류, 널빤지, 바퀴가 달린 놀잇감, 바퀴와 부속품, 도르래, 투명하고 단단한 플라스틱류, 튜브와 관 종류, 그릇류 등

· **생명체 관련 자료**

식물(꽃, 야채 등), 자연에서 수집한 자연물(나뭇잎, 열매, 씨앗, 나뭇가지, 꽃잎, 솔방

울 등), 식물과 관련된 자료(다양한 종류의 식물, 삽, 스프레이, 식물에 관한 책), 동물(거북이, 금붕어, 달팽이, 햄스터, 병아리 등), 동물과 관련된 자료(먹이, 동물과 관련된 책)

· 자연현상과 관련된 자료

자연현상과 관련된 사진, 온도계, 습도계

· 기타

관찰 용지, 필기도구 등

(2) 실외놀이 환경

실외 놀이는 기관에서 오랫동안 생활하는 유아들이 신선한 공기를 마시고 햇볕을 쬘 수 있는 시간이므로 매일 일과에 포함되어야 한다. 실외에서 활동을 하는 동안 유아들은 신체적 활동뿐만 아니라 자연을 탐색하고, 친구들과 함께 놀이하면서 사회성을 기르기도 한다. 뿐만 아니라 물과 모래를 가지고 놀면서 긴장감을 해소하기도 하고, 그늘지고 조용한 곳에서 휴식을 취하기도 한다. 이러한 유아들의 놀이를 도와주기 위해 실외놀이공간은 다양한 재료로 바닥을 구성하고, 햇볕이 드는 공간과 그늘진 공간을 확보하며 안전하게 구성되어야 한다.

실외 놀이 영역의 환경을 구성할 때에는 실내 놀이실과 연결되도록 하여 유아가 이동을 쉽게 할 수 있도록 한다. 또한 대근육 활동을 위한 영역, 물 · 모래놀이 영역, 동 · 식물 기르기 영역, 정적 영역 등 흥미 영역으로 구성하는 것이 바람직하다. 실외활동 면적 중 1/3은 조용한 활동공간으로 활용하고, 나머지 2/3는 활동적인 놀이 공간으로 활용하면 좋다. 실외 놀이터의 바닥 자료는 잔디, 시멘트, 자갈, 모래, 흙 등 다양하게 구성되어 있으면 좋으나, 오르기 시설물이 있는 바닥은 유아의 안전을 위하여 탄력성이 있는 바닥재를 설치하는 것이 더 적합하다. 실외 놀이터에는 유아를 외부의 차량이나 사람들로부터 보호하고 유아 혼자 밖으로 나가지 않도록 울타리를 설치한다. 울타리는 유아가 기어오르거나 머리 등의 신체 일부분이 끼지 않을 자재를 사용한다.

(가) 대근육 활동을 위한 영역

· 대근육 활동을 위한 영역에는 그네, 미끄럼, 시소, 오르기 등의 고정 놀이기구들을 배치한다. 고정 놀이기구의 바닥에는 모래나 쿠션이 있는 재료를 깔아서 유아가 넘어지거나 떨어졌을 경우에도 큰 상처를 입지 않도록 안전을 고려하여 설치한다.

· 나무상자, 널빤지, 플라스틱 용기, 로프, 속이 빈 블록 등의 고정되지 않은 도구를 비치하여 뛰고, 달리고 하는 움직임 이외에 다양한 형태의 움직임을 경험해 보게 할 수 있다. 그 외에도 공, 줄, 자전거 등을 비치하여 신체조절 능력, 평형 감각, 리듬 감각 등을 길러줄 수 있도록 한다.

· 5세 유아를 위한 대근육 활동 영역에는 달리기, 구르기, 오르고 내리기, 미끄러지기, 균형 잡기, 뛰어내리기 등과 같은 다양한 신체적 경험을 해 볼 수 있도록 시소, 그네, 정글짐, 복합놀이 기구, 자전거, 평균대, 뜀틀, 매트, 다양한 종류의 공, 훌라후프, 굴렁쇠 등을 비치한다.

(나) 물 · 모래놀이 영역

· 물과 모래는 특정한 결과물을 요구하지 않기 때문에 유아들에게 실패나 좌절의 감정을 주지 않고 유아들의 내적인 불만이나 긴장 등을 발산하거나 해소시켜 줄 수 있다.

· 모래놀이 영역은 복합놀이기구 밑에 위치하게 하는 경우도 있으나 독립된 영역으로 제시해 주는 것이 바람직하다. 물놀이 영역은 모래놀이 영역과 인접하여 설치하면 놀이가 확장될 수 있다.

· 학기 초에는 물과 모래 자체를 만지고 놀면서 다양한 방법으로 탐색할 수 있도록 하고 이후에는 여러 가지 소품을 제공해 주어 놀이가

확장될 수 있도록 한다.

· 모래놀이를 하는 동안에는 모래가 눈에 들어가거나 삽 등의 도구로 상처를 입지 않도록 안전에 유의하며 놀이할 수 있도록 한다.

· 물·모래놀이 영역은 오랫동안 유아가 앉아서 놀게 되므로 그늘을 만들어 주도록 한다.

· 물놀이 도구

물놀이 통, 다양한 크기와 모양의 그릇, 숟가락, 작은 양동이, 물뿌리개, 주전자, 바가지, 깔때기, 여러 가지 페인트용 붓, 스펀지와 솔, 여러 가지 종류의 폐품, 가운, 수도, 호스 등

· 모래놀이 도구

모래밭, 다양한 크기와 모양의 그릇, 여러 가지 종류의 병, 숟가락, 삽, 갈퀴, 깔때기, 작은 양동이, 물뿌리개, 주전자, 바가지, 구멍의 크기가 다른 체, 낮은 의자, 트럭, 불도저 등의 장난감 자동차, 수도, 호스 등

(다) 동·식물 기르기 영역

· 유아들이 꽃과 나무, 풀을 탐색하고 토끼, 닭, 오리 같은 동물들을 관찰할 수 있도록 준비한다.

· 식물은 실외환경 전반에 걸쳐 작은 꽃과 풀에서 큰 나무에 이르기까지 조화롭게 조성되어야 하지만 독성이 있거나 가시가 있는 식물은 제외한다.

· 꽃과 나무를 교사가 미리 심어 놓을 수도 있지만 계절에 따라 유아들이 직접 씨를 뿌리고 재배하는 경험을 가지게 할 수도 있다.

· 지역에 따라서 직접 야채를 재배하는 경험을 가질 수도 있다. 동물은 사육장을 만들어 청결하게 관리하고 유아들이 너무 다가가지 않도록 안전울타리를 설치한다.

· 동물

동물 사육장, 닭, 다람쥐, 토끼, 오리 등

· 동식물

꽃과 꽃씨, 꽃삽, 채소모종, 채소씨앗, 팻말, 물뿌리개 등

· 기타

돋보기, 앞치마, 물뿌리개, 줄자, 저울, 관찰용지, 필기도구, 온도계 등

(라) 조용한 영역

· 유아들이 실외에서 장시간 활동을 하면 쉽게 지쳐버리기 때문에 놀이 중에 언제라도 휴식할 수 있는 장소를 제공해 주는 것이 필요하다.

· 날씨가 좋으면 그리기, 책 보기, 동화 들려주기, 조형 활동과 같이 실내에서 하던 조용한 활동을 실외에서도 할 수 있고, 간식을 밖에서 먹을 수도 있다.

· 공간이 허락한다면 그늘이 드리워지도록 등나무를 올리거나 지붕이 있는 정자를 설치하고 그 아래에 모여 앉을 수 있는 평상이나 의자를 둘 수도 있다.

· 조용한 영역을 위한 공간이 충분하지 않다면 의자나 돗자리 등을 준비하여 주고 움직임이 많은 영역에서 떨어진 곳에 배치하여 유아들이 놀이에 집중할 수 있도록 배려한다.

· 텐트를 설치해 주거나 놀이집을 놓아 주는 것도 좋다.

· 미술

찰흙, 종이, 분필, 물감, 붓, 이젤, 가운, 걸레, 수건 등

· 책 보기

보육 주제와 관련된 책 등

(마) 창고 및 통로

· 실외 흥미 영역에는 놀이 영역 외에 놀이 기구 및 놀이 용품을 보관

할 수 있는 창고나 보관함 그리고 통로가 있어야 한다.

· 창고나 보관함은 유아들이 실외 놀이 기구를 쉽게 꺼내 쓰고 정리 정돈 할 수 있도록 배치하고 정리가 끝난 후에는 유아가 안에 들어가지 않도록 잠금 장치를 하여 교직원이 관리할 수 있도록 한다.

· 통로는 다른 영역으로 가는 전이 공간, 자전거 등과 같은 탈것이 다니는 길, 잡기 놀이, 각 놀이 영역을 탐색하기 위한 공간 등으로 사용되므로 중요하다.

· 통로는 각 영역별 특성을 고려하여 시멘트, 보도블록, 흙, 자갈, 잔디와 같이 바닥 표면을 다르게 구성할 수도 있다.

(3) 일상생활을 위한 환경

(가) 현관 및 복도

· 현관과 복도는 만남과 헤어짐의 공간이므로 유아들이 정서적으로 안정될 수 있도록 밝고 안락하게 구성한다.

· 부모들이 잠시 앉아 유아를 기다릴 수 있는 장소로 구성하고 가정과 기관의 연계를 위한 장소로 활용할 수 있으며, 개인의 소지품이나 작업 결과를 보관할 수 있는 개인장을 배치할 수 있다.

(나) 화장실

· 화장실은 배변을 위한 장소일 뿐만 아니라 하루의 일과가 진행되는 동안 여러 번 손을 씻는 장소이기도 하므로 활동실과 연결하여 배치하는 것이 좋다.

· 항상 물이 있는 공간이기 때문에 유아들이 미끄러지지 않도록 안전에 유의할 뿐만 아니라 매일 청소하여 청결하고 위생적으로 관리를 하도록 한다.

(다) 간식 및 식사를 위한 공간

· 간식을 먹거나 식사를 위해 별도로 마련된 식당을 이용할 수도 있으나 보육실을 함께 사용할 수도 있다.
· 식당의 경우에도 청결이 필수이지만 보육실에서 간식 및 식사가 이루어지는 경우에는 간식 및 식사 전 준비와 정리 과정에서 청결 및 위생에 신경을 쓰도록 하고 정리가 이루어진 후에는 환기에도 유의할 필요가 있다.

(라) 낮잠 및 휴식을 위한 공간

· 낮잠 자는 시간을 위하여 별도의 방을 마련할 수도 있으나 보육실을 함께 사용하는 경우도 많이 있다.
· 보육실에서 낮잠이나 휴식이 이루어질 때는 간이침대나 요를 사용하고 침대와 침구를 보관할 수 있는 장을 준비한다.
· 간이 침대나 요를 사용할 때는 교구장과 거리를 두고 배치하고 커튼을 이용하여 밝기를 조절하여 아늑한 분위기를 마련한다. 활동 중에 자연스럽게 휴식을 취할 수 있도록 교실 한 편에 조용한 휴식 공간을 마련해 줄 수도 있다.

3) 기본적인 교사의 역할

가) 교육과정 설계자로서의 역할

보육 교사는 기관이나 자신이 추구하는 철학적 관점, 유아들의 발달적 특성 및 요구, 지역적 · 문화적 상황과 표준 보육과정에서 추구하는 인간상, 보육목적, 보육 목표 및 내용을 반영하여 연간, 월간, 주간, 일일 보육 계획을 작성하여야 한다.

나) 상호작용자로서의 역할

유아는 환경과의 적극적인 상호 작용을 통해 많은 것을 학습한다. 따라서 교사는 적합한 환경 및 학습 활동을 제공하고 유아가 활동에 참여할 때 효과적인 상호작용자로서 적절한 개입과 의사소통을 해야 한다. 교사는 단순한 지식의 전달자가 아니라 학습을 촉진하는 상호 작용자의 역할을 적절히 수행할 수 있어야 하며, 그러한 상호 작용 과정에서 유아가 스스로 문제를 해결하고 질문에 대한 답을 찾아갈 수 있도록 지원하는 역할을 해야 한다.

다) 놀이촉진자로서의 역할

교사는 놀이에 적합한 환경을 구성하고 필요한 자료를 제공해 주며 유아의 놀이를 세밀하게 관찰하고 교사의 도움이 필요한 시점에서 적절히 개입하여 유아가 놀이를 심화, 확장시켜 가도록 촉진하는 역할을 해야 한다. 교사가 유아의 놀이에 얼마나, 어떻게 개입하느냐 하는 개입 여부와 개입 수준은 유아 놀이의 종류나 내용, 놀이의 발달 수준, 놀이하는 유아 개인과 집단의 특성 등을 토대로 결정해야 한다. 예를 들어, 유아들이 놀이를 지속하면서 더 이상 새로운 활동으로 확장시키지 못할 경우, 교사는 유아들의 놀이 장면에 놀이자로 참여하여 유아 옆에서 병행 놀이를 하면서 새로운 활동에 대한 단서를 제공할 수 있다. 그러나 그 활동에 참여한 유아들이 교사의 병행 놀이를 단서로 활용하지 못할 경우에는 보다 직접적으로 새로운 아이디어나 활동을 제안하는 방식으로 개입의 방법을 수정하는 것이 바람직하다.

라) 환경구성자로서의 역할

환경 구성자로서의 역할에 대해서는 '환경구성' 에서 구체적으로 제시하였으므로 이를 참고하면 도움이 될 것이다.

마) 기본생활습관 지도자로서의 역할

유아기는 기본생활습관이 형성되는 중요한 시기로 매일의 생활을 통해 그리고 놀이 상황을 통해 건강한 생활, 안전한 생활, 바른 생활에 대한 올바른 태도와 습관을 형성하도록 도와주어야 한다. 이와 같은 역할을 수행하기 위해서 보육교사는 표준보육과정에서 제시하고 있는 기본생활영역의 목표, 내용 및 수준, 교사 지침을 숙지하는 것이 필요하다.

바) 관찰자 및 평가자로서의 역할

보육교사는 유아의 일상생활과 놀이 활동 속에서 유아의 행동을 관찰하고 평가하므로 유아의 발달 상황을 파악할 수 있고 그것을 기초로 유아에게 적절한 지원을 제공할 수 있다. 따라서 유아를 제대로 보육 · 교육하기 위해서 보육교사는 항상 유아의 건강상태, 행동, 생각, 느낌 등을 세밀하게 관찰하여 기록하고 그것에 기초해 상호작용해야 한다. 보육시설에서 교사가 유아들과 상호 작용하면서 지속적으로 관찰하고 기록하는 일은 쉽지 않으나, 적절한 관찰 시간을 정하여 각 유아의 놀이 상황을 객관적으로 관찰하려고 노력해야 한다.

사) 부모프로그램 운영자로서의 역할

학부모들은 유아의 생활을 항상 궁금해 하므로 매월 또는 매주 가정통신문을 통해 보육시설의 소식이나 학급의 여러 소식을 전하고 수업의 진행 상황을 알려 주며 식단을 공개하여 보육시설 생활을 이해하도록 돕는다. 또한 1년 동안 이루어지는 행사 내용과 일시를 사전에 미리 알려 주어 학부모가 일정을 미리 조정하여 참여할 수 있도록 배려하며, 학부모를 위한 다양한 부모 프로그램을 운영하여 보육시설과 가정이 긴밀하게 협력할 수 있도록 한다. 또한 부모가 보육시설을 자녀의 보육 · 교육에 대하여 전문적으로 이해하는 기관으로 신뢰할 수 있도록 전문적인 보육 서비스를 제공해야 한다.

아) 연구자로서의 역할

전문가로서의 교사는 어느 한 수준에 머무르지 않고 지속적으로 발전해 가야 하므로 보육 교사는 현장의 문제 및 실태를 파악하여 현장 개선을 위해 노력하거나 새로운 이론 및 활동을 현장에 적용하는 것과 같은 연구자로서의 태도와 능력을 갖추는 것이 필요하다. 연구자로서의 교사는 전문적이고 다양한 시각으로 교육 활동을 이해하고 반성적으로 사고함으로써 자신의 전문성을 높여갈 뿐만 아니라 유아가 전인적인 발달을 이루도록 지원하는 역할을 수행해야 한다.

4) 일과 운영 시 교사의 역할

교사는 유아가 보육시설에 등원하여 하원하기까지 다양한 종류의 경험을 할 수 있도록 활동을 계획하고 지도하여야 한다. 즉 교육적 활동과 일상적 양육, 조용하며 정적인 활동과 동적활동, 개별 활동과 대 · 소집단활동, 교사주도 활동과 유아-교사, 유아-유아, 유아-교구 간 상호작용이 강조된 활동, 활동에 대한 적극 참여와 개인적 휴식, 그리고 실내 활동과 실외 활동 등이 골고루 포함되고 이러한 활동들이 서로 균형을 이루도록 한다. 하루 일과에 따른 교사의 역할을 등원, 실내자유선택활동, 정리정돈 및 전이활동, 대 · 소집단활동, 실외자유선택활동, 점심 및 낮잠, 귀가지도 및 가정과의 연계로 나누어 볼 수 있다. 교사들은 보육계획안이 작성되어 있더라도 개별 유아의 건강이나 심리 상태, 날씨, 분위기 등에 따라서 일과를 융통성 있게 운영하도록 한다. 각 개별 유아들의 발달 수준, 흥미, 사전 경험, 기질 등에 기초하여 유아들과의 상호작용을 하도록 한다.

가) 등원

교사는 등원 시간 전에 미리 보육실을 점검하고 그날의 보육 활동 자료(교사용과 유아용 모두)를 준비한다. 등원하는 유아를 밝은 표정으로 반갑게 맞이하여 유아가 하루를 즐겁게 시작하도록 한다. 또한 짧은 시간이라도 유아를 데려온 부모에게 그 전날 저녁에 있었던 특별한 사건이나 유아의 건강 상태, 기분 등의 정보를 듣는다. 그리고 그날에 필요한 정보를 교환하여 하루 일과를 지도하는 데 참고하도록 한다. 이때 교사는 유아가 스스로 개인 사물함에 신발, 옷, 개인 용품을 넣도록 지도하고, 유아의 기분, 건강 상태, 투약 시간, 중간 귀가 여부를 확인하고, 각 반 교실 또는 통합 보육실에서 유아가 하고 싶은 놀이를 선택하여 놀이를 시작하도록 새로 소개된 자료나 활동을 소개하고, 부모와 편안하게 떨어져서 놀이를 할 수 있도록 수용적이고 반기는 분위기를 조성하도록 한다.

나) 실내 자유선택활동

교사는 유아의 발달 수준과 흥미를 사전에 알고 생활 주제에 적합한 놀이 환경을 조성해야 하며, 유아가 스스로 활동을 계획하고 실행하고 평가할 수 있도록 해야 한다. 유아들이 자유선택활동을 계획할 때 전날 활동과 연계하여 계획하도록 지원하거나, 새로운 놀이나 활동을 소개해 주면서 유아의 흥미를 자극하고 동기를 유발시킨다. 오전과 오후, 실내와 실외 자유선택활동 등이 서로 연계될 수 있도록 융통성 있게 운영하며, 모든 유아들이 놀이를 선택하여 참여할 수 있도록 돕고, 유아들이 선택한 활동에서 좀 더 발달된 수준으로 활동이 진행될 수 있도록 적극적인 상호작용을 한다. 교사는 평가하기 시간에 유아들이 참여했던 자유선택활동을 서로 소개하여 여러 유아의 놀이와 서로의 느낌 또는 감정을 공유하도록 지원한다.

다) 정리 정돈 및 전이활동

유아들이 전체적인 정리 정돈 시간 외에 자신이 놀이를 끝내고 다른 놀이로 전이할 때 개별적으로 놀잇감을 정리하고 그 자리를 떠나도록 하며, 자신이 만든 자료나 옷 등을 사물함에 가져다 넣도록 개별적인 지도와 전체적인 정리정돈 시간 지도를 한다. 정리정돈 시 유아가 사용하기 적합한 크기의 빗자루, 걸레, 쓰레기통 등 필요한 물품을 같은 자리에 마련해 두며, 선반 위에 같은 놀잇감 사진을 붙여 두거나 밑그림을 붙여 주어 유아가 좋아하는 놀잇감을 항상 같은 자리에서 찾고 또한 정리하기 쉽도록 한다. 정리 시간이 5-10분쯤 남았다는 것을 모든 유아들에게 알려 주어 새로운 놀이를 시작하지 않고, 유아 스스로 자신의 놀이를 마무리할 시간을 주도록 한다. 정리할 것이 많은 유아에게는 개별적으로 언제쯤 치우는 시간인가를 미리 알려 주어 놀이를 더 확장하지 않도록 한다. 전체 집단에게 정리정돈을 알릴 때에는 신호 노래나 벨 소리 등을 사용하여 그것에 익숙해지도록 한다. 정리 정돈에 시간이 많이 필요한 영역에 가서 도와주되, 전체 보육실의 정리 정돈이 되어가는 상황을 수시로 체크하여 손이 더 필요한 영역으로 유아들을 보내어 서로 도와주도록 격려한다. 유아들이 작품을 완성했을 때는 전시할 공간을 마련해 주고, 아직 완성하지 않았을 때는 유아들이 다음날 연계해서 활동할 수 있도록 격려 한다.

라) 대 · 소집단 활동

대 · 소집단의 인원 구성, 하루에 모이는 횟수, 진행 시간 등은 유아의 흥미, 발달 특성, 활동의 특성, 시기, 활동실의 상황 등을 고려하여 융통성 있게 운영한다. 주의집중에 너무 많은 시간이 걸리지 않도록 하되 흥미로운 시작이 되도록 수수께끼나 말잇기, 잠깐 진행하는 게임, 손유희, 노래 부르기 등을 하는 것도 좋다. 교사가 일방적으로 활동을 이끌어가지 않고 많은 유아들이 개별적 경험을 나누되 지루해하지 않게 진행되도록 한다. 대 · 소집단 활동을 하는 동안 교사는 적절하게 질문하고, 제안하고, 유아의 반응을 격려하고 인정해 주는 등의 개입이 필요하다. 학기 초에는 가능한 대집단 보다는 소집단 활동을 더 많이 계획하고 실시한다. 초기에는 집단으로 모이기 힘든 유아를 위해 개별 활동을 준비할 수도 있다.

마) 실외 자유선택활동

실외에서 계절에 따른 자연의 변화를 쉽게 경험하면서 실내에서 할 수 없는 대근육 활동이나 물 · 모래놀이, 자전거타기, 뛰어다니기, 사방치기, 비석치기, 그림자놀이, 동 · 식물 관찰하고 기르기 등 다양한 경험을 하도록 한다. 하루 종일 보육시설에서 생활하는 유아가 실외활동을 통해 긴장을 풀고 심리적인 발산을 하도록 한다. 안전한 환경 제공과 안전사고 위험이 따르는 곳은 교사의 지속적인 관찰이 필요하며, 평소 안전교육을 통하여 유아 스스로 안전의 중요성을 인식하고 안전하게 놀이기구를 사용할 수 있도록 한다. 구급약과 물휴지 등을 항상 비치한다. 실외 놀이를 하는 시간을 융통성 있게 조정하며, 실내 활동과 연계하여 균형이 이루어지도록 한다. 다양한 놀잇감이나 놀이 기구를 이용하게 하며, 자연환경을 직접 탐색하고 관찰하는 경험을 제공한다. 정적인 활동을 경험할 수 있도록 배려하며, 휴식할 수 있는 공간도 제공한다. 물, 모래놀이나 물감을 이용한 활동, 신체 활동 등을 할 수 있는 기회를 제공한다.

바) 간식 및 점심

간식과 점심시간은 영양학적인 측면을 고려해야 할 뿐만 아니라 유아의 식습관과 위생개념이 형성이 되도록 배려해야 한다. 교사는 개별 유아의 식습관을 배려해 주어 안정된 분위기를 조성하도록 한다. 교사는 이 시간이 단순히 음식을 먹는 시간이라기보다는 유아가 다양한 음식을 접해 보고, 선호하는 음식의 폭을 넓혀 가며, 영양적으로 균형 있는 음식에 대해 관심을 가질 수 있는 기회를 제공해 주어야 한다. 간식이나 점심을 먹기 전에 손, 탁자, 책상 등을 깨끗하게 닦도록 한다. 유아의 식사량을 파악하여 배식해 준다. 교사도 유아와 함께 음식을 먹으면서 유아들의 식습관 등을 관찰하고 유아들이 조용하게 대화를 나누며 기분 좋게 음식을 먹을 수 있도록 안정되고 즐거운 분위기를 조성한다. 편식을 하지 않도록 하며 바른 식사예절을 지키도록 지도한다. 식사가 끝난 후에 유아들이 사용할 양치 도구를 준비해 둔다. 개별적으로 간식을 각자 먹을 경우 그날의 간식 내용과 양을 표시해 두어 유아 스스로 간식을 덜어서 먹을 수 있도록 배려한다. 식사를 마친 후 자신이 먹은 그릇을 스스로 정리 할 수 있도록 지도한다.

사) 낮잠 및 휴식

교사는 유아들이 낮잠뿐 아니라 하루 중 중간 중간에 개별적 휴식을 취하도록 공간을 마련해 주어야 한다. 낮잠과 휴식은 유아가 오전의 활동으로 인해 쌓인 피로를 풀어 주고 활기차게 오후 보육활동에 참여할 수 있도록 하며 면역력을 높여 준다. 또한 유아가 잠을 자는 동안 뇌세포는 쉬게 되고 기억을 재정비하기 때문에 이 과정에서 유아의 기억력이 강화되기도 한다. 매일 일정하게 휴식하는 시간을 정하되 하루 일과의 특성, 날씨 등을 고려한다. 낮잠을 원하지 않는 유아는 조용하게 휴식을 취하도록 한다. 유아들의 정서적 안정감을 위해 개인 담요, 베개, 인형 등의 개인적인 물건을 허용한다. 커튼을 내리거나 조용한 음악을 틀어주는 등 유아들이 편안하게 쉴 수 있는 환경을 조성한다. 유아들의 개별적인 낮잠 습관을 파악하여 적절하게 반응하여 준다. 잠자기 전에 그림책을 준비하여 편안하게 읽어주고 잘 자라고 인사한다. 교사는 유아가 잠에서 깨어 일어나면 서둘러 깨우기보다 자신의 에너지를 다시 회복할 때까지 기다려 준다. 유아들이 낮잠을 자는 시간 동안에 적어도 한 명의 교사는 보육실을 떠나지 않고 항상 잠자는 유아들의 상태나 자세들을 계속 살펴보아야 한다. 낮잠을 잘 때와 깰 때는 하루 일과 중 유아와 가장 긴밀하게 개별적인 대화를 나눌 수 있는 시간이므로 유아가 잠들기 전에 오전 중 가장 재미있었던 놀이나 경험을 묻고 유아의 경험을 즐겁게 들어 주거나 자고 일어난 유아에게는 잘 잤는지 기분이 어떤지 등을 물어볼 수 있다. 잠을 깨고 나면 각자의 침구를 정돈하고 화장실을 다녀오게 한다. 그리고 잠옷이나 땀에 젖은 옷 등은 갈아입을 수 있도록 도와주고 머리를 빗거나 옷매무새를 단정하게 할 수 있도록 한다.

아) 화장실 다녀오기

화장실을 다녀오는 것은 하루 일과 중 수시로 일어나며 개별적인 배려가 필요하다. 교사는 유아의 표정이나 자세 등을 민감하게 파악하여 유아가 화장실에 갈 시간인가를 판단해서 다녀오도록 한다. 용변 시간을 정해놓고 모든 유아가 맞출 수는 없으나 일반적으로 정리정돈 시간 후, 점심 · 낮잠시간 후, 자유선택활동시간 등에 개별적으로 또는 친구들과 함께 화장실에 가도록 유아들의 주의를 환기시켜 주면 자연스럽게 화장실을 갈 수 있다. 바른 위생습관을 갖게 하기 위해서 화장실에 세면대를 두어 배변 후 꼭 손을 깨끗이 씻도록 지도한다. 유아들에게 변기 사용법, 배변 후 물 내리는 것과 휴지 사용법 등을 알려주고 화장실이나 의복을 더럽히지 않는 방법을 천천히 습득하도록 도와준다. 교사는 유아의 용변 습관을 개인 조사서를 통해 파악하고 보육시설에서 새로 습득한 내용은 부모들에게 수시로 알려서 가정에서도 일관성 있는 배변습관을 형성할 수 있도록 한다. 또한 유아가 실수했을 때 갈아입힐 여벌의 옷을 가정에서 보내주도록 하여 항시 비치해 둔다. 교사는 화장실에서 용변을 보기 전과 본 후의 모든 과정을 알기 쉽게 그림으로 그려서 순서대로 벽면에 붙여 두고 유아가 보고 따라할 수 있도록 한다. 화장실 바닥은 유아들이 미끄러지지 않게 물기를 닦아주며 늘 청결한 상태를 유지하도록 한다.

자) 귀가 지도 및 가정과의 연계

귀가 시간은 교사와 부모가 하루 일과에 대한 정보와 의견을 나누는 시간이며, 유아에게는 부모와 다시 만나는 시간이다. 하루를 지낸 유아들이 안전하게 귀가할 수 있도록 교사는 다음과 같은 역할을 한다. 개별 유아들이 하루의 일과를 조용히 정리하고 즐거운 마음으로 부모님을 만날 수 있도록 정서적인 지지를 해 준다. 개별 유아들이 옷을 입고 소지품을 챙길 수 있도록 충분한 시간을 두고 계획한다. 하루 일과, 특이 사항(식사량, 수면 시간, 다친 곳 등), 공지사항 등과 같이 부모님께 전달할 내용을 미리 정리하여 준비한다. 교사는 보호자가 온 후 유아가 하원하는 과정에서 보호자가 유아를 혼자 두어 유아들이 보육시설 외부로 먼저 나가거나 위험한 행동을 하지 않는지 살펴보아야 한다. 귀가 지도가 이루어진 후에는 보호자가 유아의 안전에 전적으로 책임이 있음을 알리는 것도 필요하다. 유아가 약속된 보호자와 함께 귀가하는지를 반드시 확인한다.

보육교사를 위한 보육프로그램 영상자료

4. 소규모 보육시설

하루일과 운영 교육영상

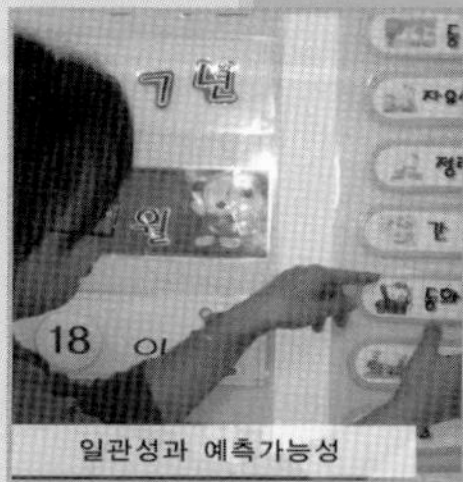

책임연구원 : 이완정(인하대학교 교수)

공동연구원 : 이정란(도봉구보육정보센터 소장)

박지현(인하대학교 조교)

가. 소규모 보육시설 교육영상자료의 구성

1) 영상자료의 구성항목 및 주요내용

〈표 II-4〉소규모 보육시설 교육영상자료의 구성항목 및 주요내용

항목	내용
프롤로그	· 소규모 보육시설의 범위 · 표준보육과정의 이해 · 교사역할 분담의 중요성 · 영상자료의 내용
보육계획의 수립	· 주제중심의 통합적 보육활동 - 연령, 개별 영유아의 흥미를 고려 - 주제와 관련된 다양한 활동을 준비 · 표준보육과정과 연령별 보육프로그램의 활용 · 실제 하루일과를 반영한 보육계획안으로 수립 · 보육계획안에 따른 교재교구 배치 · 보육계획안의 수정 · 연령통합 보육계획안 · 규칙적인 하루일과와 리듬 · 일과의 일관성과 예측가능성 · 하루일과를 통한 다양한 발달의 통합 지원
보육환경의 구성	· 보육환경의 중요성 · 보육환경의 요소 - 안전과 청결 - 가정과 같은 편안함 - 연령에 맞는 청결한 화장실 - 깨끗한 개별침구 - 위생적인 식간식 준비환경 - 다양한 활동과 놀잇감 · 소규모 보육시설의 공간구성 유형 · A형 : 보육실별 구성 - 보육실별 구성의 공간구성 원리 - 장점 - 단점 · B형 : 부분 통합 구성 - 부분 통합 구성의 공간구성 원리 - 장점

항목	내용
	· C형 : 전체 통합 구성 - 전체 통합 구성의 공간구성 원리 - 장점 - 단점
하루일과의 운영	· 교사간 역할분담의 중요성 - 일부 인력이 빠질 경우의 대처 필요 - 공동 사용영역에 대한 업무 분장 필요 - 긴밀한 교사 역할 공유 필요 · 당번교사제의 의의 · 하루일과에 따른 교사역할의 분담 - 등원 - 오전 자유선택놀이 - 간식 및 화장실 지도 - 대소집단활동 - 점심시간 - 낮잠지도 - 오후 자유선택놀이 - 귀가지도 · 소규모 보육시설의 시차제 활용 - 거실공간의 시차제 운영 - 실내외 활동의 시차제 운영
마치며	· 보육계획의 수립 · 보육환경의 구성 · 하루일과의 운영과 교사역할의 분담

2) 영상자료의 특징

가) 기본가정

본 영상자료에서는 소규모 보육시설의 기본 유형을 만2세를 기준으로 0세부터 1세까지의 반과 2세 이상의 반으로 구분한다. 보육시설의 공간 구성은 반별로 구분하여 한 활동실내에 각 활동영역을 거의 모두 배치하는 경우도 있고, 활동실 별로 한 두 활동영역을 주력하여 통합형으로 배치하는 경우도 있다. 본 영상자료에서는 2세 이상 반은 반별로 각 활동영역을 배치하되, 1세까지의 반은 거실과 반을 합하여 활동영역을 통합 배치하는 것을 권유한다.

소규모 보육시설은 시설장과 2-3명의 교사가 역할을 분담하여 하루일과를 운영하는 바, 교사 간 역할분장과 역할 공유가 순조롭게 이루어지는 것이 중요하다. 본 영상자료에서는 교사 중 한 사람이 하루일과 중 발생하는 상황에 맞추어 교사 간 세밀한 역할분담을 능동적으로 조정하는 역할을 일종의 당번제로 돌아가며 맡을 것을 상정하고 있다. 즉 모든 교사는 담당 활동실 별로 주 교사 역할을 하되, 당번 교사가 하루일과 중 필요할 때마다 교사 간 역할 분담을 조정하고 나머지 교사는 이에 부응하여 능동적으로 역할을 수행하도록 안내하고 있다.

나) 보육계획 수립의 중요성

본 영상자료에서는 소규모 보육시설에서 주제중심의 통합적 활동이 이루어질 수 있도록 보육계획안을 수립하여 보육과정을 진행하되, 보육계획안이 실제 하루일과를 반영하여 현실적으로 운영의 지침이 될 수 있도록 하는 것이 중요하다는 점을 보여주고자 하였다. 보육계획안은 하루의 일과가 짜임새 있게 진행되도록 보육교사에게 도움을 주는 기준 역할을 하지만 보육시설의 특성 및 담당하고 있는 영유아의 발달적 요구와 흥미를 반영하지 않은 채 보육계획안을 이상적으로만 수립하게 되면 보육계획안과 실제 하루일과가 동떨어지게 된다. 보육계획안을 수립할 때에는 지킬 수 있을 만큼만 계획하는 것이 바람직하다. 일주일에 적어도 두 세 가지의 새로운 활동이 제시될 수 있도록 하되 교사가 준비하기 쉬운 활동으로만 계획하다보면 영유아가 불균형한 경험을 할 수 있으므로 전체 활동의 균형을 고려하도록 안내하고 있다.

또한 영유아가 교사가 준비한 활동에 흥미를 보이지 않거나 비가 와서 계획했던 실외활동을 할 수 없거나, 한 두 명의 아이가 아파서 보채거나, 교사 수가 갑자기 줄어드는 등 교사가 유연하게 대처해야 할 불가피한 상황이 발생하면 보육계획안을 유연하게 수정하여 대처하도록 하였다. 가능한 한 교사는 보육계획안에 따라 하루일과를 진행하고 진행한 일과의 평가에 따라 다음 보육계획안을 수정하는 등 보육계획안과 하루 일과의 진행을 맞추어내는 꾸준한 노력이 필요하다. 본 영상자료에서는 보육계획안을 구성할 때 정부에서 안내하고 있는 표준보육과정과 이에 기초한 연령별 보육프로그램을 활용하도록 권하고 있다.

다) 연령별 통합 보육계획의 적용

보육시설의 환경 구성이 연령대별로 나뉘어 있을 경우 연령대별로 서로 다른 주간계획을 수립하여 실행할 수 있다. 본 영상자료에서는 소규모 보육시설의 경우 두 연령대 혹은 세 연령대에 맞추어 서로 다른 주간계획을 세울 수도 있고, 전체 연령을 통합하여 비슷한 주간 계획을 세울 수도 있음을 가정하고 있다. 이를 위해 보육시설의 환경 구성이 통합적으로 되어 있을 경우 연령대별로 동일한 주간계획을 수립하여 실행하되 이 때에는 반드시 연령별, 수준별 차이를 고려하여 한 주제에 대해 두 수준 이상의 활동을 준비하도록 권유하고 있다. 본 영상자료에서는 무엇보다 중요한 것은 동일한 연령이라도 개별 영유아의 요구와 흥미에 따라 다양한 수준의 활동을 제공하는 것이라는 점을 강조하고 있다.

라) 보육환경의 요소

본 영상자료에서는 보육환경이 갖추어야 할 요소에 대해 안내하고 있다. 보육환경은 영유아가 접근하기 쉽도록 구성하되 안전하고 청결하게 유지될 수 있도록 배려해야 한다. 소규모 보육시설은 가정과 같이 편안하고 쾌적하며 가구나 시설 설비가 영유아의 신체에 맞게 갖추어져 있어야 한다. 그 외 화장실, 개별침구, 부엌, 식간식 시간에 사용할 탁자 등을 청결하고 위생적으로 갖추어야 한다. 영유아의 일상생활이나 놀이를 적극 격려할 수 있도록 다양한 활동과 이에 필요한 놀잇감이 준비되어 있어야 한다. 이를 위해 보육실은 영유아가 선택 가능한 여러 가지 활동이 준비된 흥미영역으로 이루어져야 한다. 영유아를 위한 흥미영역으로는 대근육 영역, 조작 영역, 언어 영역, 탐색 영역, 표현 영역, 쌓기 및 역할 영역 등이 있다. 본 영상자료에서는 소규모 보육시설의 여러 가지 사례를 동영상과 사진으로 제시하면서 보육환경이 갖추어야 할 요소별 특성에 대해 안내하고 있다.

마) 소규모 보육시설의 실내 공간 구성

본 영상자료에서는 소규모 보육시설의 공간을 구성하는 방법을 크게 세 가지로 안내하고 있다. 첫째, 대규모보육시설과 마찬가지로 각 보육실별로 흥미영역을 구성하는 방법, 둘째, 크기가 큰 보육실은 별도로 흥미영역을 구성하되, 크기가 작은 한 두 개의 보육실은 거실과 연계하여 흥미영역을 구성하는 방법, 셋째, 영유아의 연령대가 비슷하고 모든 보육실의 크기가 작을 경우 전체 보육실과 거실과 합하여 흥미영역을 통합 구성하는 방법에 대해 구체적으로 보여주고자 하였다. 본 영상자료에서는 어떤 방법으로 보육시설의 공간을 구성할 것인지는 해당 보육시설의 공간구조와 재원 영유아의 연령별 구성을 고려하여 결정하도록 안내하고 있다.

바) 교사역할 분담의 중요성

본 영상자료에서는 소규모 보육시설에서 긴밀한 교사역할의 분담이 이루어져야 함을 강조하고 있다. 소규모 보육시설은 공간이 비교적 작고 영유아의 연령대가 조밀하며 교사의 수도 적은 소규모집단으로 이루어져 각 교사가 역할을 효율적으로 분담하면 보다 순조롭게 하루의 일과를 운영할 수 있기 때문이다. 교사 간 역할분담이 잘 이루어지지 않을 경우 공간을 공유하는 시간에는 교사주도형으로 집단 활동만 진행되거나 반대로 교사들이 있어도 영유아들은 방치되는 상황이 자주 나타나게 된다.

본 영상자료에서는 매 주 돌아가며 한 교사씩 당번교사 역할을 맡고, 나머지 교사는 당번교사의 조정에 따라 역할을 수행하는 당번교사제를 실시할 수 있다고 안내하고 있다. 당번 교사제를 실시하면 보육계획안의 내용에 따라 각 교사가 역할을 분담하고 공유하면서 하루일과를 보다 짜임새 있고 효율적으로 진행하는 것이 용이하게 된다. 본 영상자료에서는 당번교사제에 대해 안내하되, 어느 역할을 맡든 모든 교사는 담당하고 있는 반의 영유아에 대한 일차적인 관리책임을 갖고 하루 일과를 운영해야 한다는 점을 강조하고 있다.

사) 시간 및 공간의 시차제 활용

본 영상자료에서는 소규모 보육시설의 한정된 공간을 보다 효율적으로 사용하기 위해 시차제를 활용할 것을 권유하고 있다. 가령 소규모 보육시설에서 가장 큰 공간인 거실을 대소집단 활동 시간에 연령별로 번갈아가면서 사용함으로써 거실에서의 활동시간을 늘이도록 할 수 있다. 또한 연령별로 실내외 활동을 교차하여 진행함으로써 한 공간에 머무는 영유아의 집단 크기를 줄일 수도 있다. 본 영상자료에서는 이러한 시차제 운영을 위해 무엇보다 교사간 긴밀한 사전조율이 가장 중요하다는 점을 강조하고 있다.

3) 영상자료 활용 시 유의사항

가) 연령별 운영과 연령통합 운영

본 동영상자료는 소규모 보육시설의 보육과정이 연령 통합적으로 이루어지는 것이 바람직하다는 점을 기본으로 하되 연령별로 운영되는 현장의 현실도 대부분 반영하였다. 이에 따라 본 자료에서는 2세 이상 반은 반별로 흥미영역을 배치하고, 1세 이하까지는 거실과 반을 합하여 흥미영역을 배치하여 운영하는 부분 연령 통합방법을 모델로 제시하고 있다. 그러므로 현장에서는 본 영상자료에 담긴 내용을 그대로 따르기보다는 해당 보육시설의 영유아 연령구성비에 따라 어느 연령대를 중심으로 어디까지 통합 운영할 것인지를 결정하고 이를 토대로 영상자료의 내용을 반영할 필요가 있다.

나) 흥미영역의 구성

본 동영상자료에서는 소규모보육시설의 공간을 구성하는 방법의 예를 몇 가지 제시하였다. 본 자료에서 공간구성 시 안내된 흥미영역의 배치방법은 하나의 사례라는 점을 염두에 두고 현장에서 이를 그대로 적용하기 보다는 각 보육시설의 공간구조와 연령구성, 교사의 현황을 충분히 고려하여 보육시설의 상황에 맞게 흥미영역을 구성하도록 해야 한다.

다) 교사역할의 분담

본 동영상자료에서는 대규모보육시설에서와 같이 교사들이 보육실별로 각각 하루일과를 운영하는 방법 보다는 교사들이 하루일과에 따라 긴밀하게 상호작용하면서 보육과정 운영에 있어 공간과 시간의 효율성을 높이는 것이 적절하다고 안내하고 있다. 본 영상자료에 제시된 교사역할의 분담내용을 토대로 각 보육시설에서 교사 인력 상황에 맞게 교사 간 구체적인 역할 공유 및 분담 방법을 재구성하여 적용할 필요가 있다.

나. 소규모 보육시설 교육영상자료의 구체적 내용

1) 프롤로그

비디오	오디오	표준보육과정 및 보육프로그램과의 관련성
아파트 · 주택 보육시설의 실내외 장면 표준보육과정	• 소규모 보육시설은 주로 아파트나 주택의 형태로 20인 미만의 영유아를 돌보는 곳입니다. • 본 교육영상자료는 소규모 보육시설에서 표준보육과정에 맞추어 보육프로그램을 운영할 수 있도록 지원하고자 제작되었습니다.	표준보육과정의 운영 – 각 보육시설의 특수성을 고려하여 국가수준의 표준보육과정을 융통성 있게 운영할 수 있다.
교사간 역할분담	• 소규모 보육시설은 시설장과 두 세 명의 보육교사가 역할을 분담하여 하루 일과를 운영하는 경우가 많습니다. 그러므로 교사 간 역할분담과 공유가 순조롭게 이루어지는 것이 중요합니다.	
보육계획의 수립 보육환경의 구성 하루일과의 운영 연령별 프로그램과 교사 역할 동영상 참조	• 본 영상자료에서는 연령별 보육 프로그램을 전제로 소규모 보육시설에서 보육계획을 수립하고, 보육환경을 구성한 후, 하루일과를 운영할 때 특히 고려해야 하는 점을 중점적으로 다루었습니다. • 그러므로 본 영상을 보시기 전에 연령별 프로그램 동영상과 보육교사 역할을 다룬 동영상을 먼저 보시는 것이 좋습니다.	

2) 보육계획의 수립

비디오	오디오	표준보육과정 및 보육프로그램과의 관련성
주제중심의 통합적 보육활동	• 질 높은 보육프로그램을 제공하기 위해서는 영유아의 발달적 특성을 고려한 주제중심의 통합적 보육활동을 계획하여 실행하여야 합니다. 이를 위해서는 연령, 개별 영유아의 흥미 등을 고려하여 적절한 주제를 선정해야 하며, 주제와 관련된 다양하고 충분한 활동을 준비해 주어야 합니다.	표준보육과정의 운영 – 보육내용에 적합한 다양한 활동을 선정하고 통합적으로 운영하도록 구성함으로써 표준보육과정의 영역별 목표가 균형 있게 달성되도록 해야 한다.
표준보육과정과 연령별 보육프로그램 주간보육계획안을 대·소집단으로 나눈 장면 / 정적·동적활동으로 나눈 장면 보육계획안의 역할 – 교사가 주간보육계획안을 살펴보는 장면 / 교사 간 상호작용하는 장면	• 보육계획안을 구성할 때는 정부에서 안내하고 있는 표준보육과정과 이에 기초한 연령별 보육프로그램을 활용하도록 합니다. • 보육계획안을 토대로 보육교사는 일주일의 일과가 대소집단 활동 간의 균형과 정적/ 동적활동 간의 균형을 갖추고 있는지, 생활주제에 따른 영역별 균형에 맞추어 각 활동의 연속성을 갖추고 있는지 등을 파악하고 점검하는데 유용하게 사용할 수 있습니다. • 보육계획안은 하루의 일과가 짜임새 있게 진행되도록 보육교사에게 도움을 주는 기준 역할을 합니다. 보육시설의 특성 및 담당하고 있는 영유아의 발달적 요구와 흥미를 반영하지 않은 채 보육계획안을 이상적으로만 수립하게 되면 보육계획안과 실제 하루일과가 동떨어지게 됩니다.	표준보육과정의 운영 – 각 보육시설들은 연간 및 월간 또는 주간 보육계획을 문서화하여 보육활동을 선정하고 실시하는 과정이 적절하였는가를 평가해야 한다.
• 보육계획안에 따른 교재교구 배치	• 보육시설에서는 주간계획안에 따라 각 흥미영역의 놀잇감을 주기적으로 교환해 주는 것이 좋습니다. 가령 "몸"에 관한 주제를 다룰 때는 병원	표준보육과정의 운영 – 영유아의 연령, 특성, 계절, 지역 내 행사나 특정 사건, 가정의 요구, 어린이집의

Part 4 소규모

비디오	오디오	표준보육과정 및 보육프로그램과의 관련성
	놀잇감을 역할영역에 배치해둘 수 있습니다. "가을"에 대한 주제를 다룰 때는 언어영역에 가을에 대한 도서, 탐색영역에 가을열매와 과일 등을 배치해 둘 수 있습니다.	환경적 특성 등을 고려하여 영역별 활동을 선정한다.
보육계획안의 수정	• 비가 와서 계획했던 실외놀이를 갈 수 없거나, 교사 수가 갑자기 줄어드는 때에는 보육계획안을 유연하게 수정하여 대처해야 합니다.	
소규모 보육시설의 경우	• 소규모 보육시설의 경우 연령별로 주간계획을 세울 수도 있고, 전체 연령을 통합하여 주간 계획을 세울 수도 있습니다.	- 각 보육시설의 특수성을 고려하여 국가수준의 표준보육과정을 융통성 있게 운영할 수 있다.
연령통합 보육계획안 - 한 영아는 수수깡을 자르고 그 옆의 유아는 자른 수수깡을 붙이는 장면	• 가령 보육시설의 환경이 통합적으로 구성되어 있을 경우에는 주요 연령대별로 동일한 주간계획을 수립하여 실행할 수 있습니다. 다만 이때는 반드시 연령별, 수준별 차이를 고려하여 한 주제에 대해 두 수준 이상의 활동을 준비하는 것이 좋습니다.	- 영유아의 연령차 뿐 아니라 같은 연령 내에서의 개인차를 반드시 고려한다.
규칙적인 하루일과	• 하루일과는 영유아의 신체적, 생리적 리듬을 고려하여 편성하여야 합니다. 먹고, 화장실가고, 씻고, 잠자는 등의 활동은 영유아의 건강한 발달을 위한 토대가 됩니다.	표준보육과정의 목표 - 보육시설이나 사회에서 안전하고 건강하게 살아가는데 필요한 기본생활 태도를 기른다.
강약의 리듬 - 실내외, 동적 · 정적 활동, 낮잠 장면	• 영유아는 놀고, 또래와 함께 지내고, 준비된 활동을 하면서 배우고, 활발한 실외활동도 하는 반면, 느슨한 활동을 하거나 낮잠을 자는 등 하루일과에서 강약의 리듬을 갖도록 할 필요가 있습니다.	

비디오	오디오	표준보육과정 및 보육프로그램과의 관련성
일관성과 예측가능성 – 하루일과표 / 교사가 하루일과 순서를 바꾸어 게시하는 장면	• 또한 하루일과는 일관성이 있어야 영유아가 예측을 하게 되어 심리적 안정감을 느낍니다. 계획된 활동이나 일과의 순서가 바뀔 때에는 영유아가 하루의 리듬을 깨지 않으면서 순조롭게 적응할 수 있도록 미리 설명하여 준비시키는 것이 좋습니다.	
다양한 발달을 통합 지원	• 영유아는 하루일과를 보내며 신체발달, 지적발달, 정서발달, 사회성 발달을 통합적으로 이루어가게 됩니다.	표준보육과정의 필요성 – 신체, 언어, 사회, 정서, 인지의 총체적 측면을 고루 경험할 수 있도록 격려되어야 한다.

3) 보육환경의 구성

비디오	오디오	표준보육과정 및 보육프로그램과의 관련성
보육환경의 중요성	• 보육의 질은 우수한 보육프로그램 뿐만 아니라 영유아의 발달특성에 적합하게 구성된 보육환경에 의해 영향을 받습니다.	
바람직한 환경	• 영유아가 안전하고 위생적으로 생활하고, 능동적인 환경 탐색을 통해 자신의 발달적 잠재성을 일깨워갈 수 있도록 영유아에게 바람직한 환경을 제공하는 것이 중요합니다.	
보육환경의 요소	• 잘 구성된 보육환경은 몇 가지 요소를 갖고 있습니다.	
안전과 청결	• 우선 전체공간은 영유아가 접근하기 쉽도록 구성하되 안전하고 청결하게 유지될 수 있도록 배려합니다.	기본생활〉 안전한 생활

비디오	오디오	표준보육과정 및 보육프로그램과의 관련성
가정과 같은 편안함	• 보육시설은 가정과 같이 편안하고 쾌적하며 가구나 시설 설비가 영유아의 신체에 맞게 갖추어져 있습니다. 가령 2-3세반의 교구장은 3단인 것이 좋고, 0-1세반의 교구장은 2단으로 낮은 것이 좋습니다.	기본생활〉 건강한 생활〉 즐거운 생활하기 - 익숙한 공간에서 안정된 마음을 갖는다.
화장실	• 화장실은 영유아용 변기를 갖추어두거나 성인용 변기에 영유아용 보조기를 설치해 둡니다. 또한 유아가 혼자 손을 씻을 수 있도록 보조대를 둡니다. 기저귀 가는 곳은 청결하며, 사용하기 쉽도록 관련 물품이 손에 닿기 쉬운 곳에 놓여있습니다.	기본생활〉 건강한 생활
개별침구	• 영유아에게는 개별 침구를 제공하고, 잠을 자는 시간이 많은 영아의 침구는 조용하고 지나치게 밝지 않은 곳에 배치해둡니다.	기본생활〉 건강한 생활〉 적당한 잠자기와 휴식하기
위생적인 점심 및 간식 준비	• 부엌은 안전하고 위생적으로 영유아의 점심 및 간식을 조리할 수 있도록 설비하고, 점심 및 간식 시간에는 청결한 탁자가 준비되도록 합니다.	기본생활〉 건강한 생활
다양한 활동과 놀잇감 - 흥미영역별 교구장, 자유선택 놀이 장면 등	• 영유아의 일상생활이나 놀이를 적극 격려할 수 있도록 다양한 활동과 이에 필요한 놀잇감이 준비되어 있습니다. 이를 위해 보육실은 영유아가 선택 가능한 여러 가지 활동이 준비된 흥미영역으로 이루어져야 합니다.	기본생활〉 건강한 생활〉 즐겁게 활동하기 - 보육교사는 영아의 관심과 흥미에 맞는 놀잇감과 환경을 제공한다.
소규모 보육시설의 공간 구성	• 소규모 보육시설의 경우 방과 거실로 구성된 아파트나 주택의 형태로 이루어집니다. 소규모 보육시설의 공간을 구성하는 방법은 크게 세 가지로 구분해볼 수 있습니다.	

비디오	오디오	표준보육과정 및 보육프로그램과의 관련성
A형 : 보육실 별 구성 B형 : 부분 통합 구성 C형 : 전체 통합 구성	• 우선 대규모보육시설과 마찬가지로 각 보육실 별로 흥미영역을 구성하는 방법이 있습니다. • 두 번째로는 크기가 큰 보육실은 별도로 흥미영역을 구성하되, 크기가 작은 한 두 개의 보육실은 거실과 연계하여 흥미영역을 구성하는 방법입니다. • 세 번째 방법은 영유아의 연령대가 비슷하고 모든 보육실의 크기가 작을 경우 전체 보육실을 거실과 합하여 흥미영역을 통합 구성하는 방법입니다.	
해당 보육시설의 특성을 고려 – 아파트 보육시설과 주택 보육시설의 실외 장면	• 구체적으로 어떤 방법으로 보육시설의 공간을 구성할 것인지는 해당 보육시설의 공간구조와 재원 영유아의 연령별 구성을 고려하여 결정하여야 합니다.	
A형 : 보육실 별 구성 보육실별 구성의 흥미영역	• 보육시설에 큰 방이 여러 개 있거나 영유아의 연령별 차이가 뚜렷한 경우에는 보육실 별로 흥미 영역을 구성할 수 있습니다. • 이 경우 활동실의 공간 크기에 따라 탐색 · 조작 영역, 언어 영역, 표현 영역 등 서너 가지 흥미 영역을 배치하게 됩니다. 그리고 거실에는 통상 대근육 영역, 역할 영역 등을 배치하여 공동으로 사용합니다.	기본생활〉 건강한 생활〉 즐거운 생활하기 – 보육실의 환경은 영아들의 놀이를 이끌어 낼 수 있게 동적인 것과 정적인 것이 어우러진 공간을 제공해야 한다.
장점 – 보육실별 구성의 보육실 공간 장면	• 보육실 별로 각각 흥미영역을 배치하게 되면 전체 영유아가 섞여 혼란스럽지 않고 보육실 별로 하루일과가 진행되어 교사가 보육실 상황을 관리하는데 편리한 장점이 있습니다.	

비디오	오디오	표준보육과정 및 보육프로그램과의 관련성
단점 - 영유아는 모두 각 방에 있고, 넓은 거실은 텅 비어있는 장면	• 하지만 활동실마다 흥미영역을 많이 배치해야 하므로 보육실 공간이 협소해질 수 있고, 반대로 거실은 대근육 활동시간 외에는 별로 사용하지 않게 되어 전체적으로 공간의 효율성이 떨어질 수 있습니다.	
단점 - 좁은 보육실에 영유아가 몰려서 활동하는 장면	• 무엇보다 협소한 보육실을 중심으로 하루 일과가 진행되면 유아들이 보육실내에만 머물게 되는 시간이 길어져 답답해하는 단점이 있습니다.	
B형 : 부분 통합 구성	• 보육시설에 큰 방이 하나, 작은 방이 두 개 정도 있다면 큰 방은 별도로 흥미영역을 배치하고, 작은 방 두 개는 거실과 연계하여 흥미영역을 배치하는 흥미영역 구성 방법을 사용할 수 있습니다.	
부분 통합 구성의 흥미영역	• 가령, 가장 큰 방은 연령이 높은 유아반이 사용하되, 여기에는 언어 영역, 조작 영역, 탐색 영역, 표현 영역을 배치합니다. 그리고 작은 방 두 개를 통합하여 한 활동실에는 감각영역과 표현 영역을 배치하고, 다른 활동실에는 휴식 영역과 언어 영역을 배치할 수 있습니다. • 그리고 거실에는 대근육 영역, 쌓기 영역, 역할 영역, 조작 영역 등을 배치하여 공동으로 사용합니다.	기본생활〉 건강한 생활〉 즐거운 생활하기 - 보육실의 환경은 영아들의 놀이를 이끌어 낼 수 있게 동적인 것과 정적인 것이 어우러진 공간을 제공해야 한다.
탐색활동 영역	• 그 밖에 보육시설의 전체적인 공간이 비좁다고 판단될 경우 한 두 영역은 정기적으로 바꾸어가며 배치할 수도 있습니다. 가령 탐색활동 영역은 새싹이 나는 봄이나 식물의 색깔 변화가 두드러지는 가을에 각각 2개월씩만 개설할 수도 있습니다.	

비디오	오디오	표준보육과정 및 보육프로그램과의 관련성
장점	• 이 방법은 가장 무난하여 대부분의 소규모 보육시설에서 사용하기에 적합한 경우가 많습니다.	
C형 전체 통합 구성	• 보육시설이 작은 방 여러 개로 이루어진 구식 주택이거나 방 한 개는 가족생활공간으로 사용하는 경우 영유아의 연령대가 비슷하다면 전체 공간을 통합하여 흥미 영역을 구성할 수도 있습니다.	
전체 통합 구성의 흥미 영역	• 이때는 거실 등 가장 큰 공간을 동적인 활동영역으로 삼고 각 활동실은 정적인 활동영역으로 두되 각 활동실 마다 중점 영역을 나누어 배치할 수 있습니다. • 먼저 거실은 대근육 영역, 역할 영역, 쌓기 영역을 중심으로 배치하되, 시설의 구조에 따라 대근육 영역이나 역할 영역이 베란다로 나갈 수도 있습니다. • 다음으로 각 활동실에는 정적인 영역을 나누어 배치합니다. 가령 활동실로 사용하는 방이 두 개라면 첫 번째 방에는 언어 영역과 탐색 영역을 배치하고 두 번째 방에는 조작 영역과 표현 영역을 배치할 수 있습니다.	기본생활〉 건강한 생활〉 즐거운 생활하기 - 보육실의 환경은 영아들의 놀이를 이끌어 낼 수 있게 동적인 것과 정적인 것이 어우러진 공간을 제공해야 한다.
여러 연령대가 함께 사용할 수 있도록 - 수준별 교구가 배치된 흥미영역 / 자유선택놀이 장면	• 전체 통합 환경으로 구성할 경우에는 흥미영역의 교구를 다양한 연령대가 함께 사용할 수 있도록 배려해야 합니다. 즉 기본 놀잇감을 연령별로 배치하여 두 세 연령대의 영유아가 고루 놀 수 있도록 하고, 주제와 관련된 활동자료를 수준별로 풍부하게 준비해둡니다.	표준보육과정의 운영 - 영유아의 연령차 뿐 아니라 같은 연령 내에서의 개인차를 반드시 고려한다.

비디오	오디오	표준보육과정 및 보육프로그램과의 관련성
장점 – 영역별 자유선택놀이 장면	• 전체적으로 통합하여 영역을 배치하게 되면 협소한 공간을 효율적으로 사용할 수 있고, 교사 간 능동적인 역할 분담이 가능하다는 장점이 있습니다.	표준보육과정의 기본원리 –영유아는 자신의 선택에 의해 놀이를 할 때, 그리고 주변의 환경을 직접 탐색하도록 격려될 때 관련된 지식, 기술 및 태도를 가장 잘 습득할 수 있다.
단점 – 영유아들이 목적 없이 배회하는 장면 / 교사들이 전체 영유아와 활동하는 장면	• 하지만 이와 반대로 흥미영역의 구성이나 교사 간 역할 분담이 잘 이루어지지 못할 경우 전체 아이들이 목적 없이 배회하는 시간이 많거나 교사주도적인 대집단활동 위주로 일과가 진행될 수도 있습니다.	

4) 하루일과의 운영

비디오	오디오	표준보육과정 및 보육프로그램과의 관련성
교사간 역할 분담	• 소규모 보육시설에서는 교사 간에 역할분담이 긴밀하게 이루어질 필요가 있습니다.	표준보육과정의 운영 – 각 보육시설의 특수성을 고려하여 국가수준의 표준보육과정을 융통성 있게 운영할 수 있다.
일부 인력이 빠지는 경우 – 차량지도, 간식준비, 영유아를 돌보는 장면 등	• 소규모 보육시설에서는 일부 인력이 빠지는 시간대가 생길 수 있습니다. 가령, 교사가 차량지도를 나갈 경우나 식 간식 준비를 돕는 경우, 몸이 아파 보채는 아이를 돌보느라 짬을 내기 어려운 경우, 시설장이 아이를 데리고 병원에 가는 경우가 발생합니다. 이때에는 나머지 인력이 융통성 있게 역할을 조정하여 전체 영유아를 돌볼 수 있어야 합니다.	
공동 사용영역에 대한 업무 분장	• 또한 소규모 시설은 전체 영유아가 공동으로 사용하는 영역이 많기 때문에 청소와 시설관리 등은 교사들이 통합하여 역할을 나누어 맡을 필요가 있습니다.	

비디오	오디오	표준보육과정 및 보육프로그램과의 관련성
교사간 역할 분담이 원활하지 못할 때	• 교사 간 역할분담이 잘 이루어지지 않을 경우에는 교사주도형 집단 활동만 많이 이루어지거나 교사들이 있어도 유아는 방치되는 상황이 자주 나타나게 됩니다.	
긴밀한 교사간 역할 공유 필요 - 교사 간 이야기를 나누거나, 회의하는 장면	• 그러므로 소규모 시설에 근무하는 교사의 업무특성은 대규모시설에 근무하는 교사의 업무특성과 다르다는 점을 인식하고, 자신이 담당하고 있는 영유아뿐만 아니라 시설의 전체 영유아에게 관심을 가지고 동료교사와 긴밀하게 협력하면서 교사역할을 수행하는 것이 중요합니다.	표준보육과정의 필요성 - 영유아에 대한 발달적 지식을 알고, 소집단이나 개별적으로 이들의 잠재력을 최대한 지원해 주는 교사의 역할이 강조되어야 한다.
당번 교사제	• 소규모 보육시설에서는 매주 돌아가며 한 교사씩 당번 교사 역할을 맡고, 나머지 교사는 당번 교사의 조정에 맞추어 긴밀하게 역할을 조정하는 당번 교사제를 실시할 수 있습니다.	
당번 교사의 역할	• 당번 교사는 하루일정 중 필요할 때마다 각 교사의 세부 역할을 조정하는 조정자 역할을 맡게 됩니다.	
교사가 각기 다른 역할을 하는 장면	• 나머지 교사는 당번 교사의 조정에 따라 필요한 역할을 분담하게 됩니다.	
구체적인 교사 간 역할 조율은 해당 보육시설의 특성에 맞게	• 당번 교사와 나머지 교사의 구체적인 역할은 해당 보육시설의 상황에 맞추어 조절합니다. 어느 역할을 맡든 모든 교사는 담당하고 있는 반의 영유아에 대한 일차적인 관리책임을 지며, 활동실 별로 진행되는 연령별 대소집단 활동을 주관하게 됩니다.	
영아반 교사의 경우 - 수유 장면/ 자유선택 놀이 장면	• 영아반이 있을 경우 영아반 교사는 담당 영아와 계속 긴밀히 접촉해야 하기 때문에 당번 교사 역할을 담당	

비디오	오디오	표준보육과정 및 보육프로그램과의 관련성
	하기에 적합하지 않을 수 있습니다. 이럴 경우에는 나머지 교사들끼리만 당번 교사 역할을 교대하여 맡을 수도 있습니다.	
소규모 보육시설의 하루일과	• 소규모 보육시설의 하루일과는 여타 보육시설과 마찬가지로 등원, 자유선택놀이, 오전 간식, 대소집단 활동 및 산책, 점심, 낮잠, 오후 간식, 오후 실내외 자유선택놀이, 하원의 순서로 이루어집니다.	
아침 당직 교사 역할 - 커튼, 창문 여는 장면, 나무타일 놓는 장면	• 시설에 따라서 아침 당직 역할을 돌아가며 맡고 나머지 교사는 조금 늦게 출근할 수도 있습니다. 당직 교사는 등원하는 영유아와 부모를 맞이할 수 있도록 커튼과 창문을 열어 환기를 시키고, 전체 시설을 간단히 점검합니다.	기본생활〉 건강한 생활 - 영아기는 면역력이 약하고 생리적인 변화가 심하다는 것을 알고 질병에 걸리지 않도록 환경을 조절해야 한다.
모든 영유아와 의사소통 원활하도록	• 당직 교사제를 실시하려면 당직 교사가 어느 영유아든 반갑게 맞이하고 부모와 원활하게 의사소통을 할 수 있도록 평소 교사 간 활발한 의견교환을 해두는 것이 중요합니다.	
오전 자유선택 놀이 - 자유선택놀이, 간식준비, 차량지도 장면 등	• 오전 자유선택놀이 시간에 당번 교사와 다른 교사는 영유아들의 흥미영역별 선택활동을 도와줍니다. 이 시간 동안 한 교사는 간식 준비를 하거나, 영아를 돌보거나 혹은 차량지도를 나갈 수도 있습니다.	기본생활〉 건강한 생활〉 즐겁게 생활하기
화장실 지도 - 기저귀갈이 영역, 배변훈련, 영유아가 손 씻는 장면 등	• 화장실에서의 배변지도는 어느 교사가 하든 해당 영유아의 연령에 맞게 지도해주는 것이 중요합니다. 영아의 경우에는 준비된 기저귀갈이 영역에서 위생적으로 처리하되 눈 맞춤이	사회관계〉 자기존중〉 - 영아에게 신체적 접촉과 언어적 표현을 통해 자주 애정을 표현한다. - 영아와 일대일로 얼굴을

비디오	오디오	표준보육과정 및 보육프로그램과의 관련성
	나 스킨쉽을 통해 신뢰감을 쌓을 수 있도록 배려해줍니다. 배변훈련 중인 걸음마기 유아는 교사가 일부 도와주되 친밀한 상호작용을 통해 즐거운 놀이경험이 될 수 있도록 지원해줍니다. 2세 이상의 영유아는 스스로 할 수 있도록 도와주고 배변 후에는 손을 씻을 수 있도록 지도해줍니다.	마주보며 상호작용 한다. 기본생활〉 건강한 생활〉 건강한 배설습관 갖기, 몸을 깨끗이 하기
대소집단 활동	• 대소집단 활동 시간에는 각 교사가 담당 보육실 별로 활동을 지도하게 됩니다. 2세 이하의 영유아를 위해서는 대집단 활동을 일주일에 2-3회 이하로 계획하는 것이 바람직합니다.	
인지활동 외에 사회정서 증진활동도 골고루 – 얼굴표정 카드 대보며 활동하는 장면 / 교사가 때린 유아와 마주앉아 조용히 타이르는 장면	• 대소집단 활동은 인지관련 활동뿐만 아니라 사회정서를 증진시키는 활동도 고루 하도록 합니다. 가령 영유아는 자기표현에 능숙하지 못하므로 다양한 얼굴표정 카드를 이용하여 이야기를 나누는 활동을 통해 영유아가 자신의 정서를 바르게 느끼고 이를 적절하게 표현하는 능력을 키울 수 있도록 정서활동을 할 수 있습니다.	사회관계〉 정서인식과 조절〉 자신의 정서를 적절하게 표현하기 – 자신의 정서와 욕구를 인식한다. – 1수준: 자신의 감정을 동작과 언어로 표현한다. – 2수준: 긍정적 정서와 부정적 정서를 적절한 방법으로 표현한다.
점심시간 – 배식, 점심식사, 수유, 영아를 돌보는 장면 등	• 점심시간에는 배식을 담당한 교사를 도와 나머지 교사들이 배식을 한 후, 교사가 담당 영유아들과 함께 식사를 합니다. 영아를 돌보는 교사가 함께 식사를 하지 못할 경우 다른 교사가 빨리 점심을 먹고 영아를 돌봐주도록 합니다.	기본생활〉 건강한 생활〉 즐겁게 먹기

비디오	오디오	표준보육과정 및 보육프로그램과의 관련성
교사의 점심 - 교사가 점심을 먹는 장면	• 시설에 따라서는 영유아들에게 점심 지도를 한 후 교사들이 별도로 식사를 할 수도 있습니다.	
낮잠지도 - 낮잠 자는 장면 / 영아가 개별 침대에 누워있고 유아가 교사와 놀이하는 장면	• 영유아는 낮잠시간을 통해 휴식을 취하고 원기를 회복합니다. 공간이 충분하지 않은 소규모 보육시설에서는 개별 침대보다는 개별 이불을 사용하는 것이 좋습니다. 침대를 사용할 경우에는 기어 다니지 못하는 영유아가 걸어 다니는 유아들로부터 보호될 수 있는 용도로 한 두 개 정도만 배치하는 것이 좋습니다.	기본생활〉 건강한 생활〉 적당한 잠자기와 휴식하기
낮잠의 활용 - 교사가 보육일지 적는 장면	• 낮잠시간 동안 교사들은 잠시 쉬거나 보육일지 등을 작성하도록 합니다. 이 시간 동안 당번 교사는 오전 일과를 정리해보면서 오후의 일과를 조정합니다.	표준보육과정의 평가
오후 자유선택놀이	• 오후 자유선택놀이는 시설의 형편에 따라 일부 교사가 영유아의 자유놀이를 통합 지도하고, 한 교사는 영아를 돌보거나 차량지도를 나갈 수도 있습니다.	기본생활〉 건강한 생활〉 즐겁게 생활하기
귀가지도	• 귀가지도는 각 교사가 담당 영유아별로 할 수도 있고, 오후 당직을 맡은 교사가 할 수도 있습니다.	
소규모 보육시설의 시차제 활용	• 한편 소규모 보육시설은 공간이용도를 높이기 위해 시간적, 공간적 시차제를 적극 활용할 필요가 있습니다.	자연탐구〉 탐구적 태도, 과학적 탐구
거실 공간 - 훌라후프 뛰기 활동, 빈 거실 장면	• 대부분의 소규모 보육시설에서 가장 넓은 공간은 거실일 경우가 많습니다. 거실 공간을 자유놀이시간에만 사용하고 나머지 시간에는 비워두는 것은 공간사용의 효율성을 떨어뜨립니다.	신체활동〉 신체조절 및 기본운동

비디오	오디오	표준보육과정 및 보육프로그램과의 관련성
거실 사용 시간대를 늘이도록 - 이야기나누기, 신체표현활동 장면	• 대소집단 활동시간을 각 반에서 진행하는 대신 교사 간 사전 조율을 통해 한 반씩 거실을 교대로 사용하면 가장 넓은 공간이 활용되는 시간대가 늘어납니다.	의사소통〉 듣기, 말하기 신체활동〉 신체조절 및 기본운동
거실에서의 활동 - 신체크기 그림그리기, 핑거페인팅, 풍선치기 장면	• 거실의 넓은 공간을 활용하여 진행할 수 있는 활동으로는 누워서 신체크기 그림그리기, 신문지 깔고 핑거페인팅하기, 몸을 구르거나 기구를 사용하며 체조활동 해보기 등 여러 가지 활동이 있습니다.	예술경험〉 예술적 표현 신체활동〉 신체활동참여
실내외 활동의 시차제 운영 - 거실에서 일부는 활동 중인데 일부는 현관 밖으로 나가는 장면 / 산책 장면	• 또한 실내에 머무는 유아 집단의 크기를 줄이기 위해서 일부는 각 반과 거실에서 대소집단 활동을 하는 동안 다른 일부는 실외활동을 할 수도 있습니다. • 이를 위해 언제나 전체 영유아가 함께 실외활동을 나가기보다는 교사들 간 사전 조율에 따라 때로는 일부 유아만 산책을 나가는 것도 좋습니다.	자연탐구〉 탐구적 태도, 과학적 탐구 신체활동〉 신체조절 및 기본운동
교사간 사전 조율에 의한 보육공간의 효율적 사용 - 산책, 쌓기 놀이 장면	• 어떤 경우이든 교사들 간에 서로 능동적으로 일정과 장소를 조율하고자 하면 보육시설의 공간이 다소 협소하더라도 서로 방해받지 않고 즐겁고 효율적으로 활동을 진행할 수 있습니다.	
보육계획의 수립 보육환경의 구성 하루일과의 운영 효율적인 보육과정 운영	• 지금까지 소규모 보육시설의 보육계획의 수립, 보육환경의 구성, 하루일과의 운영 등에 대해 살펴보았습니다. • 소규모 보육시설은 전체 영유아와 교사가 함께 긴밀하게 접촉하며 하루를 보내는 곳입니다. 교사 간 효율적인 업무 공유와 분담을 통해 보육과정이 원활하게 이루어질 수 있도록 노력합시다.	

다. 하루일과에 따른 교사역할의 분담

1) 등원

아침 등원은 영유아가 부모와 떨어져 보육시설에서 하루를 시작하는 시간이다. 영유아가 큰 스트레스 없이 부모와 이별하고 보육시설에 즐겁게 적응할 수 있도록 도와주어야 한다. 등원하는 영유아를 맞이할 때는 영유아의 건강상태와 기분을 살피고, 투약의뢰 등 부모의 요구를 주의 깊게 듣도록 한다. 교사는 영유아가 개인물품을 사물함에 넣고 개별 놀이를 시작하도록 지원하여 준다. 아침을 거르고 등원한 영유아에게는 죽이나 우유 등 간단한 식사를 할 수 있도록 해준다. 시설에 따라서 아침 당직 역할을 한 두 명의 교사에게 맡기고 나머지 교사는 조금 늦게 출근할 수도 있다. 아침 당직을 맡은 교사는 등원하는 영유아와 부모를 맞이할 수 있도록 커튼과 창문을 열어 환기를 시키고, 전체 시설을 간단히 점검한다. 아침당직을 맡은 교사는 다른 교사들과의 활발한 의견교환을 통해 전체 영유아 및 부모와의 의사소통을 원활하게 할 수 있도록 노력해야 한다.

2) 오전 자유선택활동

실내 자유선택활동 시간은 영유아가 자신의 홍미와 발달요구에 따라 홍미영역에서 개별 활동에 참여하는 시간이다. 당번교사와 교사들은 영유아들이 홍미영역별로 선택하여 놀면서 주제와 관련된 활동들을 균형 있게 경험할 수 있도록 적절한 상호작용을 해주도록 한다. 한 두 명의 교사는 필요시 차량지도를 나가거나, 간식 준비를 하거나, 영아를 돌보는 등의 역할을 할 수 있다.

자유선택활동을 진행할 때에는 한 두 영역에만 영유아들이 몰리지 않도록 조절해준다. 그리고 보육계획안의 활동 주제가 무엇인지 염두에 두고 개별 영유아가 각 활동영역에서 준비된 활동의 목표를 달성할 수 있는 방법으로 놀이를 경험할 수 있도록 지원해주어야 한다. 때로는 활동의 목표에 몰두한 나머지 영유아가 충분히 탐색을 하기도 전에 교사가 활동을 주도함으로써 영유아의 흥미를 떨어뜨리게 할 수 있다. 그러므로 영유아의 탐색활동을 민감하게 관찰하여 영유아의 흥미와 관심을 충분히 파악한 후 이를 북돋을 수 있도록 지원하는 방향으로 행동하는 것이 중요하다.

3) 정리정돈

정리정돈 시간은 영유아들이 자신의 능력에 맞추어 사용하던 교구와 놀잇감을 정리해두는 시간이다. 정리정돈 활동을 통해 영유아는 자신의 환경을 더욱 익숙하게 익히고, 주변 환경을 청결하게 유지하는 습관을 키우는 등 안정감과 자조능력을 획득하게 된다. 당번 교사는 영유아와 함께 정리정돈을 진행하고, 다른 교사는 정리정돈을 마친 후 영유아들이 손 씻기를 할 수 있도록 도와준다.

4) 화장실 지도

화장실에서의 배변지도는 영유아의 연령에 맞게 이루어져야 하며, 영유아가 스스로 할 수 있도록 배려해주어야 한다. 2세 이상의 유아는 스스로 소변을 보고, 옷을 입고, 손을 씻을 수 있도록 격려하여 준다. 배변훈련중인 걸음마기 유아는 소변을 보거나 손을 씻는 과정을 교사가 도와주되 유아와 교사 간에 친밀한 상호작용을 경험할 뿐만 아니라 화장실 경험이 유아에게 즐거운 놀이과정이 될 수 있도록 시간을 가지고 여유 있게 진행하도록 한다. 영아의 경우 기저귀 갈이 영역을 배치해두고 기저귀 가는 과정을 위생적이고 청결하게 진행하되, 영아가 배변과 관련된 일련의 과정을 편안하고 즐겁게 경험할 수 있도록 교사가 영아와 스킨쉽과 눈맞춤을 하며 신뢰감을 쌓을 수 있는 기회로 활용해야 한다. 영유아의 연령이 어떻든 영유아기 적절한 배변 경험은 영유아의 건강한 신체 및 정서적 발달에 매우 중요하다. 배변 후에는 영유아가 스스로 손을 씻을 수 있도록 지도해준다.

5) 간식 지도

영유아는 간식시간을 통해 영양이 풍부한 제철채소와 과일을 섭취하여 영양보충을 할 수 있으며, 심신의 휴식을 취하면서 다음 활동을 시작할 수 있는 에너지를 얻게 된다. 간식을 담당한 교사가 각 활동실로 배식을 하면, 나머지 교사는 이를 식탁에 차려 아이들이 먹을 수 있도록 준비해 준다. 모든 교사는 영유아들과 함께 간식을 먹으며 간식 지도를 하게 된다. 당번 교사는 간식을 빨리 먹고 일찍 먹은 아이들이 조용한 놀이를 하도록 지도하고 나머지 교사들은 뒷정리를 한다.

6) 실내외 대소집단 활동

실내외 대소집단 활동 시간에는 각 교사가 담당 보육실별로 활동을 지도하게 된다. 전반적으로 2세 이하의 영유아를 위해서는 대집단 활동을 일주일에 2-3회 정도 계획하는 것이 바람직하다. 대소집단 활동 시간에는 교사주도로 대집단 활동만 하기보다는 개별 영유아의 능력과 흥미에 따라 소집단으로 나누어 활동하거나 개별 활동이 진행될 수 있도록 배려해 주는 것이 좋다. 대소집단 활동은 인지관련 활동뿐만 아니라 사회정서를 증진시키는 활동도 고루 하도록 한다.

대소집단 활동시간을 반드시 개별 활동실에서 진행해야 할 필요는 없다. 교사 간 사전 조율을 통해 거실의 동적활동 공간을 한 두 연령대 영유아가 사용할 수도 있다. 가령 2세반이나 3세반 유아가 개별 활동실에서 대소집단 활동을 하는 동안 1세 반이나 영아반은 거실에서 동적 활동 위주의 통합 활동을 진행하거나, 종이 찢기나 손바닥 찍기 등 다소 소음이 있는 활동을 할 수도 있다.

영유아는 실내활동 뿐만 아니라 주기적으로 햇볕을 받으며 실외놀이를 해야 한다. 실외놀이는 영유아의 심신발달에 매우 중요한 일이므로 시설의 상황과 주변 여건을 감안하여 실외놀이, 산책 등 가벼운 실외 활동을 자주 계획하여 진행하도록 한다. 전체 영유아가 모두 함께 실외활동을 나갈 수도 있지만, 교사들 간 사전 조율에 따라 실내외 장소를 시차제로 사용할 수도 있다. 연구결과에 따르면 교사대 유아의 비율이 같아도 전체 집단의 크기가 크면 영유아의 부정적 행동이 많아지고 교사가 개별영유아를 배려하기 어렵다고 한다. 그러므로 한 공간에 머무는 유아집단의 크기를 줄이기 위해서 한 집단은 실내에서 대소집단 활동을 진행하고 이 동안 다른 집단은 실외활동을 할 수도 있다.

또한 시설의 형편에 따라서는 모든 영유아가 당번 교사와 다른 교사 한 명을 따라 실외활동이나 산책을 하고, 이 시간동안 한 명의 교사는 점심준비를 보조하거나 영아를 돌볼 수도 있다. 어떤 경우이든 교사들 간에 서로 능동적으로 일정과 장소를 조율하고자 하면 보육시설의 공간이 다소 협소하더라도 서로 방해받지 않고 즐겁고 효율적으로 활동을 진행할 수 있다.

만약 실내외로 나누어 활동을 진행하였다면 실내에 남아 있던 영유아들이 먼저 점심 먹을 준비를 한 다음 실외에서 들어오는 영유아들이 곧바로 손 씻기로 이어지도록 지도한다. 규칙적인 손 씻기는 영유아들이 청결한 생활습관을 형성하는데 매우 중요하다. 손 씻기의 구체적인 절차와 방법을 꾸준히 지도하여 영유아가 손 씻기 활동을 스스로 할 수 있도록 도와줄 필요가 있다.

7) 점심식사 지도

점심배식을 담당한 교사를 도와 나머지 교사들이 배식준비를 한다. 배식을 할 때는 연령이 상대적으로 높은 유아에게 보조역할을 부여하여 함께 준비하는 경험을 하는 것도 좋다. 식탁이 차려지면 모든 교사와 영유아들이 함께 식사를 한다. 점심을 먹을 때는 편안한 분위기에서 오전 시간의 활동 경험, 먹거리의 영양과 기호에 대한 얘기, 바르게 먹는 방법 등에 대해 서로 이야기를 나누면서 영유아가 음식을 먹는 과정을 즐겁게 경험할 수 있도록 배려해준다. 식사를 먼저 끝낸 유아는 조용히 개별놀이를 하도록 안내한다. 영아는 개별 요구에 맞추어 따로 수유하거나 놀이를 한다. 시설의 상황에 따라 개별 영아를 돌보는 교사가 점심식사를 함께 먹지 못할 경우 다른 교사가 빨리 점심을 먹고 영아를 돌봐주도록 한다.

8) 낮잠 지도

영유아가 활동에 몰두하여 흥분하고 피로해지면 쉽게 짜증을 내고 또래에게 공격적인 행동을 하기 쉬우며 안전사고가 발생하기도 쉽다. 교사는 영유아가 낮잠시간을 통해 휴식을 취하고 원기를 회복하여 오후 일과를 편안히 지낼 수 있도록 지원해 주어야 한다. 점심배식 준비를 하지 않은 교사가 점심 식사를 마친 영유아의 양치를 도와주고 당번교사는 양치를 마친 영유아가 조용한 놀이나 음악 감상 등을 할 수 있도록 도와주며 낮잠 준비를 한다. 그 동안 나머지 교사는 늦게 먹는 영유아를 마지막까지 도와주며 식탁과 식기를 정돈한다. 만약, 교사들이 영유아와 함께 점심을 같이 먹기 어려운 형편일 경우에는 전 교사가 영유아에게 식사지도를 하고 아이들에게 낮잠을 준비시킨 후 별도로 식사를 할 수도 있다.

영유아가 사용하는 침구는 개별 침구로 준비하고 청결하고 위생적으로 관리해야 한다. 낮잠 지도를 할 때에는 조용한 분위기에서 영유아의 개별적인 수면습관을 배려해 주도록 한다. 먼저 낮잠 자는 활동실의 창문을 열고 환기를 시킨 다음 깨끗한 바닥에 준비된 개별 침구를 깔고 커튼을 쳐 실내를 어둡고 조용하게 한다. 영유아가 쉽게 잠들 수 있도록 하기 위해 낮은 음악을 틀어주거나 개별 영유아가 선호하는 방식으로 등을 두드려주고 이야기를 나누어준다. 공간이 충분하지 않은 소규모 보육시설에서는 개별 침대보다는 개별 이불을 사용하는 것이 좋다. 침대를 사용할 경우에는 기어 다니지 못하는 영유아가 걸어 다니는 유아들로부터 보호될 수 있도록 하여 재우거나 누워서 놀도록 하는 용도로 한 두 개 정도만 배치하는 것이 좋다. 아이들이 편안하게 낮잠을 자도록 도와준 다음 교사들도 잠시 쉬거나 보육수첩이나 일지 등을 작성하도록 한다. 이 시간 동안 당번 교사는 오전 일과를 정리해보면서 필요시 오후의 일과를 조정하고 이에 따른 교사간 역할 분담을 논의하여 조정할 수 있다.

만약 시설의 형편에 따라 아이들과 점심을 같이 먹기 어려운 경우 아이들이 잠이 든 다음 교사들끼리 점심식사를 하고 나머지 시간에 보육수첩이나 일지 등을 작성할 수도 있다. 당번 교사와 교사 한 명이 일찍 일어난 영유아부터 기저귀 갈기, 화장실 가기 등을 지도한다. 나머지 교사는 아이들이 일어나면 간식을 먹을 수 있도록 오후 간식을 준비한다. 낮잠을 자고 난 후 본격적으로 오후활동을 시작하기 전에 오후 간식을 가볍게 먹어 영유아가 원기를 충전하도록 한다. 한 교사가 간식을 차렸다면 두 번째 교사가 간식 설거지를 한다. 당번 교사는 영유아들이 오후 활동을 시작하는 것을 도와준다.

9) 오후 자유선택활동

오후에 진행되는 자유선택놀이는 오전에 끝내지 않은 활동을 연장하여 진행시킬 수도 있고, 개별 영유아의 흥미와 요구에 따라 새롭게 선택될 수도 있다. 영유아는 오전에 미진했던 자유선택놀이를 오후에 계속함으로써 다시 활기를 찾게 된다. 날씨가 좋은 날은 이 시간에 일부 영유아가 실외놀이나 산책을 갈 수도 있다. 시설에 따라 일부 교사가 영유아의 자유놀이를 통합 지도하고, 한 교사는 영아를 돌보거나 필요시 차량지도를 나갈 수도 있다.

오후 실내자유선택활동이 의미 있는 경험으로 연결되기 위해서는 영유아와 개별 상호작용을 하는 교사들이 해당 연령대 반의 주간보육계획안에 제시된 활동목표를 염두에 두고 영유아의 오전, 오후 활동을 통들어보아 어느 부분이 잘 진행되었고, 어느 부분이 잘 진행되지 못했는지, 그리고 그 이유는 무엇인지 생각해보는 것이 중요하다. 영유아가 오전, 오후를 계속하여 즐겁게 경험하는 활동은 다음날 보육계획안에 연속하여 반영시킬 수도 있고, 영유아의 흥미를 끌지 못한 활동은 수정하여 반영할 수도 있다. 이 시간의 정리된 내용은 하루 일과를 정리하며 보육일지를 작성할 때 큰 도움이 된다.

10) 하원

귀가시간은 영유아가 하루의 일과를 무사히 마치고 다시 가족의 품으로 돌아가는 것을 지원해주는 시간이다. 귀가지도는 각 교사가 담당 영유아별로 할 수도 있고, 필요시 오후 당직을 맡은 교사가 할 수도 있다. 영유아가 하원을 시작하기 전 교사는 담당한 활동실의 영유아와 하루를 평가하는 간단한 활동을 할 수도 있다. 영유아를 데리러 온 부모에게는 개별적으로 귀가 일일보고서를 확인하고, 아이의 하루 일과에 대해 간단한 대화를 나누도록 한다.

영유아가 모두 귀가하고 나면 교사들은 최종 정리를 한다. 시설장과 전체 종사자들이 모여 지나간 하루 일과에 대해 이야기를 나누며 정리한다. 귀가지도를 하는 동안 각 교사는 담당한 활동실의 보육일지를 작성하거나 개별 영유아의 관찰일지를 작성할 수 있다. 보육일지를 작성하는 과정은 교사로 하여금 하루일과를 되돌아보고 계획한 활동이 원활하게 진행되었는지, 계획한 활동목표가 무난히 달성되었는지 평가할 수 있게 해준다. 평가의 결과는 반드시 이후 보육계획을 수립하고 변경하는데 반영되도록 한다.

5. 영유아를 위한 보육교사의 역할 교육영상

책임연구원 : 서영숙(숙명여자대학교 교수)

공동연구원 : 김영명(숙명여자대학교 아동연구소 선임연구원)

안소영(숙명여자대학교 강사)

가. 영유아를 위한 보육교사의 역할 교육영상자료의 구성

1) 교육영상자료의 구성항목 및 주요내용

〈표 II-5〉영유아를 위한 보육교사의 역할 교육영상자료의 구성항목 및 주요내용

<table>
<tr><th colspan="2">항목</th><th>내용</th></tr>
<tr><td colspan="2">영상자료의 배경과 의의</td><td>· 영상자료의 배경
· 표준보육과정의 이해</td></tr>
<tr><td rowspan="4">행복한 만남: 따뜻한 관계를 맺는 교사</td><td>인정과 수용</td><td>· 영유아의 기질, 생활습관 등 다양성을 인정하고 수용</td></tr>
<tr><td>안정애착 형성</td><td>· 안정애착을 형성한 교사에 대한 영아의 반응</td></tr>
<tr><td>신뢰감 형성</td><td>· 영유아의 요구를 존중
· 일관성 있는 반응</td></tr>
<tr><td>영유아의 인격 존중</td><td>· 일상생활에서 인격체로서 존중</td></tr>
<tr><td rowspan="5">아름다운 동행: 역량을 북돋우는 교사</td><td>자율적인 사람</td><td>· 일상생활에서 스스로 할 수 있는 기회 제공
· 자유선택 활동시간을 일과에 충분히 포함
· 스스로 문제 해결할 수 있도록 지도</td></tr>
<tr><td>창의적인 사람</td><td>· 충분한 탐색 기회 제공
· 다양하고 풍부한 환경구성
· 도전적인 과제해결의 기회 제공</td></tr>
<tr><td>다양성을 인정하는 사람</td><td>· 다양한 의견 존중하기
· 유아들이 활동을 제안할 수 있는 기회제공</td></tr>
<tr><td>민주적인 사람</td><td>· 타인에 대한 배려
· 타인의 생각과 의견을 존중하며 민주적으로 의사결정</td></tr>
<tr><td>부적응 행동 지도</td><td>· 유아의 공격적 행동에 대한 원인파악 및 해결전략
· 부모 · 전문가와의 연계</td></tr>
<tr><td rowspan="4">동료교사 · 부모 · 지역사회와 함께 성장하는 교사</td><td>동료교사와의 협력</td><td>· 동료교사들과 고민을 나누기
· 멘토로서의 역할</td></tr>
<tr><td>부모와의 협력</td><td>· 부모와의 다양한 만남과 협력
· 학부모 모임</td></tr>
<tr><td>지역 사회와의 협력</td><td>· 지역사회의 자원 활용
· 지역사회를 변화시켜가는 유아</td></tr>
<tr><td>꿈을 가지고 성장하는 교사</td><td>· 교사들이 이야기하는 자신들의 꿈
· 교사로서의 삶에 자긍심과 보람을 갖는 교사</td></tr>
</table>

2) 영상자료의 특징

가) 표준보육과정에서 추구하는 인간상 형성 지원

표준보육과정에서 추구하는 인간상은 자율적인 사람, 창의적인 사람, 다양성을 인정하는 사람, 민주적인 사람, 우리 문화를 사랑하는 사람이다. 교사는 영유아와 함께하는 일과 속에서 영유아가 표준보육과정에서 추구하는 인간상을 형성해 나갈 수 있도록 영유아를 지원해야 한다. 따라서 본 영상자료는 표준보육과정에서 추구하는 인간상을 형성하도록 돕기 위한 교사의 역할을 지원하는데 중점을 두었다.

나) 하루 일과 전체를 통해 실천되는 교사의 역할

영유아의 발달을 지원하는 교사의 역할은 하루 일과 중 교육활동과 같은 특정한 활동 을 하는 시간만이 아니라 식사와 낮잠, 자유선택활동, 대·소집단 활동, 실외 놀이 등 하루 일과의 모든 과정에서 영유아와의 상호작용을 통해 이루어져야 한다. 본 영상자료에서는 다양한 하루 일과 속에서 이루어지는 영유아와 교사의 상호작용을 통해 영유아의 발달을 지원하는 교사의 역할을 보여주고자 하였다.

다) 영유아와의 따뜻한 관계 형성

표준보육과정에서 추구하고 있는 인간상을 형성하도록 지원하고 영유아의 다양한 발달을 돕는 교사의 역할 수행은 교사와 영유아의 따뜻한 관계 형성이 밑받침되어야 한다. 영유아가 교사와의 관계에서 형성하는 안정애착과 신뢰감은 영유아의 심리적 지지대 역할을 할 뿐 아니라 영유아가 타인과 관계를 형성해나가는 과정에서 지속적으로 영향을 미친다. 본 영상자료에서는 영유아와 따뜻한 관계를 형성하는 교사의 모습에 대해 영유아를 있는 그대로 받아주는 교사, 영유아와 안정애착과 신뢰감을 형성하는 교사, 영유아의 인격을 존중하는 교사의 모습을 통해 살펴보았다.

라) 부적응 행동 지도

교사는 영유아가 부적응 행동을 보일 때 영유아의 부적응 행동을 이해하고 부적응 행동이 개선될 수 있도록 지원해야 한다. 부적응 행동의 원인은 영유아의 개인적 특성, 가정의 양육환경, 어린이집 환경, 사회 · 문화적 환경 등 다양하므로 교사는 부모 및 전문가와 협력하여 부적응 행동의 원인을 정확하게 파악해야하며, 원인에 따라 적절하게 지도하는 것이 필요하다. 본 영상자료에서는 부적응 행동을 지도하는 하나의 예로써 공격성을 보이는 유아의 행동에 대한 원인과 원인에 따른 교사의 지도 방향에 대해 살펴보았다.

마) 영유아와 함께 성장하는 교사

교사는 영유아의 발달을 지원하는 역할을 할 뿐 아니라 이러한 과정을 통해 교사도 함께 성장해갈 수 있다. 교사는 영유아를 일방적으로 가르친다고 생각하기 보다는 영유아와 함께 생활하면서 영유아와의 상호작용을 통해서 교사 자신도 성장해 갈 수 있어야 한다. 본 영상자료에서는 교사가 영유아와 따뜻한 관계를 형성하고 영유아의 역량을 북돋우는 과정이 교사의 성장과 발달에 어떠한 의미를 지니는가에 대해 보여주고자 하였다.

바) 동료교사, 부모, 지역사회와의 협력

교사가 영유아를 잘 보육하기 위해서는 동료교사, 부모, 지역사회와의 협력이 필수적이며, 협력하는 교사와 성인들의 모습을 보고 경험하는 것은 영유아가 성장하면서 다양한 사람들과 협력하며 살아갈 수 있도록 좋은 모델링이 되어준다. 본 영상자료에서는 교사가 영유아를 보육하면서 동료교사, 부모, 지역사회와 협력하는 구체적인 모습과 함께 협력하는 과정 속에서 '사회가 협력하여 함께 키우는 어린이' 와 '사회를 변화시켜 나가는 어린이' 의 모습을 보여주고자 하였다.

사) 교사의 역할에 대한 보람과 비전

영유아와 동료 교사, 부모 그리고 지역사회와 함께 하는 교사는 자신의 역할에 대해 보람과 기쁨을 느끼고 긍지를 지닐 수 있어야 한다. 또한 교사는 교사의 역할에 대한 비전을 가지고 꿈을 이룰 수 있도록 노력해야 한다. 본 영상자료에서는 보육현장에서 영유아와 일상생활을 함께 하는 교사의 모습 뿐 아니라 교사의 역할을 통해 자신의 꿈을 키워가는 교사의 모습을 담고자 하였다.

3) 영상자료 활용 시 유의사항

가) 표준보육과정에서 추구하는 인간상을 지원하는 교사의 역할

본 영상자료에서 언급하고 있는 교사의 역할은 영유아가 표준보육과정에서 추구하고 있는 인간상을 형성하도록 지원하는 것을 중심으로 다룬 것이다. 보육시설에서 교사가 수행해야 하는 역할은 본 영상자료에서 언급하고 있는 내용 이외에도 하루의 일과와 영유아의 제 발달에 따라 다양하게 제시될 수 있으나 연령별 하루 일과에 대한 영상자료에 포함되어 있는 교사의 역할과 중복되므로 본 영상자료에서는 표준보육과정에서 추구하고 있는 인간상의 형성을 지원하는 것을 중심으로 다루었다.

나) 교사의 역할에 대한 예시는 상황에 따라 적용

본 영상자료에서 제시하고 있는 교사와 영유아와의 상호작용에 대한 예시는 하나의 예시이다. 따라서 보육시설에서 교사가 부딪히는 구체적인 상황과 맥락에 따라 적절하게 적용되어야 한다. 특히 교사와 영유아의 올바른 상호작용으로 제시되고 있는 사례는 보육시설의 구체적인 상황에서 보다 나은 다양한 상호작용이 이루어질 수 있으므로 하나의 참고자료로써 의미를 지닌다고 할 수 있다.

다) 부적응 행동에 대한 지도

본 영상자료에서 제시하고 있는 부적응 행동에 대한 지도는 본 자료의 구성과 분량이 갖는 한계로 인해 심도 있는 접근이 어려우므로 부적응 행동의 다양한 원인과 행동에 대해 다루었다기보다는 지도의 원칙만을 피상적으로 다루고 있다. 따라서 보육시설에서 교사가 부적응 행동에 대한 지도를 수행하기 위해서는 부적응 행동의 양상에 따라 보다 진지하고 깊이 있는 접근이 이루어져야 한다.

나. 영유아를 위한 보육교사의 역할 교육영상자료의 구체적 내용

1) 영상자료의 배경과 의미

비디오	오디오	표준보육과정 및 보육프로그램과의 관련성
추구하는 인간상 -자율적인 사람 -창의적인 사람 -다양성을 인정하는 사람 -민주적인 사람 -우리 문화를 사랑하는 사람	• 본 비디오는 표준보육과정에서 추구하는 인간상을 형성할 수 있도록 영유아를 돕는 교사의 역할에 대해 교사와 영유아의 상호작용을 중심으로 제시하고 있습니다.	추구하는 인간상

2) 행복한 만남 : 따뜻한 관계를 맺는 교사

가) 안정애착 형성

비디오	오디오	표준보육과정 및 보육프로그램과의 관련성
교사와 영유아 모습	• 영유아와 교사의 만남은 하루, 한 달, 1년, 혹은 그 이상 지속되면서 서로에게 영향을 주고받습니다. 교사와 영유아의 만남이 보다 행복하고, 동행이 보다 아름다울 수 있으려면 어떻게 해야 할까요?	
목차	• 교사와 영유아가 따뜻한 관계를 맺기 위해서 교사는 영유아를 있는 그대로 받아주며, 영유아와 안정애착과 신뢰감을 형성하고, 영유아의 인격을 존중해야 합니다.	
다양한 영유아의 활동 모습과 표정을 차례로 오버랩 시킨다.	• 영유아와 교사의 첫 만남은 교사와 영유아 모두에게 가슴 뛰는 일입니다. 특히 어린 영유아는 교사에게 많은 것을 의지합니다. • 영유아의 또 다른 부모인 교사는 영유아의 기질이나 발달 정도, 가정에서의 생활 습관, 부모의 양육 태도와 가치관, 사회 · 문화적 배경 등을 있는 그대로 인정하고 수용해야 합니다.	
영아들이 교실에서 저마다 다른 모습으로 노는 모습을 한 명씩 확대하여 보여줌.	• 교사는 무슨 무슨 반 전체와 만나는 것만이 아니라 영유아 한 사람, 한 사람과도 만나야 합니다.	
교사와 영아의 모습 -교사가 영아를 안고 눈 맞추면서 우유를 먹이는 장면 -기저귀를 갈아주면서	• 영유아와 교사의 행복한 만남은 교사와 영유아의 따뜻하고 신뢰감 있는 관계로 이루어집니다. • 영유아를 따뜻하게 대해주고 요구에	사회관계〉사회적 관계 · 만 2세 미만: 양육자와 애착 형성하기 – 양육자와 안정적인 애착을 형성한다.

비디오	오디오	표준보육과정 및 보육프로그램과의 관련성
마사지를 해주는 장면 -영아가 교사를 떠나 주위를 탐색하는 장면	민감한 교사는 영유아와 안정된 애착을 형성하게 됩니다. 영유아는 양육자와의 안정된 애착을 발판으로 자신 있게 주위를 탐색합니다. • 영아가 안정애착을 형성한 교사와 그렇지 않은 사람을 대하는 모습을 한 번 살펴볼까요?	
낯선 사람이 영아의 이름을 부르며 오라고 손짓하는 모습 애착이 형성된 교사가 영아를 위로하며 포근하게 안아주자 울음을 멈추고 활발해진 영아가 교사와 놀이감을 가지고 노는 모습	• 우는 영아를 낯선 사람이 달래주려고 하지만 영아는 울음을 그치지 않습니다, 그러면 아정 애착이 형성된 선생님이 달래는 경우에는 어떨까요? • 영아가 두 사람에게 하는 반응이 다릅니다. • 마음이 상한 영아는 교사에게 안겨 마음의 평안을 찾습니다. 그리고 다시 활발하게 놀이를 합니다. 그러나 애착이 형성되지 않은 사람에게는 쉽게 다가가지도 안기지도 않습니다. • 영유아와 따뜻한 관계를 형성하고 있는 교사는 영유아에게 '든든한 마음의 기둥'과 같은 역할을 합니다.	

나) 신뢰감 형성

비디오	오디오	표준보육과정 및 보육프로그램과의 관련성
교사와 영유아가 이야기를 나누는 모습	• 교사와 영유아가 따뜻한 관계를 맺는다는 것은 영유아가 교사를 신뢰하는 것이 밑받침될 때 가능합니다. 신뢰감은 영유아의 요구를 존중해주고 일관성 있게 대해줄 때 형성되며, 양육자에 대한 믿음은 이 세상을 살아가는 힘의 원천입니다.	사회관계〉사회적 관계 · 만 2세 미만: 양육자와 애착 형성하기 – 양육자와 친숙해지고 신뢰감을 형성한다.

비디오	오디오	표준보육과정 및 보육프로그램과의 관련성
교사와 유아들이 벤치나 실외놀이터에서 자연스럽게 앉아 이야기를 하는 모습	• 영유아는 어린이집에서 나를 사랑하고 믿어주는 사람이 함께하기를 원합니다. 어려움이 있거나 속상할 때 마음을 터놓고 의지하고 싶은 선생님을 원합니다.	
교사가 아픈 영유아를 돌보아 주는 장면	• 교사도 영유아와 따뜻한 관계를 형성함으로써 자신이 영유아에게 중요한 존재임을 인식하며 교사의 역할과 사명에 대해 행복과 보람을 느낍니다.	

다) 영유아의 인격 존중

비디오	오디오	표준보육과정 및 보육프로그램과의 관련성
교실에서 교사와 유아가 자유놀이 하는 장면	• 영유아와 교사의 행복한 만남은 교사가 영유아의 인격을 존중하는 가운데 이루어집니다. 교사로부터 존중받고 자라나는 영유아는 자기 자신을 존중하게 되고, 나아가 다른 사람을 존중하게 됩니다. • 그렇다면 교사가 영유아를 존중하는 구체적인 모습은 어떤 것일까요? 다음에 제시되는 세 가지 상황을 비교해 봅시다.	• 사회관계>자기존중
편식하는 영유아를 지도하는 경우 – 편식하는 영유아를 교사가 꾸짖는 모습 편식하는 영유아를 격려하며 지도하는 모습	• 반찬을 골고루 먹지 않을 때 교사는 영유아를 비난하기보다는 먹고 싶지 않은 영유아의 기호를 존중하며 지도해야 합니다.	
다투는 상황에서 유아를	• 영유아들이 놀잇감을 가지고 다툴	

비디오	오디오	표준보육과정 및 보육프로그램과의 관련성
지도하는 경우 - 친구들하고 싸우는 유아를 꾸짖는 모습 친구들하고 싸우는 유아에게 상황에 대해 질문하고 이해하는 모습	때 교사는 일방적으로 놀이감을 제거하기보다는 친구와 함께 노는 것이 미숙한 영유아의 감정을 존중해 주어야 합니다.	
주의집중이 안 되는 경우 - 주의집중하지 않는 영유아를 꾸짖는 모습 대집단 활동을 흥미롭게 진행하는 모습 (핸드퍼펫 등 활용)	• 주의집중이 안될 때 교사는 유아를 비난하기보다는 유아들이 흥미를 가지고 자연스럽게 집중할 수 있도록 해야 합니다.	
앞의 장면 3개 연속으로 보여주기	• 나는 어떤 교사의 모습에 더 가깝나요? 일상생활 속에서 교사가 무심코 던지는 말 한 마디, 보여주는 태도는 영유아에게 많은 영향을 미치게 됩니다.	
교사 · 영유아 모습과 자막	• 똑같은 말을 '교사인 내 자신이 듣는다면 어떨까' 라고 자문해보아야 합니다. • 지금까지 우리는 영유아를 있는 그대로 받아주고, 영유아와 안정애착과 신뢰감을 형성하며, 영유아의 인격을 존중하는 교사의 모습에 대해 살펴보았습니다.	

3) 아름다운 동행 : 영유아의 역량을 북돋우는 교사

가) 자율적인 사람

비디오	오디오	표준보육과정 및 보육프로그램과의 관련성
교사 · 영유아 모습과 자막	• 영유아와 아름다운 동행을 하는 교사는 영유아가 지닌 역량을 북돋우는 교사입니다. 교사는 영유아의 자율성과 창의성을 북돋워주며, 영유아가 다양성을 인정하고, 민주적인 사람으로 성장할 수 있도록 합니다. 또한 영유아의 부적응 행동을 지도합니다.	
영유아가 자유롭게 놀이하는 모습	• 영유아의 역량을 북돋우는 교사는 일상생활 속에서 영유아가 스스로 할 수 있는 기회를 줍니다.	추구하는 인간상〉자율적인 사람
영아가 옷을 입고 벗는 모습	• 영아들이 옷을 입고 벗는 상황을 보면서 나는 어느 교사와 더 가까운지 생각해 봅시다.	기본생활〉건강한 생활 만 2세: 스스로 옷 입고 벗기 - 스스로 옷을 입고 벗기를 시도한다.
교사가 영아들의 옷을 모두 벗겨 주는 모습	• 교사는 영아가 스스로 옷을 입고 벗을 수 있는 기회를 주지 않고 영아들의 겉옷을 벗겨 주고 있습니다.	
영아가 옷 입을 때 더디지만 스스로 하는 모습. - 교사는 영아 스스로 할 수 있도록 하거나 약간의 도움을 준다.	• 그러나 더디더라도 영아가 스스로 할 수 있는 기회를 주었을 때 영아는 자신감과 자부심을 갖게 되고 스스로 하는 힘을 키우게 됩니다.	
식사를 하는 모습	• 점심시간의 모습도 한번 비교해 볼까요?	
교사가 배식을 하는 동안 모든 유아가 책상에 앉아서 가만히 기다리는 모습	• 점심시간에 교사가 음식을 나누어주는 동안 그냥 기다리는 유아가 있습니다.	
당번을 정해서 유아들과 함께 배식하는 모습	• 그러나 교사와 함께 식사 준비를 하는 유아들도 있습니다.	

비디오	오디오	표준보육과정 및 보육프로그램과의 관련성
종이접기를 하는 모습	• 그렇다면 종이 접기를 할 때는 어떻게 하는 것이 더 바람직한 교사의 모습일까요?	
교사가 유아의 색종이를 대신 접어주는 모습	• 종이접기가 미숙한 유아에게 직접 접어 주는 교사가 있습니다.	
색종이 접기 순서판을 보면서 유아가 스스로 접는 장면	• 그러나 미숙하더라도 스스로 해볼 수 있는 기회를 주는 것이 바람직합니다.	사회관계〉자기존중 만 2세: 독립적으로 행동하기 – 혼자서 할 수 있는 일을 스스로 해본다.
앞의 3 장면의 사진	• 이와 같이 일과 활동 속에서 영유아가 스스로 할 수 있는 기회를 주었을 때 영유아는 자율적인 사람으로 성장할 수 있습니다.	
자유선택활동 시간에 자유롭게 놀이하고 있는 유아의 모습	• 유아들은 스스로 계획하고 결정하면서 주도적으로 행동하고 싶어 합니다. 그러면 하루 중 유아가 스스로 선택해서 활동하는 시간은 얼마나 될까요? • 유아의 자율성과 주도성을 형성하기 위해서는 유아가 놀이를 선택하고 주도하는 자유선택활동이 하루 일과에 충분히 포함되어야 합니다.	사회관계〉자기존중 만 3–5세: 자신감과 독립심 기르기 – 자신이 하고 싶은 일을 선택하여 한다.
언어 영역에서 책을 읽어 주는 유아의 모습	• 유아들의 자율성을 키우려면 유아들이 다투는 상황에서는 어떻게 해야 할까요?	사회관계〉사회적 관계〉 만 3–5세: 또래와 사이좋게 지내기 – 또래와의 갈등을 다양한 방법으로 해결한다.
문제해결을 할 때 교사가 주도적으로 해나가는 모습	• 지금 이 교사는 유아들이 스스로 문제를 해결할 수 있는 기회를 주지 않고 교사가 문제를 해결해 주고 있습니다. 그렇다면 바람직한 교사의 모습은 어떤 것일까요?	
문제해결을 할 때 유아들이 스스로 할 수 있도록 지도하는 교사의 모습	• 유아들이 스스로 문제를 해결할 수 있도록 유아의 능력을 북돋아주었을 때, 유아들은 자신의 힘으로 문제를 해결해 나가는 자율적인 사람으로 성장해 갑니다.	

나) 창의적인 사람

비디오	오디오	표준보육과정 및 보육프로그램과의 관련성
영유아가 실내외에서 다양한 탐색을 하는 모습	• 교사는 영유아가 주변 환경을 활발하게 탐색하고 다양하게 생각할 수 있는 기회를 줌으로써 창의성을 북돋아 줍니다. • 영유아는 한 가지 사물에 대해 오래 탐색하기도 하고, 여기 저기 돌아다니면서 이것저것을 탐색하기도 합니다.	추구하는 인간상〉창의적인 사람
영유아가 실내외에서 다양한 탐색을 하는 모습	• 이제 세상에 태어난 지 얼마 되지 않은 영유아에게 세상은 신기하고 낯선 곳입니다. • 영유아는 보고, 만지고, 입에 대보고, 흔들어보는 등 다양한 탐색활동을 통해 이 세상이 어떤 곳인지 알게 됩니다.	신체운동〉감각 및 신체 인식
활동 자료가 풍부한 쌓기놀이 영역 동네 기관(미장원, 떡 가게, 인테리어점, 주유소 등)을 방문하여 물어보는 장면	• 다양하고 풍부한 환경은 영유아의 활동이 보다 창의적으로 이루어질 수 있도록 합니다. • 또한 교사는 영유아가 알고 싶어 하는 것을 직접 현장을 찾아가서 탐색할 수 있도록 합니다. 자신의 궁금증에 대해 탐구하면서 영유아는 호기심을 갖고 문제를 해결해가는 성향을 키울 수 있습니다.	자연탐구〉탐구적 태도
교사와 영유아가 작은 상자를 가지고 놀이하는 모습 교사가 영유아의 흥미에 관심을 보이지 않고 교사의 계획대로 활동을 진행하는 모습	• 영유아의 창의성을 북돋아주기 위해 교사는 영유아의 흥미와 관심을 존중해주는 것도 필요합니다. • 영유아는 작은 상자에서 나는 소리에 흥미를 느끼고 있는데 교사는 상자를 한 줄로 나열하는 것에 관심이 있습니다. 교사는 교사가 원하는 활	

비디오	오디오	표준보육과정 및 보육프로그램과의 관련성
	동에 관심이 집중되어 있기 때문에 영유아의 흥미나 관심을 존중하지 않고 있습니다. 그러면 이번에는 교사가 어떻게 하는지 한 번 볼까요? • 영유아는 작은 상자에서 나는 소리에 흥미를 느끼고 있는데 교사는 상자를 한 줄로 나열하는 것에 관심이 있습니다. 교사는 교사가 원하는 활동에 관심이 집중되어 있기 때문에 영유아의 흥미나 관심을 존중하지 않고 있습니다. 그러면 이번에는 교사가 어떻게 하는지 한 번 볼까요?	
교사가 영유아의 흥미에 관심을 존중하며 함께 활동하는 모습	• 교사는 영유아가 작은 상자를 길게 배열하기를 원했지만 영아의 흥미와 관심이 소리를 듣는 것에 있자 함께 소리를 듣는 활동을 하고 있습니다.	
벽화를 완성할 때 다양한 방법으로 표현하는 유아들의 모습	• 교사는 영유아가 정해진 방법에 의해서만 활동하기보다는 마음껏 자신의 생각과 느낌을 표현할 수 있도록 배려해야 합니다.	
교재 교구가 풍부하고 탐색하기 좋게 구성되어 있는 곳에서의 유아의 활동 모습	• 교사는 영유아의 창의성을 북돋우기 위해 때로는 다양한 과제를 해결해나갈 수 있는 기회를 제공합니다.	
별 관찰할 상자가 필요하다는 의견에 따라 설계도를 구성하고 상자를 이용해 유아들이 스스로 만들어가는 과정	• 유아들은 교실에 우주공간을 만들어 우주에 있는 별자리를 교실에서도 관찰하고 싶어 했습니다. 그래서 어떤 모양으로 만들 것인지, 그 안에 무엇을 넣을 것인지, 얼마만큼의 크기로 만들 것인지 등을 토의하며 우주공간을 만들어갔습니다.	

다) 다양성을 인정하는 사람

비디오	오디오	표준보육과정 및 보육프로그램과의 관련성
영유아가 놀이하는 모습	• 영유아가 다양성을 인정하는 사람으로 성장해나가려면 교사는 영유아의 다양성을 존중해줘야 합니다.	추구하는 인강상〉다양성을 인정하는 사람
교사와 유아가 원형으로 모여 이야기하는 모습	• 영유아의 다양성을 존중하고 인정해주는 교사의 모습은 어떤 것일까요?	
유아들이 훌라후프를 가지고 할 수 있는 게임을 제안하는 모습	• 교사는 교사 자신이 계획한 활동을 하는 것 뿐 아니라 영유아들이 활동을 제안할 수 있는 기회를 줌으로써 영유아의 다양한 의견을 존중합니다.	의사소통〉듣기, 말하기
영유아가 텃밭이나 꽃밭에서 식물을 관찰하고 사육장 앞에서 동물을 관찰하는 모습	• 그렇다면 영유아의 다양성을 존중한다는 것이 교사의 성장에는 어떤 의미를 지닐까요? • 교사가 자신이 영유아에게 가르치고 싶어 하는 것에만 몰두한다면 교사의 생각은 자신이 이미 알고 있는 것에 머무를 것입니다. 그러나 영유아의 다양한 의견을 존중하는 교사는 영유아가 어떤 생각을 하고 있는지 새롭게 깨닫게 되며, 보다 풍성한 생각과 경험을 하게 됩니다.	

라) 민주적인 사람

비디오	오디오	표준보육과정 및 보육프로그램과의 관련성
블록으로 만들기를 하고 있는 유아들의 모습	• 영유아의 역량을 북돋우기 위해서는 영유아가 다른 사람을 존중하는 민주적인 사람이 될 수 있도록 하는 것도 중요합니다.	

비디오	오디오	표준보육과정 및 보육프로그램과의 관련성
블록으로 작품을 만들어서 블록영역의 교구장에 올려놓은 모습과 블록이 필요한 다른 유아가 작품의 주인에게 불록을 빼서 써도 되는지 물어보는 모습	• 이 유아는 친구가 만들기를 할 때 사용했던 블록을 가져가서 써도 되는지 물어보고 있네요. • 교사가 영유아에게 다른 친구를 배려하고 존중하는 마음을 갖도록 하는 것은 민주적인 성품의 기본이 되므로 매우 중요합니다.	
교사와 유아가 원형으로 모여 이야기하는 모습 여러 가지 제안한 게임 중에서 한 두 가지를 선정하는 모습 결정된 게임을 진행하는 모습	• 영유아가 다른 사람을 존중하는 또 다른 상황을 함께 볼까요? • 영유아들이 제안한 다양한 방법 중 가장 하고 싶어 하는 것을 함께 결정하여 게임을 진행하고 있습니다. • 이러한 과정을 통해서 영유아들은 민주적 의사결정 능력이 있는 사람으로 성장해갑니다.	

마) 부적응 행동 지도

비디오	오디오	표준보육과정 및 보육프로그램과의 관련성
우는 영유아를 달래고 있는 교사	• 영유아와 아름다운 동행을 하는 교사는 영유아의 부적응 행동을 이해하고 지도하는 교사입니다.	추구하는 인강상〉다양성을 인정하는 사람
여러 부적응 행동의 삽화	• 사회성이 부족하여 고립되어 있거나 산만한 행동을 하는 유아, 놀잇감을 빼앗거나 공격적인 행동을 하는 유아를 봅시다. • 그 유아는 왜 친구들과 어울리지 못할까요? 왜 놀이감을 빼앗거나 친구들을 때릴까요?	

비디오	오디오	표준보육과정 및 보육프로그램과의 관련성
놀잇감을 빼앗는 영유아의 모습	• 여러 형태의 부적응 행동을 보이는 영유아를 이해하고 지도하는 교사의 역할에 대해 살펴봅시다. • 유아가 공격적인 행동을 할 때 교사는 유아가 보이는 행동을 관찰하여 정확한 원인을 찾는 것이 필요합니다.	
자막	• 영유아의 공격적인 행동은 개인 특성, 가정 환경, 보육 환경, 사회문화 환경 등 그 원인이 다양할 수 있습니다.	
교사가 개입하면서 어떻게 말할 수 있는지에 대해 지도하는 모습	• 유아는 원하는 것을 적절히 표현하는 기술이 부족하여 공격적 행동을 보일 수 있습니다. • 이 경우에는 유아가 다른 사람의 감정을 이해하고 원하는 것을 표현할 수 있도록 지도합니다.	의사소통〉말하기 만3-5세: 자신의 느낌, 생각, 경험 말하기 - 자신의 느낌, 생각, 경험을 다른 사람이 알아듣도록 말한다.
교사가 쌓기 영역에 놀잇감을 더 가져다 놓는 모습	• 만약 쌓기 영역이 좁거나 놀잇감 부족이 원인이라면 교사는 영역을 넓히거나 놀잇감을 더 가져다 놓을 수 있습니다.	
영유아들이 마음껏 뛰어노는 모습	• 혹은 하루 일과 중 에너지를 발산하고 자유롭게 뛰어놀 수 있는 시간이 부족한 것이 원인일 수 있습니다.	
부모와 이야기를 나누는 모습	• 공격적 행동은 가정의 양육 태도, 스트레스를 주는 가정 내 변화들에 의해 강화되기도 하므로 가정과의 협력이 필요합니다.	
여러 부적응 행동의 삽화	• 의사소통장애나 주의력결핍 과잉행동장애 등 발달장애로 인해 말로 표현하는 것이 어렵고 충동성이 강해서 공격적일 수도 있습니다. 따라서 전	

비디오	오디오	표준보육과정 및 보육프로그램과의 관련성
	문기관과의 연계에도 관심을 가져야 합니다.	
교사 · 영유아 모습과 자막	• 지금까지 영유아가 자율적인 사람, 창의적인 사람, 다양성을 인정하는 사람, 민주적인 사람으로 성장할 수 있도록 역량을 북돋우는 교사의 모습에 대해 살펴보았습니다.	

4) 동료교사 · 부모 · 지역사회와 함께 성장하는 교사

가) 동료교사와의 협력

비디오	오디오	표준보육과정 및 보육프로그램과의 관련성
교사 · 영유아 모습과 자막	• 교사는 영유아와의 행복한 만남, 아름다운 동행을 위해 동료교사, 부모, 지역사회와 협력해야 하며, 꿈을 가지고 성장해야 합니다.	
교사들이 원형으로 앉아 이야기하는 모습	• 한 교사의 어려움은 대부분 모든 교사들의 어려움이기도 합니다. 함께 고민을 나누며 보다 효과적인 지도방법을 찾아가는 것이 좋습니다.	

나) 부모와의 협력

비디오	오디오	표준보육과정 및 보육프로그램과의 관련성
부모참여수업과 교사 · 부모가 모여 이야기하는 모습	• 교사는 부모와의 개별 만남, 간담회, 자원봉사 등 다양한 부모참여 활동을 통해 상호 이해하고 신뢰하게 됩니다. 그리고 보다 나은 보육 방향을 수립하기 위해 함께 노력합니다.	

다) 지역사회와의 협력

비디오	오디오	표준보육과정 및 보육프로그램과의 관련성
지역 내 어린이 도서관을 방문하여 책을 읽고 있는 모습	• 또한 교사는 지역사회에서 이용할 수 있는 자원에 대한 정보를 갖고 지역사회와 함께 영유아의 성장을 도와야 합니다.	
할아버지가 전래놀이를 알려주고 함께 놀이하는 모습 영유아가 노인정에 방문하여 함께 놀이하는 모습	• 지역 내 할아버지와 할머니가 전래놀이를 알려주며 함께 놀아 주실 수도 있습니다. • 유아들이 노인정을 방문하여 할아버지, 할머니와 함께 즐겁고 행복한 시간을 갖기도 합니다.	
영유아가 웃는 모습	• 어린이는 그 지역에 웃음과 행복을 퍼뜨립니다. 이렇게 사회는 어린이를 키우고, 어린이는 사회를 변화시켜 나갑니다.	

라) 꿈을 가지고 성장하는 교사

비디오	오디오	표준보육과정 및 보육프로그램과의 관련성
영유아와 놀이하는 교사의 모습 교사가 자신의 꿈을 이야기하는 모습	• 꿈꾸며 자라는 영유아와 함께하는 교사는 스스로도 꿈을 가지고 나아가야 합니다. 여러분은 어떤 꿈을 가지고 있나요?	
즐겁게 놀이하는 교사와 영유아의 모습	• 영유아와 따뜻한 관계를 맺으며 성장과 발달을 지원하는 선생님. 당신은 누구보다도 영유아에게 소중한 동반자입니다. • 따스하게 보살펴주던 선생님과의 행복했던 추억은 영유아가 어른이 되어서도 삶의 활력을 줍니다. 어른이 된 영유아가 어린 시절의 추억을 떠올릴 때 그 안에 선생님 당신이 있습니다.	

3. 영유아를 위한 보육교사의 역할

1) 따뜻한 관계를 맺는 교사

교사와 영유아가 따뜻한 관계를 맺기 위해서 교사는 영유아를 있는 그대로 인정하고 수용해주며, 영유아와 안정 애착과 신뢰감을 형성하고, 영유아의 인격을 존중해야 한다.

가) 영유아를 있는 그대로 인정하고 수용

교사와 영유아가 따뜻한 관계를 맺으려면 우선 교사는 영유아의 기질이나 발달 정도, 가정에서의 생활 습관, 부모의 양육 태도와 가치관 등을 있는 그대로 인정하고 수용해야 한다. 개별 영유아의 특성을 인정하고 수용하기 이전에 교사의 생각이나 생활습관, 양육태도 등만을 영유아에게 강조한다면 교사와 영유아의 '따뜻한 관계 맺기'는 어려울 수 있다. 교사는 한반의 영유아 전체와 만나는 것만이 아니라 저마다 다른 특성을 지닌 영유아 한 사람, 한 사람과 만날 수 있어야 한다. 더욱이 최근에는 국제결혼으로 인해 다문화 가정이 많아지고 있으며, 다양한 사회 · 문화적 배경을 가진 영유아를 있는 그대로 인정하고 받아줄 때 교사와 영유아의 따뜻한 관계가 이루어질 수 있다.

나) 안정애착 형성

부모만이 영유아와 안정애착을 형성하고 신뢰감을 주는 양육자가 되는 것은 아니며, 영유아를 따뜻하게 대해주고 영유아의 요구에 민감한 교사도 영유아와 안정애착을 형성할 수 있다. 영유아는 양육자와의 안정된 애착을 발판으로 자신 있게 주위를 탐색하며, 양육자와의 안정된 애착은 영유아의 사회성 발달, 정서 발달, 인지 발달 등 영유아의 여러 가지 발달에 영향을 미치게 된다.

다) 신뢰감 형성

영유아기에 양육자와의 사이에 형성되는 신뢰감은 영유아의 긍정적인 성격 발달과 이후에 맺게 되는 사회적 관계에 많은 영향을 미치게 된다. 영유아가 교사를 신뢰하기 위해서는 교사가 영유아의 요구를 존중해주고 일관성 있게 대해줄 때 형성된다. 영유아는 어린이집에서 나를 사랑하고 믿어주는 사람이 함께하기를 원하며, 어려움이 있거나 속상할 때 마음을 터놓고 의지하고 싶은 선생님을 원한다.

라) 영유아의 인격 존중

영유아와 교사의 따뜻한 관계는 교사가 영유아의 인격과 흥미, 관심을 존중하는 가운데 이루어지며, 교사로부터 존중받고 자라는 영유아는 자기 자신을 존중하게 되고 나아가 다른 사람을 존중하게 된다. 교사는 영유아에게 매우 큰 영향을 미치는 중요한 존재이므로 일상생활 속에서 교사가 무심코 던지는 말 한 마디, 보여주는 태도는 영유아에게 많은 영향을 미치게 된다.

반찬을 골고루 먹지 않을 때 교사는 영유아를 비난하기보다는 먹고 싶지 않은 영유아의 기호를 존중하며 지도해야 하며, 영유아들이 놀이감을 가지고 다툴 때 교사는 일방적으로 놀이감을 제거하고 꾸짖기보다는 친구와 함께 노는 것이 미숙한 영유아의 감정을 존중해주어야 한다. 또한 주의집중이 안될 때도 교사가 유아들을 꾸짖고 비난하기보다는 유아들이 흥미를 가지고 자연스럽게 집중할 수 있도록 교사 자신이 주의집중이 잘 이루어질 수 있는 방법을 모색해야 한다.

인간은 크든 작든 인간으로서의 존엄성을 지닌 존재이기 때문에 인격체로서 존중되어야 하며, 영유아들에게 하는 똑같은 말을 '교사인 내 자신이 듣는다면 어떨까' 라고 자문해보는 것이 필요하다.

지금까지 영유아와 따뜻한 관계를 맺기 위해 영유아를 있는 그대로 인정하고 수용하며, 안정 애착과 신뢰감을 형성하며, 영유아의 인격을 존중하는 교사의 역할에 대해 살펴보았다.

교사와 따뜻한 관계를 형성하고 있는 영유아는 어린이집에서 편안한 마음으로 활발하게 생활하며, 어려운 상황에서는 교사에게 의지하게 된다. 영유아와 따뜻한 관계를 형성하고 있는 교사는 영유아에게 '든든한 마음의 기둥' 과 같은 역할을 한다고 할 수 있다.

'따뜻한 관계 맺기' 는 영유아에게만 필요한 것이 아니라 교사에게도 중요한 의미를 지닌다. 교사는 영유아와 따뜻한 관계를 형성함으로써 자신이 영유아에게 중요한 존재임을 인식하며 교사의 역할과 사명에 대해 행복과 보람을 느끼게 된다.

2) 역량을 북돋우는 교사

영유아의 역량을 북돋우는 교사는 영유아의 자율성과 창의성을 북돋워주며, 영유아가 다양성을 인정하고 다른 사람을 존중할 수 있도록 한다. 또한 영유아의 부적응 행동을 지도한다.

가) 자율적인 사람

영유아가 자율적인 사람으로 성장해나갈 수 있도록 하기 위해 교사는 일상생활 속에서 영유아가 해야 할 일을 스스로 할 수 있는 기회를 줘야 한다. 옷을 입는 것, 신발을 신는 것, 밥을 먹는 것 등은 영유아가 일상생활에서 습득해 나가야 하는 것들이다. 더디더라도 영유아가 스스로 할 수 있는 기회를 주었을 때 영유아는 더욱 더 노력하게 되고, 잘 하게 되었을 때 큰 기쁨을 느끼게 된다. 이런 성취감을 거듭 경험하면서 영유아는 자신감과 자부심을 갖게 되고 스스로 하는 힘을 키우게 된다.

점심시간에 교사가 음식을 나누어주는 동안 그냥 앉아서 기다리기 보다는 유아가 스스로 밥과 반찬을 덜고 교사와 식사준비를 함께 했을 때 유아들은 자율성을 키워나갈 수 있다. 그림을 그리거나 가위질을 해야 하는 미술활동 과정에서도 영유아가 서투르다고 해서 교사가 즉시 도움을 주거나 영유아가 해야 할 것을 대신 해주기보다는 익숙하지 않은 영유아가 스스로 할 수 있도록 다양한 방법으로 지원하고 기다려줄 수 있어야 한다. 또한 유아의 자율성을 형성하기 위해서는 유아가 놀이를 선택하고 주도하는 실내 · 외 자유선택활동 시간이 하루 일과에 충분히 포함되어야 한다. 유아들은 활동과정에서 스스로 계획하고 결정하면서 자율적이며 주도적으로 행동하고 싶어 한다.

유아들이 다투는 상황에서도 스스로 문제를 해결할 수 있도록 유아의 능력을 북돋아주었을 때, 유아들은 자신의 힘으로 문제를 해결해 나가는 자율적인 사람으로 성장해 갈 수 있다. 갈등상황에서 유아들이 스스로 문제를 해결할 수 있도록 유아의 능력을 북돋아주었을 때, 유아들은 앞으로도 다양한 상황에서 스스로 문제를 해결할 수 있을 것이라는 자신감이 생길 것이다. 영유아는 느리지만 스스로 활동하는 가운데 성취감을 느끼며 자유롭게 선택하고 자신의 힘으로 문제를 해결해 나가면서 자율적인 사람으로 성장해 갈 수 있다.

나) 창의적인 사람

영유아의 능력을 북돋우는 교사는 영유아가 창의성을 신장시킬 수 있도록 지원해야 한다. 교사는 영유아가 주변 환경을 활발하게 탐색하고 다양하게 생각할 수 있는 기회를 줌으로써 창의성을 북돋아 줄 수 있다. 이제 세상에 태어난 지 얼마 되지 않은 영유아에게 세상은 신기하고 낯선 곳이다. 영유아는 한 가지 사물에 대해 오래 탐색하기도 하고, 여기 저기 돌아다니면서 이것저것을 탐색하기도 하며, 보고, 만지고, 입에 대보고, 흔들어보는 등 다양한 탐색활동을 통해 이 세상이 어떤 곳인지 배워나간다. 영유아는 탐색을 통해 세상을 경험하고 알게 되는 것이다. 따라서 교사는 영유아에게 정해진 방법에 의해서만 활동하도록 하기보다는 마음껏 주변의 환경과 사물을 탐색할 수 있도록 배려해야 한다.

영유아가 창의적인 활동을 할 수 있도록 실내외 환경을 구성해주는 것도 중요한데, 다양하고 풍부한 활동 자료가 마련되어 있는 환경은 영유아의 활동이 보다 다양하고 창의적으로 이루어질 수 있도록 한다.

또한 교사는 영유아가 알고 싶어 하는 것을 직접 현장을 찾아가서 탐색할 수 있도록 지원해야 한다. 영유아가 탐색과 문제 해결을 위해 방문할 수 있는 현장은 쇼핑센터, 떡집, 미용실, 철물점, 어시장, 식물원, 동물원, 산, 어린이 도서관, 구청 등 탐색하고자 하는 주제에 따라 매우 다양하다. 영유아는 자신의 궁금증을 탐구하면서 호기심을 갖고 문제를 해결해가는 성향을 키울 수 있다.

교사가 영유아의 창의성을 북돋아주기 위해서 교사는 영유아의 흥미와 관심을 존중해주는 것이 필요하다. 영유아와의 활동과정에서 영유아가 흥미와 관심을 보이는 활동을 할 수 있는 기회를 주어야 하며, 영유아가 활동을 제안할 수 있는 기회를 줌으로써 영유아의 흥미와 관심을 존중해야 한다. 그러나 교사가 계획한 활동과 교사 주도적 대집단 활동을 중심으로 일과를 진행하는 경우 영유아의 흥미와 관심을 존중해주기 어렵다. 따라서 일과 진행을 유연성 있게 하는 것이 필요하며 교사 주도적인 대집단 활동보다는 영유아가 자신의 흥미와 관심에 맞는 활동을 선택할 수 있고 영유아의 직접 경험과 다양한 표현이 가능할 수 있는 자유선택활동의 비중을 높인다.

영유아의 창의성을 북돋우기 위해서 교사는 영유아가 정해진 방법에 의해서만 활동하기 보다는 마음껏 자신의 생각과 느낌을 표현할 수 있도록 배려해야 하며, 때로는 다양한 과제를 해결해나갈 수 있는 기회를 제공해야 한다. 영유아가 자신들의 다양한 아이디어를 생각해내고 실행해볼 수 있는 도전적인 과제를 제시하는 것도 영유아의 창의성과 문제해결력을 키워줄 수 있다.

다) 다양성을 인정하는 사람

영유아가 다양성을 인정하는 사람으로 성장해나가기 위해서는 교사는 영유아의 다양성을 존중해줘야 한다. 일과운영을 하는 과정에서 교사는 교사 자신이 계획한 활동을 하는 것 뿐 아니라 영유아들이 다양한 활동을 제안하고 실행할 수 있는 기회를 줌으로써 영유아의 다양한 의견을 존중할 수 있다.

교사가 영유아의 다양성을 인정하는 것은 영유아뿐 아니라 교사의 성장과 발달에도 의미 있는 일이다. 교사가 자신이 영유아에게 가르치고 싶어하는 것에만 몰두한다면 교사의 생각은 자신이 이미 알고 있는 것에 머무르겠지만 영유아의 다양한 생각과 의견을 존중할 때 교사는 영유아가 어떤 생각을 하고 있는지 새롭게 깨닫게 되며, 보다 풍성한 생각과 경험을 하게 된다.

라) 민주적인 사람

영유아가 성장하며 사회의 일원으로서 적극적인 역할을 담당하고 사회에 기여하기 위해서는 영유아가 타인과 긍정적 관계를 형성할 수 있으며,

민주적 의사결정 능력이 있을 때 가능하다.

교사는 영유아가 다른 사람을 존중하는 민주적인 사람이 될 수 있도록 지도하기 위해 교사 자신이 영유아의 생각과 의견을 존중해야 하며 영유아도 다른 친구들의 생각과 의견을 존중할 수 있도록 지도해야한다. 교사가 영유아에게 다른 친구를 배려하고 존중하는 마음을 갖도록 하는 것은 배려와 존중이 민주적인 성품의 기본이 되므로 매우 중요하다.

유아들은 놀이상황에서 친구가 만들기를 할 때 사용했던 블록을 빼서 써도 되는지 물어봄으로써 다른 사람을 배려하고 존중하는 경험을 할 수 있다. 또한 다양한 게임 방법을 제안한 후 게임 방법을 함께 결정하고 결정된 사항을 존중하는 것과 같이 놀이 과정에서 민주적인 의사결정 과정을 경험할 수 있다. 이러한 제 과정은 영유아가 다양성을 인정하며 민주적 의사결정 능력이 있는 민주적 인간으로 성장해나갈 수 있는 힘을 키워가는 과정이다.

마) 부적응 행동 지도하기

(1) 부적응 행동지도의 목표 설정

영유아의 부적응 행동을 접할 때, 교사는 단지 부적응 행동을 멈추게 하기 위해 무엇을 하지 말아야 한다고 규칙을 강제적으로 제시하는 것 대신에 영유아를 위한 장기목표를 설정하며 시작하는 것이 중요하다. 자아존중감의 증진, 자율적인 통제의 향상, 도덕적 자율성 신장 등이 그 목표가 될 수 있으며, 설정된 목표는 일관성 있게 유지되는 것이 필요하다. 부적응 행동에 대해 일방적으로 왜 안 되는지에 대해 설명하거나 벌을 주거나, 보상을 통해 회유하는 것 등과 같은 지도 방식은 앞에서 제시한 장기목표를 이루는 데에는 부적절하다.

(2) 문제의 원인을 찾고 해결하기

교사는 영유아의 부적응 행동을 보면서 영유아가 보내는 메시지를 읽고 그 원인을 정확히 파악하는 것이 필요하다.

(가) 개인적 특성

• 연령에 따른 전형적인 행동

교사는 유아들의 부적응 행동을 접할 때, 우선 그 행동이 그 연령에서 보이는 전형적인 행동인지를 먼저 살피는 것이 필요하다. 영아가 생후 6개월 이전에는 어린이집에 등원할 때 부모와 잘 헤어지다가 어느 때 부터인가 울고 떼쓰는 경우가 있을 때, 그 행동은 부적응 행동이기보다는 6개월쯤부터 낯가림을 시작하는 영아의 전형적인 발달 특성인 것이다.

영유아는 교사에게 "지금 내 행동은 내 나이의 발달 단계에서 전형적으로 보이는 행동이에요."라는 메시지를 보내고 있는 것이다. 따라서 이 경우에는 교사가 영유아의 연령별 발달 특성에 대해 공부하고 이해하며, 영유아의 행동에 인내심을 갖는 것이 필요하다.

• 기질

영유아는 기질에 따라서도 매우 다른 행동특성을 보인다. 까다로운 기질의 영유아는 다른 기질의 영유아보다 더 활동적이고 불규칙한 생활리듬을 보이며, 부정적인 정서를 보다 많이 드러낸다. 또한 느린 기질의 영유아는 다른 기질의 영유아보다 새로운 것에 적응하는 데 보다 많은 시간을 필요로 한다. 따라서 교사가 한 가지 기준을 가지고 영유아를 대할 때 영유아의 기질적 차이로 인한 행동 특성을 부적응 행동으로 잘못 판단할 수도 있다.

영유아는 끊임없이 "나는 다른 친구들과 달라요."라는 메시지를 보내고 있는 것이다. 따라서 이 경우에 교사는 모든 영유아에게 똑같은 것을 기대하지 말고, 영유아를 객관적인 눈으로 관찰하면서 그들의 독특한 성격을 인정해주고 이해하며 서로 다른 영유아에게 서로 다르게 반응하는 것이 필요하다.

- **영유아의 사회적 기술 부족**

영유아는 다른 사람들과 어떻게 지내야 하는지, 자신의 감정을 다스릴 수 있는 방법은 무엇인지, 어떻게 의사소통하는 것이 효과적인지에 대해 많은 것을 배워야 한다. 영유아의 인지적인 부분도 가르치고 배워야 할 부분인 것처럼, 사회적인 부분도 누군가의 가르침을 받아 배우고 익혀야 하는 영역인 것이다.

영유아는 "나는 지금 어떻게 해야 좋을지 모르겠어요. 가르쳐 주세요.". "나는 지금 내 감정을 어떻게 다스려야 할지 모르겠어요. 가르쳐 주세요.", "나는 지금 어떻게 말하는 것이 효과적인지 모르겠어요. 알려주세요."등의 메시지를 끊임없이 보내는지도 모른다. 따라서 이 경우에 교사는 사회적 기술, 효과적인 의사소통 방법, 정서 조절을 위한 발전적인 기술들을 설명하고 도움을 주는 것이 필요하다.

- **발달장애**

영유아가 청각 · 시각 장애를 포함하는 감각장애, 지체 및 건강 장애, 인지 및 의사소통 장애, 학습 및 행동장애 등의 발달 장애로 인해 부적응 행동을 표출하는 경우도 있다. 예를 들어 의사소통장애로 인해 말로 표현하는 것이 어려워 공격적인 행동이 표출되기도 하고, 주의력결핍 과잉행동장애가 있는 유아는 다른 유아에 비해 충동성이 강하기 때문에 더 공격적일 수도 있다. 이 경우 영유아는 "나는 친구들과 다른 부분이 있어요."라는 메시지를 전하고 있는 것이다.

따라서 교사는 관련 전문기관 및 전문가와 협조하여 함께 문제를 해결해가는 것이 좋다.

(나) 가정 환경

가정 내 양육 환경이나 스트레스를 줄 만한 가정 내 변화들도 영유아의 부적응 행동을 유발할 수 있다. 이런 경우 영유아는 "집에서 나를 대하는 것과 어린이집에서 나를 대하는 것이 달라요. 어떻게 하면 좋아요?", "나는 집에서 너무나 속상하고 슬픈 일이 있었어요."라는 메시지를 보내고 있는 것이다.

이 경우에는 교사가 가정과 연계하여 서로 정보를 공유하고 협력하며 함께 노력하는 것이 필요하다.

(다) 보육환경

- **부적절한 물리적 환경**

어린이집의 환경이 영유아의 부적응 행동을 유발하는 경우도 있다. 즉 영유아가 충분히 놀 수 있는 공간이 부족하거나, 다른 친구들을 방해하지 않고 이동하거나 움직일 수 있는 공간이 적절하지 않거나, 놀잇감이 부족한 경우, 영유아는 부적응 행동을 보이기도 한다. 영유아의 부적응 행동은 "내가 놀기에는 너무 좁아요.", "친구들을 방해하지 않고 움직일 수가 없어요.", "놀잇감이 부족해요." 등의 메시지를 내포하고 있는 것이다.

이 경우 교사는 영유아의 놀이를 잘 관찰하여 공간을 재배치하고, 놀 수 있는 충분한 공간을 제공하며, 영유아의 수에 적절한 놀잇감을 제공하는 것이 영유아의 부적응 행동을 해결하는 전략이 될 것이다.

- **에너지를 발산할 기회가 부족한 일과**

영유아는 어린이집에서 일반적으로 10시간 이상의 시간을 보내게 된다. 영유아는 발달 특성 상 신체적 움직임이 활발한 시기이기 때문에 하루 10시간 이상 머무르는 동안 에너지를 발산할 충분한 시간을 필요로 한다. "나는 지금 돌아다니고, 뛰어다니고 싶어요.", "계속 교실에서만 있으니까 너무 힘들어요."라는 메시지를 몸으로 표현하고 있는 것이다.

따라서 교사는 하루 일과 중 에너지를 발산하고 자유롭게 뛰어놀 수 있는 시간을 충분히 제공함으로써 영유아의 부적응 행동을 줄여나갈 수 있다.

(라) 사회 문화적 환경

영유아는 그들을 둘러싼 사회 문화적 환경 중 부적절한 모델들의 영향으로 부적응 행동을 보이기도 한다. 가족 구성원, 지역 구성원, 폭력적인 영상물을 포함한 대중매체, 건전하지 못한 게임 등에서 보고 접한 것들을 학습하여 그대로 행동하는 것이다.

이와 같이 "나는 내가 보고 들은 대로 행동하고 있을 뿐이에요."라는 메시지를 포함한 영유아의 부적응 행동은 영유아가 생활하는 주변 지역의 특성이나 대중매체(TV 프로그램, 컴퓨터 등) 등 영유아의 행동에 영향을 미치는 외부 환경에 대해 파악하고 지도하는 것이 필요하다.

3) 동료교사 · 부모 · 지역사회와 함께 성장하는 교사

영유아와 따뜻한 관계를 맺고 영유아의 역량을 북돋우기 위해 교사는 동료교사, 부모, 지역사회와 함께 협력하는 것이 필요하다.

가) 동료교사와의 협력

영유아와 함께 성장하는 교사가 되기 위해서는 자신을 돌아보며 끊임없이 노력하는 것이 필요하다. '나는 어떤 교사가 되고 싶은가?', '내가 화가 날 때는 언제이고, 그 때 나의 행동은 어떠한가?', '나는 어느 때 좌절하고, 유아들 때문에 좌절될 때 나는 어떤 행동을 하는가?', '화나고 좌절될 때 보이는 내 행동은 내가 바라는 교사상과 일치하는가?' 등의 질문을 던지며 자신을 인식하고 반성하면서 자기 계발을 해 나간다.

이와 같은 과정은 교사가 개별적으로 일지를 쓰고 반성저널을 작성하며 이루어질 수도 있다. 그러나 많은 교사들은 너무 힘들 때 교실에서 일어난 일들에 대해 누구에게라도 이야기하고 싶은 마음들을 경험했을 것이다. 즉 교사들은 자신들의 고민과 어려움을 함께 나누며 보다 바람직한 방향으로 나아가고 싶어 하는 것이다.

그러나 대부분의 교사들은 하루 중 실외놀이터나 실내유희실 등에서 잠시 다른 교사들과 만나는 시간이 있을 때에는 잡다한 이야기로 시간을 보내고, 정기적인 교사회의에서는 어린이집의 행사와 일정 등에 대한 논의로 시간을 보내곤 한다. 따라서 진지하게 자신들의 경험을 나누고 서로의 멘토가 되어주면서 협력하는 시간을 갖는 것이 필요하다. 영유아가 어린이집에서 다른 영유아와 함께 활동하고 의견을 나누면서 성장하듯이, 교사들도 함께 생각을 나누며 이야기를 할 때 내가 바라는 교사상에 한걸음 더 나아갈 수 있게 되는 것이다.

나) 부모와의 협력

교사는 동료 교사 뿐 아니라 영유아의 부모와도 협력 관계를 맺어야 한다. 영유아의 삶에 영향을 미치는 다양한 요인들을 정확히 알고, 일관성 있게 영유아를 대하며, 개별적인 영유아의 역량을 북돋아 주기 위해서는 가정과 어린이집이 밀접한 관계를 유지해야 하기 때문이다. 어린이집과 부모와의 만남은 다음과 같이 다양한 형태로 이루어질 수는 상호 이해하고 신뢰하며 협력관계를 맺어갈 수 있다.

(1) 일상의 의사소통

교사는 영유아의 하루 생활이나 어린이집에서 실시하는 행사, 자녀 양육에 도움을 줄 수 있는 관련 정보 등을 보육일지, 가정통신문, 전화나 이메일, 연락장, 시설 내 게시판, 홈페이지 등을 활용하여 부모와 의사소통한다.

(2) 정기적인 부모면담

부모면담은 부모와 교사가 직접 대면하여 영유아의 발달 정도나 생활 등에 대해 정보를 교환하고 의견을 나누는 방법이다. 일반적으로 1년에 2회씩 정기 면담을 갖고, 필요에 따라 비정기적으로 이루어질 수 있다.

일반적으로 연 초에 이루어지는 부모면담에서는 교사가 부모의 이야기를 더 많이 들음으로써 새로 반을 맡게 된 영유아를 이해하는 시간으로, 연말에는 교사가 어린이집에서의 생활에 대해 부모에게 더 많이 들려주는 방식으로 이루어지는 경우가 많다.

(3) 부모참여활동

부모참여활동에는 부모교육을 위한 강연회나 워크숍, 부모참관, 부모참여 수업 및 행사 등 다양하게 이루어진다. 아나바다 장터나 민속놀이 등 어린이집의 큰 행사가 있을 때에는 학부모가 자원봉사자로 참여하기도 한다.

다) 지역사회와의 협력

(1) 지역사회 자원과의 연계

교사는 지역사회와의 연계를 통해 보다 풍부한 자원을 활용할 수 있게 된다. 경찰서, 소방서, 박물관, 시장, 은행, 인근 놀이터 등을 견학가거나 활용하면서 지역사회의 관련 기관과 협력적인 관계를 유지한다. 지역 내 어린이도서관과 협력하여 자주 방문함으로서 유아들의 책 읽는 습관을 형성하고, 공공 기관에서의 행동을 몸에 익히며, 궁금한 것들을 알아 가는데 도움을 받을 수 있다.

또한 지역사회의 인적자원을 어린이집의 운영과 활동에 참여하게 하여 지역사회의 기대나 요구를 시설운영에 반영한다. 지역사회에는 다양한 사회문화적 특성을 가진 사람들이 살고 있기 때문에 인적자원을 활용함으로써 영유아의 생활이나 전개되는 주제를 보다 풍성하고 깊이 있게 할 수 있다. 영유아의 안전한 생활을 위해 경찰관, 소방관 들을 초대하여 이야기를 듣거나 직접 체험해보는 시간, 지역의 할아버지와 할머니가 정기적으로 방문하여 옛 이야기와 놀이를 함께 하는 시간, 영유아의 건강 검진을 위해 의사와 간호사가 방문하여 의료 활동을 해 주는 시간 등 다양한 연계가 가능하다.

(2) 지역사회에의 참여

지역사회의 물적 · 인적 자원을 활용하여 영유아의 활동을 풍성하게 하는 것 뿐 아니라, 영유아 자신들도 지역사회 인적 자원으로서 역할을 할 수 있다. 주제를 전개하면서 이웃들에게도 자신들이 알게 된 것들을 전하기 위해 전단지, 캠페인 등의 활동을 할 수 있고, 지역에서 이루어지는 행사에 함께 참여하여 역할을 할 수 있다. 예를 들어 어린이집에서 TV 안보기 운동을 전개하면서 TV를 안보면 갖게 되는 이점들을 알리기 위해 전단지를 만들고, 거리 캠페인을 벌이기도 한다. 또한 노인정을 방문하여 할아버지, 할머니와 함께 하는 것도 의미 있는 시간이다.

자신의 물품을 수집하고 알뜰장을 열어 경제적으로 어려운 가정이나 기관에 도움을 주는 행사를 갖기도 한다. 영유아는 자신이 아끼는 물건을 내어 놓는 것에 대해 처음에는 싫은 마음도 갖지만, 힘들고 어려운 사람들에 대해 이야기하고 그들을 위해 어떤 도움을 줄 수 있을지 생각해보는 주제를 전개하면서 진심어린 마음으로 물건을 내어놓고, 자금을 모아 이웃에게 전하면서 사회의 한 일원으로 성장해간다.

참고문헌

삼성복지재단(2003). 영유아보육프로그램. 서울: 다음세대.

여성가족부(2005). 표준보육과정.

여성가족부(2007). 표준보육과정의 구체적 보육내용 및 교사지침. 여성가족부 고시 제 2007-1호.

유희정·김은영·박진재·오경숙·최혜선·박찬옥·강정원·이화숙·정성은·이미정·서소정·조인숙·박수현·김명순·최혜영·이윤선·김주혜·박은혜·김혜경·조혜진·김은영·문미옥·이혜상·조부경·고영미·이소현·이창미·최윤희·김지영(2007). 보육프로그램 개발. 여성가족부.

윤명숙(2005). 영상매체를 활용한 소설 교수학습 방안. 이화여자대학교 교육대학원 석사학위청구논문.

이미화·이세원·김혜금(2007). 표준보육과정 교육·홍보 영상자료 개발. 여성가족부.

이선미(2007). 영상매체를 활용한 시 교수-학습 방안 연구. 이화여자대학교 교육대학원 석사학위청구논문.

이성진·이기우·박정민·김미경·김지영·정선아·김정화·조운주·김은주·이명순·고경희(1990). 한국탁아모형 개발 연구. 한국행동과학연구소.

이완정(2006). 소규모 보육시설의 연령혼합보육 실태조사 및 지원방안. 삼성복지재단 제 14회 국제학술대회자료집.

이은화·배소연·조부경(1995). 유아교사론. 서울: 양서원.

임선미(2006). 동영상을 활용한 영어 화행교수가 고등학교 학습자의 영어 화행 학습 및 정의적 측변에 미치는 영향. 이화여자대학교 교육대학원 석사학위청구논문.

최은정(2006). 영상매체를 활용한 멀티미디어 과학 교수-학습 자료의 개발 및 적용. 이화여자대학교 대학원 박사학위청구논문.

홍혜영(2005). 청소년 내담과 역할훈련 영상 프로그램 개발 및 효과 연구. 이화여자대학교 대학원 박사학위청구논문.

Eiskovitz, Z., & Beker, J. (1983). Beyond professionalism: The child and youth care worker as a craftsman. Child Care Quarterly, 12(2), 93-112.

Katz, L. G. (1995). The benefits of mixed-age grouping. EDO-PS-95-8 from Eric Digests. May, 1995.

Katz, L. G. (1996). Addressing the potential risks of mixed-age grouping. The MAGnet Newsletter, 5(1), 55-56.

McClellan, D. E. (1993). Q: How do children learn to care for the needs of others? A: By caring for others. The MAGnet Newletter. 1(2), 8-9.

McClellan, D. E. & Kinsey, S. J. (1999). Children' s social behavior in relation to participation in mixed-age or same-age classrooms. Early Childhood Research & Practice, 1(1), 8-35.

Rothenburg, D. (1995). Full day kindergarten programs. Reports. Eric Clearinghouse on Elementary and Early Childhood Education. Univ. of Illinois.

Spodeck, B. S., & Davis, O. N. (1987). Early childhood education. Upper Saddle River, NJ: Prentice-Hall Inc.

The Regional Laboratory(1994). Multiple grouping. Occasional paper Series; Vol. IX, Number 1. The regional laboratory for educational improvement of the Northeast & Islands. MA: Andover.

부록

협력보육시설 명단

유형	시설명
국공립	보경어린이집
	은행어린이집
	예담어린이집
	곡교어린이집
	백송어린이집
	청파어린이집
	이웃사랑어린이집
	신사어린이집
직장	정부청사어린이집
	서초푸르니어린이집
	SKT푸르니어린이집
민간	쌍문삼성어린이집
	가람어린이집
	숙명여자대학교부설 유아원
가정	새신나라어린이집
	리틀모아어린이집
	푸른숲속어린이집
	엄마랑어린이집
	그림어린이집
	늘푸른아이들어린이집
	신사임당어린이집

보육교사를 위한

보육프로그램 영상자료

인　쇄 : 2008년 12월
발　행 : 2008년 12월
저　작 : 보건복지가족부
발행처 : 육아정책개발센터
서울시 종로구 안국동 175-87 안국빌딩 7층, 10층, 11층
전화 / 02-730-7070(代)
인쇄처 : 도서출판 한학문화
전화 / 02-313-7593(代)

총판 판매처 : 전국 유명 서점
한국경제서적 정부간행물 판매센터
Tel / 02-737-7498 Fax / 02-722-1774

ISBN 978-89-92396-25-7 93330 **정가 11,000원**(CD 5매 포함)